TEXTE ZUR THEOLOGIE

TEXTE ZUR THEOLOGIE

Herausgegeben von
Wolfgang Beinert
Gerfried W. Hunold
Karl-Heinz Weger

DOGMATIK 9,1

TEXTE ZUR THEOLOGIE

DOGMATIK

Herausgegeben von Wolfgang Beinert

Sakramentenlehre I

Allgemeine Sakramentenlehre
bis Firmung

Bearbeitet von
Günter Koch

Verlag Styria
Graz Wien Köln

Die Deutsche Bibliothek – CIP-Einheitsaufnahme

Texte zur Theologie : TzT / hrsg. von W. Beinert ... –
Graz ; Wien ; Köln : Verl. Styria
Abteilung Dogmatik.
NE: Beinert, Wolfgang [Hrsg.]; TzT
9. Sakramentenlehre.
1. Allgemeine Sakramentenlehre bis Firmung. – 1991

Sakramentenlehre / Hrsg.: Günter Koch. –
Graz ; Wien ; Köln : Verl. Styria
(Texte zur Theologie : Abteilung Dogmatik ; 9)
NE: Koch, Günter [Hrsg.]
1. Allgemeine Sakramentenlehre bis Firmung. – 1991
ISBN 3-222-12056-0

1991 Verlag Styria Graz Wien Köln
Alle Rechte vorbehalten
Printed in Austria
Umschlaggestaltung: Nadja Furlan-Lorbek
Gesamtherstellung: Druck- und Verlagshaus Styria, Graz
ISBN 3-222-12056-0

Inhalt

Abkürzungen	10
Vorwort	13
Einleitung	15

I. ALLGEMEINE SAKRAMENTENLEHRE — 23

BIBLISCHE LEITTEXTE — 24

Mysterium im Alten Testament — 24

1 Weisheit 2,21 f. — 24
2 Daniel 2,27 f. — 24

Mysterium im Neuen Testament — 25

3 Markus 4,10—12 — 25
4 1. Korintherbrief 2,1—8 — 25
5 Kolosserbrief 2,1—3 — 26
6 Epheserbrief 5,21—32 — 26

LEHRAMTLICHE TEXTE — 27

7 Wirksame Sakramentenspendung (Innozenz III.) — 27
8—9 Voraussetzung gültiger Sakramentenspendung (Konzil von Konstanz) — 27
10—13 Was die sieben Sakramente charakterisiert (Konzil von Florenz) — 28
14—27 Merkmale eines katholischen Sakramentenverständnisses (Konzil von Trient) — 30
28 Die Vollmacht der Kirche (Konzil von Trient) — 34
29—31 Irrtümer über Ursprung und Sinn (Pius X.) — 35
32 Modernistische Verkürzungen (Pius X.) — 35
33—35 Das Sakrament als Sakrament des Glaubens (II. Vaticanum) — 36
36—38 Die Sakramente als Liturgie (II. Vaticanum) — 37
39—41 Wege zur Verwirklichung der Kirche (II. Vaticanum) — 40
42 Die gottesdienstliche Gemeinschaft (Ökumenisches Direktorium) — 42
43—47 Sakramente in der Kirche (Würzburger Synode) — 43

	THEOLOGENTEXTE	47
48–49	Sakrament als Fahneneid (Tertullian)	47
50–52	Die heilbringenden Sakramente (Cyprian)	49
53–61	Teilhabe am Heilswerk Christi (Kyrill von Jerusalem)	50
62–64	Die Initiationssakramente (Ambrosius von Mailand)	54
65	Heilsgegenwart in Bild und Symbol (Theodor von Mopsuestia)	56
66–70	Heilige Zeichen der Kirche (Augustinus)	57
71–74	Christus als eigentlicher Spender (Augustinus)	61
75–77	Der Ursprung der Sakramente (Augustinus)	63
78–79	Zeichen und Ursachen der Gnade (Petrus Lombardus)	64
80–92	Von Gott in Christus gestiftete Zeichen (Thomas von Aquin)	65
93–95	Der Glaube des Sakramentes rechtfertigt (Martin Luther)	71
96–99	Sichtbare Bezeugung göttlicher Gnade (Johannes Calvin)	73
100	Sakramente als Gottes Heilsgabe (J. A. Möhler)	75
101–106	Mysterium des Geistwirkens (M. J. Scheeben)	77
107–109	Vergegenwärtigung des Heilswerkes Christi (O. Casel)	79
110	Gottbegegnung im Zeichengeschehen (O. Semmelroth)	81
111–113	Die Gnade ereignet sich (K. Rahner)	82
114	Höchstform wirkenden Wortes (K. Rahner)	85
115	Einsetzung im Ursakrament Kirche (K. Rahner)	86
116–119	Manifestation der göttlichen Menschenliebe (E. Schillebeeckx)	87
120–124	Besondere Weise des Wortgeschehens (G. Ebeling)	90
125–127	Heil durch Christus (J. Ratzinger)	93
128–130	Proklamation der Gottesherrschaft (W. Kasper)	95
131–138	Von der hierarchischen Ordnung (Y. Congar)	97
139–141	Taufe und Abendmahl (E. Jüngel)	101
142–145	Welt und Geschichte (P.-W. Scheele)	103
146–148	Provokation zu gesellschaftsveränderndem Handeln (F. Schupp)	106
149–156	Ausdruck der Umkehr (L. Boff)	108
157–159	Wie sich Wort und Sakrament ergänzen (G. Koch)	109
160–161	Antwort auf menschliche Heilserwartungen (G. Koch)	111
162–165	Wirken Gottes in kommunikativen Handlungen (P. Hünermann)	112
166–171	Von Christus gestiftetes Kommunikationsgeschehen (A. Ganoczy)	114
172–174	Ostkirchliches Sakramentenverständnis (R. Hotz)	118
175–179	Das Wort Gottes (J. Thomassen)	120
180–181	Die Heilkraft der Sakramente (W. Beinert)	122
182	Sakramente als Fest (F. Taborda)	123

Inhalt 7

DIALOGTEXTE DER ÖKUMENE 125

183 Sakramente als Quellen göttlichen Lebens (Katholische Kirche –
Koptisch-Orthodoxe Kirche) 125
184 Christus gegenwärtig in Wort und Sakrament
(Reformierter Weltbund – Katholische Kirche) 126
185–189 Zentrale Bedeutung der Sakramente (Katholische Kirche –
Evangelisch-Lutherische Kirchen) 127
190–191 Kirche des Wortes und der Sakramente (Deutsche
Bischofskonferenz – Evangelische Kirche Deutschlands) 129
192 Weitreichende Übereinstimmungen (evangelische –
katholische Theologen) 130
193–200 Das Mysterium der Kirche (Katholische Kirche –
Orthodoxe Kirche) 131

II. SPEZIELLE SAKRAMENTENLEHRE 137

DIE TAUFE 138

Biblische Leittexte 138

201–203 Die Wassertaufe im Namen Jesu (Apg 2,37–42; 8,9–13;
8,36–39) 138
204–206 Taufe auf den Dreifaltigen Gott (Mt 28,18–20; Mk 1,9–11;
Joh 19,31–35 f.) 139
207–209 Verbindung mit Jesus Christus (Röm 10,9; Röm 5,12–6,11) 140
210–214 Taufe als Neugeburt (Tit 3,4–7; 1 Kor 12,12–14;
Gal 3,26–29; Eph 4,1–6; Eph 5,25–27) 142
215–216 Taufe als Befreiung (Kol 2,12–15; Eph 5,5–17) 143
217–219 Taufe als Weg zum Heil (Mk 16,14–19; Joh 3,1–6;
1 Petr 3,21 f.) 144

Lehramtliche Texte 146

220 Gültige Taufspendung auch durch Häretiker (Stephan I.) 146
221 Gültigkeitsbedingung der Häretikertaufe (Silvester I.) 146
222 Die Säuglingstaufe (15./16. Konzil zu Karthago) 147
223–225 Die Wirkung der Taufe (Innozenz III.) 147
226 Die rettende Taufe (Gegen die Waldenser) 149
227 Über Form und Bedeutung der Taufe (IV. Lateransynode) 149
228–231 Taufe als Pforte geistlichen Lebens (Konzil von Florenz) 150
232–245 Tauflehre der katholischen Tradition (Konzil von Trient) 151
246–247 Taufe und Kindertaufe (Pius X.) 154

248–250	Einfügung in das Pascha-Mysterium (II. Vaticanum)	155
251–253	Eingliederung in den Leib Christi (II. Vaticanum)	156
254–255	Taufe als Grund christlicher Einheit (II. Vaticanum)	158
256	Sakrament des Glaubens (Würzburger Synode)	160

Theologentexte 161

257–258	Taufe als Erleuchtung und Weg (Justin)	161
259	Auch das Säuglingsalter geheiligt (Irenäus)	162
260–262	Sakrament der freien Selbstverpflichtung (Tertullian)	163
263–264	Verbunden mit dem Taufbekenntnis (Hippolyt von Rom)	165
265–266	Kindertaufe als apostolische Tradition (Origenes)	166
267	Teilnahme am Leiden Christi (Kyrill von Jerusalem)	167
268–269	Beginn des ewigen Lebens (Gregor von Nyssa)	167
270	Rechtfertigung durch das Taufverlangen (Ambrosius)	169
271–273	Tilgung der Erbsünde (Augustinus)	169
274	Typus des Leidens und der Auferstehung (Theodoret von Kyros)	171
275	Taufe als Herrschaftswechsel (Hrabanus Maurus)	172
276–279	Systematisierung der Tradition (Petrus Lombardus)	172
280	Einsetzung der Taufe (Thomas von Aquin)	174
281–282	Wirksame Heilsverheißung Gottes (M. Luther)	175
283–285	Was die Taufliturgie zum Ausdruck bringt (J. A. Möhler)	177
286–287	Eine verdunkelte Taufe (K. Barth)	178
288–289	Heil des einzelnen, Heil des Volkes Gottes (K. Rahner)	180
290–292	Warum der Glaube die Taufe braucht (W. Kasper)	182
293	Beginn und innere Bestimmung (H. Vorgrimler)	183
294	Taufe in die Gemeinschaft der Heiligen (G. Koch)	184

Dialogtexte der Ökumene 186

295–303	Auf dem Weg zur gegenseitigen Anerkennung (Lima-Dokument)	186
304	Taufe als erstes Initiationssakrament (Katholische Kirche – Orthodoxe Kirche)	189

DIE FIRMUNG 190

Biblische Leittexte 190

305–307	Wassertaufe und Geistempfang (Apg 8,14–17; 10,44–48; 19,1–7)	190
308–310	Indienstnahme für Gottes Auftrag (1 Sam 16,12 f.; Jes 11,1–5; Mt 3,13–17)	191

Inhalt 9

Lehramtliche Texte 193

311–312 Firmung als Vollendung der Taufe (Synode von Elvira) 193
313–316 Firmung dem Bischof vorbehalten (Clemens VI.) 193
317–319 Was die Firmung bezeichnet (Konzil von Florenz) 194
320–322 Wahres und eigenständiges Sakrament (Konzil von Trient) 195
  323 Zwei Sakramente von Anfang an (Pius X.) 196
324–325 Die zur Taufe gehörige Firmung (II. Vaticanum) 197
326–328 Bischof als erstberufener Firmspender (II. Vaticanum) 198
  329 Neufestlegung der sakramentalen Zeichenhandlung (Paul VI.) 200

Theologentexte 201

330–332 Firmung als Phase des Taufgeschehens (Tertullian) 201
  333 Die postbaptismale Versiegelung (Hippolyt von Rom) 202
  334 Die Salbung des Getauften (Kyrill von Jerusalem) 203
  335 Vollendung der Taufe (Ambrosius) 203
336–338 Die beginnende zeitliche Trennung (Hieronymus) 204
339–341 Ein eigenständiges Sakrament (Hugo von St.-Victor) 205
342–344 Sakrament des Vollalters (Thomas von Aquin) 206
  345 Sinnvoller Brauch der Kirche (M. Luther) 208
  346 Sakrament der Sendung in die Welt (K. Rahner) 209
  347 Heilig-Geist-Feier der Kirche (S. Regli) 209
348–351 Indienstnahme für das Reich Gottes (G. Koch) 210

Dialogtexte der Ökumene 213

  352 Mögliches Zeichen der Gabe des Hl. Geistes (Lima-Dokument) 213
  353 Sakrament in der Einheit der Initiation (Katholische Kirche –
      Orthodoxe Kirche) 214

Schriften- und Autorenverzeichnis 215
Sachregister 218
Quellenangaben 220

Abkürzungen

a) Abkürzungen von Textausgaben

AAS Acta Apostolicae Sedis (Amtliche Verlautbarungen des Papstes und der vatikanischen Behörden)

ASS Acta Sanctae Sedis, Rom 1865–1908 (Päpstliche Verlautbarungen für diesen Zeitraum)

BKV Bibliothek der Kirchenväter, hrsg. von O. Bardenhewer, Th. Schermann (ab Bd. 35: J. Zellinger) und C. Weymann, 83 Bände, Kempten 1911 ff.

CSEL Corpus scriptorum ecclesiasticorum latinorum, Wien 1866 ff.

CT Concilium Tridentinum, Diariorum, Actorum, Epistularum, Tractatuum nova Collectio, edidit Societas Goerresiana, Freiburg i. Br. 1901 ff.

DS H. Denzinger, Enchiridion Symbolorum, Definitionum et Declarationum de rebus fidei et morum, von der 32. Aufl. an hrsg. von A. Schönmetzer, Freiburg i. B., Barcelona 1963 u. ö.

DWÜ H. Meyer, H. J. Urban, L. Vischer (Hrsg.), Dokumente wachsender Übereinstimmung. Sämtliche Berichte und Konsenstexte interkonfessioneller Gespräche auf Weltebene 1931–1982, Paderborn und Frankfurt 1983

Mansi J. D. Mansi, Sacrorum conciliorum nova et amplissima collectio, 31 Bde., Florenz/Venedig 1757–1798; Neudruck und Fortsetzung hrsg. von L. Petit und J. B. Martin in 60 Bdn., Paris 1899–1927

NR J. Neuner/H. Roos, Der Glaube der Kirche in den Urkunden der Lehrverkündigung, seit der 8. Aufl. neu bearbeitet von K. Rahner und K.-H. Weger, Regensburg 1971 u. ö. (^{11}1983)

PG Patrologia Graeca, hrsg. von J. P. Migne, 161 Bände, Paris 1857–1866

PL Patrologia Latina, hrsg. von J. P. Migne, 217 Bände und 4 Registerbände, Paris 1841–1864

WA M. Luther, Werke. Kritische Gesamtausgabe („Weimarer Ausgabe"), Weimar 1883 ff.

b) Sonstige Abkürzungen von Veröffentlichungen

EKL Evangelisches Kirchenlexikon, hrsg. von E. Fahlbusch u. a., 3. Aufl. (Neufassung), Göttingen 1986 ff.
HDG Handbuch der Dogmengeschichte, begr. von M. Schmaus, J. R. Geiselmann, A. Grillmeier, hrsg. von M. Schmaus, A. Grillmeier, L. Scheffczyk u. M. Seybold, Freiburg i. Br. 1951 ff.
HKR Handbuch des katholischen Kirchenrechts, hrsg. von J. Listl/H. Müller/H. Schmitz, Regensburg 1983
HthG Handbuch theologischer Grundbegriffe, hrsg. von H. Fries, 2 Bde., München 1962 f.; 4 Bde. (dtv Wissenschaftliche Reihe), München 1970
JLW Jahrbuch für Liturgiewissenschaft, Münster 1,1921–15, 1941; in der Folge: Archiv für Liturgiewissenschaft, Regensburg 1, 1950 ff. (ALW)
KKD Kleine Katholische Dogmatik, 9 Bde. in 10 Teilbden., hrsg. von J. Auer und (−1983) J. Ratzinger, Regensburg 1970 ff.
LThK Lexikon für Theologie und Kirche, 2. Aufl., hrsg. von J. Höfer/K. Rahner, Freiburg 1957–1965
MySal Mysterium Salutis. Grundriß heilsgeschichtlicher Dogmatik, hrsg. von J. Feiner/M. Löhrer, Einsiedeln/Zürich/Köln 1965–1981
NHthG Neues Handbuch theologischer Grundbegriffe, hrsg. von P. Eicher, München 1984 f.
QD Quaestio disputata
ThPQ Theologisch-praktische Quartalschrift (Linz) 1,1848–94, 1941; 95 ff., 1947 ff.
TRE Theologische Realenzyklopädie, hrsg. von G. Krause/G. Müller, Berlin/New York 1976 ff.
ZKTh Zeitschrift für Katholische Theologie (Wien u. a.) 1, 1876/77–67, 1943; 69 ff., 1947 ff.

Für die biblischen Bücher, die Schriften der Kirchenväter und der scholastischen Theologen sowie für Zeitschriften im Einzelfall werden die in der Fachliteratur meist verwendeten Abkürzungen benützt. Auch die Dokumente des Zweiten Vatikanischen Konzils werden in der üblichen Weise mit den Anfangsbuchstaben zitiert, z. B.: LG = Lumen Gentium.

c) Allgemeine Abkürzungen

 aaO. am angegebenen Ort
 Anm. Anmerkung
 dt. deutsch
 ed. ediert
 franz. französisch
 GK Grundkurs (von Theologie im Fernkurs, Würzburg)
 griech. griechisch
 Hrsg. Herausgeber
 hrsg. herausgegeben
 lat. lateinisch
 LB Lehrbrief
 syr. syrisch
 u. a. und andere (und anderswo)
 u. ö. und öfter
 vgl. vergleiche
 V. / VV. Vers / Verse

Vorwort

Wenn der Band Sakramentenlehre in seinen beiden Teilbänden einen Umfang aufweist, der die Bände zu anderen dogmatischen Traktaten übertrifft, so nicht deswegen, weil der Bearbeiter die Sakramentenlehre für den wichtigsten Teil der Theologie hielte. Es ist keine Frage, daß insbesondere die Gotteslehre oder auch die Christologie ungleich wichtiger sind. Die Sakramentenlehre hat nur eine im präzisen Sinn relative Bedeutung: Weil sie mit den zentralen Wahrheiten des Glaubens in – freilich unauflöslicher – Beziehung steht, ist sie wichtig. – Der Umfang des Bandes zur Sakramentenlehre hat vor allem zwei Gründe:
– Bei der Sakramentenlehre handelt es sich letztlich nicht um *einen* Traktat, sondern um acht Traktate mit einer eigenen, oft sehr bewegten, facettenreichen Geschichte. Die einzelnen Sakramente sind ja nicht nur Spezialfälle der Gattung Sakrament. Auch sie haben ihre eigene unaustauschbare Geschichte, und manche von ihnen standen zumindest zeitweilig im Zentrum lehramtlicher Stellungnahmen und theologischer Diskussionen. Die Sakramentenlehre fordert also – anders als alle anderen Traktate – einen achtmaligen Durchgang durch die Glaubensgeschichte.
– Erfreulicherweise stehen darüber hinaus die Sakramente wohl doch in besonderer Weise im Brennpunkt des ökumenischen Dialogs. Wer die Ergebnisse dieses Dialogs gebührend berücksichtigen will, wird gerade auch diesem Bereich von Texten breiten Raum geben müssen. Beide Gründe verstärken die natürlich auch bei anderen Traktaten naheliegende „Qual der Wahl". Wahrscheinlich wird der kundige Leser bei jeder Textauswahl ihm wichtig erscheinende Texte vermissen. Bei der Sakramentenlehre mag sich dieses Übel – möglicherweise auch ohne zu große Fahrlässigkeit des Bearbeiters – noch einmal vermehren. Da hilft kein Klagen: Beschränkung ist gefordert. – Ein Aspekt dieser Beschränkung macht allerdings dem Bearbeiter der „Texte zur Sakramentenlehre" doch Kummer: Er weiß, daß die Sakramente wesentlich zur Liturgie gehören, ja Liturgie sind, und er muß doch im allgemeinen darauf verzichten, liturgische Texte und auch Texte von Liturgiewissenschaftlern in seine Auswahl aufzunehmen. Wer bei den Texten zur Theologie in der „Sektion Dogmatik" arbeitet, hat vor allem Texte der dogmatischen Reflexion auszuwählen.

Das ist gerade im Blick auf einen beschränkten Umfang unabweislich, aber bei der Sakramentenlehre besonders schade.

Abschließend möchte der Bearbeiter gestehen, daß ihm trotz mancher Mühe und der zitierten „Qual der Wahl" die Arbeit an diesem Band Freude gemacht hat: Man kann nur staunend vor der lebendigen Fülle der Tradition und der Anregungskraft auch der gegenwärtigen theologischen Diskussion stehen – trotz mancher zumindest zeitweiliger Einseitigkeiten und Verengungen.

Der Bearbeiter möchte diese Arbeit in Dankbarkeit einem Priester widmen, der seiner Familie und ihm selber Weggeleiter und Freund geworden ist und der durch sein weitausstrahlendes theologisches Werk vielen den Zugang zu den Sakramenten erschließen half: Pfarrer Dr. h. c. Eugen Walter, Freiburg.

Würzburg, den 5. Januar 1990   GÜNTER KOCH

Einleitung

1.
Die Sakramentenlehre als dogmatischer Traktat hat die Aufgabe, Gottes Heilshandeln am Menschen, insofern es in Zeichenhandlungen, in symbolischen Interaktionen (Handlungen zwischen zwei oder mehreren Beteiligten), geschieht, theologisch verantwortet zur Sprache zu bringen.

1.1
Da Gott sein Heil durch Jesus Christus unter Einbezug der Kirche wirkt, steht die Sakramentenlehre in enger Verbindung mit Christologie und Ekklesiologie. Da es bei den Sakramenten um Gottes gnadenhaftes Heil geht, das Gott selber durch Christus im Heiligen Geist schenkt und einmal vollenden wird, ist die Sakramentenlehre auch eng mit Pneumatologie und Gnadenlehre wie auch mit der Eschatologie verbunden. Da es sich schließlich bei den Sakramenten um das Heil des *Menschen* handelt (und nicht etwa um eine frei schwebende Gnade), muß die Sakramentenlehre unmittelbar in der theologischen Anthropologie verwurzelt sein. Dieses Beziehungsgeflecht zeigt die hohe Bedeutung der Sakramentenlehre innerhalb der Dogmatik. Es relativiert sie aber auch, insofern die Dienstfunktion der Sakramente sichtbar wird. In der herkömmlichen Schuldogmatik hatte die Sakramentenlehre meist einen unverhältnismäßig breiten Raum eingenommen (bis zu einem Drittel). Auch auf diesem Hintergrund wurden die Sakramente als das entscheidende Charakteristikum der katholischen Kirche gewertet: Sie sei im Gegensatz zu den Kirchen der Reformation, der „Kirche des Wortes", die „Kirche der Sakramente". So bedarf es einer recht verstandenen Relativierung der Sakramentenlehre, die ihre wahre Bedeutung nicht einebnet, sondern sie gerade theologisch und anthropologisch erschließt.

1.2
Auch die geschichtlich gewachsene Trennung zwischen allgemeiner und spezieller Sakramentenlehre bedarf einer Überprüfung. Bis zum Mittelalter wurden nur einzelne Sakramente oder Gruppen wie beispielsweise die Initiationssakramente theologisch reflektiert; erst nach Herausarbeitung des Sakramentsbegriffs wurden auch die Sakramente

im allgemeinen *(sacramenta in genere)* Gegenstand theologischen Nachdenkens. Die allgemeine Sakramentenlehre wurde sogar der speziellen Sakramentenlehre vorangestellt. Die Einzelsakramente wurden in der Folge allzusehr vom Allgemeinbegriff her gedeutet und so nivelliert. Diese Gefahr ist unbedingt zu vermeiden. Wenn hier trotzdem zuerst von den Sakramenten im allgemeinen und dann erst von den einzelnen Sakramenten die Rede ist, so hat dies nicht nur Gründe historischer Pietät. Gerade im Blick auf das heutige Zeitbewußtsein tritt unter einem neuen Gesichtspunkt auch das Gemeinsame der Sakramente ins Licht: In einer Zeit, die mit Zeichen und Symbolen überhaupt ihre Schwierigkeiten hat, gilt es vordringlich, das sakramentale Handeln der Kirche für die Menschen und die Menschen für das sakramentale Handeln der Kirche aufzuschließen. Unter diesem Gesichtspunkt besonders werden hier zuerst Texte zu den Sakramenten im allgemeinen vorgelegt.

2.
Der Teiltraktat über die Sakramente im allgemeinen konnte sich erst entwickeln, nachdem der Begriff Sakrament genauer beschrieben und auf die sieben Sakramente eingegrenzt war. Bis zu diesem Zeitpunkt im Mittelalter kann man seine Vorgeschichte vor allem dadurch verfolgen, daß man der Entwicklung des Sakramentsbegriffs nachgeht.

2.1
Der Begriff sacramentum, der zunächst noch eine sehr weite Bedeutung hat, begegnet seit dem 2./3. Jahrhundert in den altlateinischen Versionen der Bibel als Übersetzung des griechischen Begriffs *mystérion*. So können Bedeutungsgehalte dieses wichtigen biblischen Begriffs in den späteren Sakramentsbegriff mit eingehen. Er erhält damit von seinem Ursprung her und also normgebend ein zugleich theologisches, christologisches und ekklesiologisches wie auch ein heilsgeschichtlich-eschatologisches Gepräge. – Der Einfluß des antiken Mysterienwesens auf den christlichen Sakramentsbegriff, der sich vor allem vom 3. Jahrhundert an auswirkte, aber auch bereits in der paulinischen Tauftheologie in Erscheinung tritt, darf die Unterschiede zwischen den antiken Kultmysterien bzw. philosophischem Mysteriendenken und den christlichen Sakramenten nicht übersehen lassen: Die Sakramente sind im Gegensatz zu den antiken Mysterien in einem geschichtlichen Heilsereignis, in Jesus Christus, begründet, und sie sind nicht esoterisch, sondern für alle bestimmt. – Wichtig für die Ausbildung der Sakramentenlehre bzw. des Sakramentsbegriffs werden in der Väterzeit vor allem *Tertullian* († nach 220) und *Augustinus* (354–430). *Tertullian* wendet den Begriff Sakrament wohl erstmals bewußt auf die Taufe (wie auch die Eucharistie) an und entwickelt

speziell von der Profanbedeutung des Begriffs her (u. a. *Fahneneid*) eine Tauftheologie, in der auch die auf Gottes Heilstat antwortende sittliche Selbstverpflichtung des Menschen zur Geltung kommt. *Augustinus* arbeitet – ebenso der Bibel wie der Tradition des Platonismus verpflichtet – den Zeichencharakter der Sakramente nachdrücklich heraus, wobei er dem Aufruf- und Ausdruckscharakter der Sakramente (Gott wartet auf die Glaubensantwort des Menschen) und ihrem „Realisierungscharakter" (Gott bzw. Christus wirkt selbst in den Zeichen Heil) in gleicher Weise gerecht wird. Freilich erscheint das Heil selbst als rein geistige Wirklichkeit.

2.2
Im 12. Jahrhundert erfährt der Sakramentsbegriff eine nähere Bestimmung und zugleich eine Einengung auf die heutigen sieben Sakramente (vorher zählte man 5 oder 12, ja bis zu 30 Sakramente). Ein wichtiges Kriterium wird die Einsetzung durch Jesus Christus. Entscheidenden Einfluß auf die nun entstehende Lehre von den Sakramenten übt der hl. *Thomas von Aquin* aus. Obwohl Thomas die Siebenzahl der Sakramente durch Analogien zu den grundlegenden menschlichen Lebenssituationen stützt, tritt bei ihm der Zeichen- und Aufrufcharakter der Sakramente in den Hintergrund. Er versteht die Sakramente gleichsam als (physische) Instrumente, durch die Gott in Christus (mit Hilfe des Spenders) im Menschen seine Gnade wirkt, soweit dieser ihr kein inneres Hindernis entgegenstellt. – Wenn auch die Lehre des Thomas im Mittelalter keineswegs alleinherrschend ist, so geht sie doch bestimmend in die Dokumente des kirchlichen Lehramtes der folgenden Zeit ein, besonders in das Armenierdekret des *Konzils von Florenz* (1439). Auch gegenüber den Reformatoren, für die die Sakramente (im wesentlichen Taufe und Eucharistie) eine besondere Form des Verkündigungswortes sind, wird vom *Konzil von Trient* eine in der Substanz von Thomas bestimmte Sakramentenlehre zur Geltung gebracht, wobei hier die Wirkung der Sakramente „ex opere operato" besonders betont wird. – Wesentliche Anstöße erhält die Sakramententheologie erst wieder in der jüngeren Vergangenheit durch die Mysterientheologie *Odo Casels* (wie auch die damit in Verbindung stehende Liturgische Bewegung) sowie durch die Herausarbeitung des dialogischen und ekklesialen Charakters der Sakramente. Auf diesen Gedanken baut das *Vaticanum II* auf; es bahnt damit eine neue Synthese zwischen sakramentalem Realismus und sakramentalem Symbolismus an. Die Sakramente sind „Sakramente des Glaubens", die aber gerade so die Situationen dieses Lebens, dieser Geschichte unter die Heilsmacht des Paschamysteriums stellen. – In diesem Rahmen entfaltet sich die folgende Sakramententheologie, wobei immer mehr auch Impulse aus dem ökumenischen Gespräch

(mit den Kirchen der Reformation, aber auch mit der Ostkirche) wirksam werden. – In zwei Richtungen vor allem sucht man neue Zugänge zur Sakramentenlehre bzw. zu den Sakramenten selbst zu bahnen: Man versucht die Wirkweise der Sakramente von ihrem Zeichen- und Symbolcharakter her zu verstehen. Und man deutet die Gnadenwirkung der Sakramente im Blick auf die Situationen menschlichen Lebens und Zusammenlebens als überbietende und korrigierende Erfüllung der Heilserwartungen gerade auch heutiger Menschen. – Was die Wirkweise angeht, so lassen sich verschiedene Verstehenstypen beobachten, die sich freilich nicht gegenseitig auszuschließen brauchen, sondern sich ergänzen können: 1. Die Sakramente sind *Vergegenwärtigungen* des Heilswerkes Jesu Christi in einer Zeichenhandlung und gewähren so Anteil an dessen Heilsmacht. 2. Die Sakramente sind heilvolle Gott*begegnung* durch Christus, das Ursakrament, in der Kirche, dem Universalsakrament. 3. Die menschlichen *Grundsituationen* werden in den Sakramenten bezeichnet und ins Heil gebracht. 4. Die Sakramente als Interaktionen sind wirksame Zeichen der *Kommunikation* mit Gott und unter den Menschen. 5. Als *Feste und Feiern* schenken die Sakramente neues Ganzsein und Einssein aus Gott. – In jedem Fall nimmt Gott das „naturhafte" Wirken der Sakramente in seinen Dienst, um so seine Gnade, sein Heil zu schenken. – Gnade und Heil können dabei auf biblischem Hintergrund konkretisiert werden als Friede und Gemeinschaft, als das Ja Gottes zum Menschen und in der Folge das wechselseitige Sich-Annehmen der Menschen, als Erfahrung von Sinn, als Heilung, Trost und Hoffnung. Insofern die Sakramente Gnade vermitteln, sind sie Zeichen dieser Heilswirklichkeiten, die ihren Heilscharakter freilich nur in der Verbindung mit dem lebendigen Gott des Heiles erhalten und behalten. Wenn auch alle Sakramente im Dienste eines ganzheitlich konkreten Heiles stehen, so können doch die einzelnen Sakramente bestimmten Aspekten dieses Heiles in besonderer Weise zugeordnet werden.

3.
Vor der Zuwendung zu den Traktaten über die einzelnen Sakramente *(de sacramentis in specie)* ist zu bedenken: Die sieben Einzelsakramente stehen ihrer Bedeutung und Aufgabe nach nicht alle auf derselben Ebene. Sie lassen sich unter verschiedenen Gesichtspunkten differenzieren bzw. gruppieren. Wichtig aus der Lehrtradition der Kirche auch unter ökumenischen Gesichtspunkten ist die Unterscheidung zwischen den *sacramenta maiora*, den Hauptsakramenten Taufe und Eucharistie, und den *sacramenta minora,* die man vielleicht am besten als Situationssakramente bezeichnet, weil sie nicht schlechthin konstitutiv für Kirche und christliches Leben sind, sondern für bestimmte Aufgaben und Gegebenheiten in der Kirche ihre freilich unersetzliche Be-

deutung haben. – Unter einem anderen Gesichtspunkt lassen sich zu einer Einheit verbinden die sogenannten *Initiationssakramente* Taufe, Firmung und Eucharistie: Zusammen gliedern sie den Menschen in die Kirche und ihr Leben ein und führen ihn so in die Fülle des Christseins. – Zusammenordnen lassen sich ferner die „*Standessakramente*" der Weihe und der Ehe, die je auf ihre Weise zu einer besonderen Berufung in der Kirche befähigen, sowie die „*Sakramente der Heilung*" (Bußsakrament und Krankensalbung), die der Überwindung der Sünde und ihrer Folgen beim Getauften zugeordnet sind. – Zu erwähnen ist weiterhin die Unterscheidung zwischen den *Sakramenten der* (geistlich) *Toten*, die dem grundlegenden Übergang des Menschen aus der Gottesferne in die lebendigmachende Gemeinschaft mit dem dreifaltigen Gott in der Gemeinschaft der Kirche dienen (Taufe, Bußsakrament, Krankensalbung), und den *Sakramenten der* (geistlich) *Lebenden*, die die heilbringende Gottesbegegnung erneuern und vertiefen sollen und zugleich für die Heilsaufgabe der Kirche in Dienst nehmen. – Zu unterscheiden sind schließlich die *nur einmal* zu empfangenden Sakramente (Taufe, Firmung, Weihe), deren Nichtwiederholbarkeit theologisch mit der Einprägung eines unauslöschlichen Charakters *(Character indelebilis)* begründet wird, und die übrigen generell *wiederholbaren* Sakramente, wobei freilich das Ehesakrament der ersten Gruppe nahekommt (es bewirkt ein Eheband – manche sprechen von einem Quasi-character indelebilis –, das nur durch den Tod eines Gatten gelöst wird).
Wenn im Folgenden Entwicklung und Bedeutung der Traktate über die Einzelsakramente in ganz knappen Strichen skizziert werden, so schließt sich die Aufzählung einer Reihenfolge an, die in Dokumenten des kirchlichen Lehramts vom „Lehrentscheid für die Armenier" des Konzils von Florenz (NR 501) bis zur Kirchenkonstitution des 2. Vatikanischen Konzils (LG 11; NR 524 f.) üblich geworden ist.

3.1
Die Taufe wird, ähnlich wie die Eucharistie, im NT aufs stärkste bezeugt. Die Einzelzeugnisse zeigen: Nachösterlich wurde die Taufe allgemein geübt. – Sie schafft in der Verbindung mit Jesus Christus eine grundlegende Lebenswende, indem sie in die Kirche eingliedert. – Sie eröffnet ein neues Leben und Handeln im Glauben, indem sie aus dem Herrschaftsbereich der Sünde befreit. – Wie die Taufe auf den irdischen Jesus zurückgeht, läßt sich aus den Texten kaum ausmachen; auf jeden Fall hatten die Jünger das Vorbild der Taufe Jesu durch Johannes. In der alten Kirche entfaltet sich die Taufe liturgisch weiter, und das *Taufkatechumenat* wird eingerichtet. In ihrem Zusammenhang entwickelt sich das Glaubensbekenntnis der Kirche. Besonders in Predigten erfolgt die theologische Deutung der Taufe. – Die

Folgezeit bringt Klärungen, aber auch Vereinseitigungen: Die Wirkung der Taufe hängt nicht von der Rechtgläubigkeit des Taufspenders (*Ketzertaufstreit,* 3. Jh.) und nicht von seiner Heiligkeit (gegen die *Donatisten,* 4. Jh.) ab. Sie bezieht sich vor allem auf die Überwindung der *Erbsünde.* – Das Mittelalter baut eine systematische Tauftheologie auf; man betont überwiegend den werkzeuglichen Charakter der Taufe. – Während das *Konzil von Trient* bei der Taufe vor allem ihre (instrumentale) Heilswirkung beim einzelnen betont, setzt das *2. Vatikanische Konzil* neue Akzente: Sie ist *Eingliederung in die Kirche* und ihre Aufgabe; sie ist dialogisches Geschehen in zugleich wirkender und belehrender Symbolhandlung; sie ist Beginn eines Glaubensweges; sie schafft eine grundlegende Einheit aller Getauften. – Damit ist ein großes Programm gegeben, das von der nachkonziliaren Theologie zunehmend eingeholt wird. Gefordert ist nicht zuletzt ein positives (nicht exklusives) Verständnis der *Heilsnotwendigkeit der Taufe.* Es ist noch weiter aufzuhellen, inwiefern die in der Taufe geschehende Eingliederung in die Kirche eine Dimension des von Gott geschenkten Heiles selber ist.

3.2
Für ein eigenständiges Sakrament der *Firmung* gibt es keine direkten ntl. Belegtexte. Früher herangezogene Stellen der Apg können höchstens darauf aufmerksam machen, daß die Handauflegung Zeichen der Herabkunft des Hl. Geistes zu sein vermag und daß in Ausnahmefällen Taufe und Geistempfang auseinandertreten können. Wichtig ist der allgemeinere biblische Hintergrund: Menschen empfangen im Zusammenhang mit ihrer Berufung (Amtseinsetzung, Beginn öffentlichen Wirkens) den Hl. Geist (so auch Jesus selber). Von daher ist es legitim, wenn die Kirche aus der Taufe ein eigenes Sakrament entwickelt, in dem der Mensch zu seinem Getauftsein ja sagt und zu seinem Dienst im Reich Gottes befähigt wird. – Diese Entwicklung vollzieht sich in der Westkirche bis zum 12. Jh.: Erst jetzt läßt man allgemein der im Säuglingsalter gespendeten Taufe diese bischöfliche „*Vollendung der Taufe"* zwischen dem 7. und 12. Lebensjahr folgen. Erst jetzt bildet sich auch eine Theologie der Firmung heraus, die in Dokumente des Lehramts eingeht. – Daran anknüpfend, aber auch neue Akzente setzend, betont das *II. Vaticanum* die enge Zusammengehörigkeit von Taufe und Firmung. Sie verbindet tiefer mit Christus dem Haupt wie mit der Kirche; sie schenkt eine besondere Kraft des Hl. Geistes; sie befähigt und verpflichtet nachdrücklicher zum Apostolat (die Bischöfe sind originäre Firmspender). – Im Anschluß daran setzt heutige Firmtheologie vor allem christologische, ekklesiologische oder pneumatologische Akzente bzw. betont sie vorrangig den Entscheidungscharakter der Firmung. Die verschiedenen Ansätze

können verbunden werden, wenn man in Weiterführung biblischer Ansätze in der Firmung das *Sakrament der Indienstnahme für das Reich Gottes* sieht, das ebenso zu diesem dem Leben Sinn gebenden Dienst befähigt, wie es die Entscheidung dafür fordert.

I.
Allgemeine Sakramentenlehre

Biblische Leittexte

MYSTERIUM IM AT

Vgl. G. Bornkamm, Art. μυστήριον, in: ThWNT Bd. 4, S. 820 ff. Weil der Begriff *sacramentum* in altlateinischen Bibelversionen die Übersetzung des griechischen Begriffs μυστήριον darstellt, können Bedeutungsgehalte des atl. Mysteriumsbegriffs (der Septuaginta) auch in den späteren Sakramentsbegriff miteinfließen. In mehreren Texten spätatl. Schriften meint *mysterium* den geschichtlich offenbarten Schöpfungs- und Heilsplan Gottes bzw. (in apokalyptischem Zusammenhang) die verhüllte Ankündigung des eschatologischen Handelns Gottes.

Weisheit 2,21 f.

1 So denken sie[a], aber sie irren sich; denn ihre Schlechtigkeit macht sie blind. Sie verstehen von Gottes Geheimnissen[b] nichts, sie hoffen nicht auf Lohn für die Frömmigkeit und erwarten keine Auszeichnung für untadelige Seelen.

[a] Die Frevler.
[b] Mysterien.

Daniel 2,27 f.

2 Daniel antwortete dem König: Weise und Wahrsager, Zeichendeuter und Astrologen vermögen dem König das Geheimnis[a], nach dem er fragt, nicht zu enthüllen. Aber es gibt im Himmel einen Gott, der Geheimnisse offenbart; er ließ den König Nebukadnezzar wissen, was am Ende der Tage geschehen wird.

[a] Das Mysterium.

MYSTERIUM IM NT

Vgl. G. Bornkamm, Art. μυστήριον, in: ThWNT Bd. 4, S. 823–831. Ntl. begegnet mysterium/*sacramentum* in eschatologisch-apokalyptischer Bedeutung bei Mk. Wichtig wird der Begriff in den paulinischen und deuteropaulinischen Schriften; hier weist er theologische, christologische und ekklesiologische Dimensionen auf, die auch für den späteren Sakramentsbegriff im engeren Sinn maßgeblich werden bzw. sein sollten.

Markus 4,10–12
(Vgl. Mt 13,10–17; Lk 8,9 f.)

3 ¹⁰ Als er mit seinen Begleitern und den Zwölf allein war, fragten sie ihn nach dem Sinn seiner Gleichnisse. ¹¹ Da sagte er zu ihnen: Euch ist das Geheimnis[a] des Reiches Gottes anvertraut; denen aber, die draußen sind, wird alles in Gleichnissen gesagt; ¹² denn *sehen sollen sie, sehen, aber nicht erkennen;*
hören sollen sie, hören, aber nicht verstehen,
damit sie sich nicht bekehren
und ihnen nicht vergeben wird.

[a] mysterium/sacramentum.

1 Korinther 2,1–8

4 Als ich zu euch kam, Brüder, kam ich nicht, um glänzende Reden oder gelehrte Weisheit vorzutragen, sondern um euch das Zeugnis Gottes[b] zu verkünden. ²Denn ich hatte mich entschlossen, bei euch nichts zu wissen außer Jesus Christus, und zwar als den Gekreuzigten. ³Zudem kam ich in Schwäche und in Furcht, zitternd und bebend zu euch. ⁴Meine Botschaft und Verkündigung war nicht Überredung durch gewandte und kluge Worte, sondern war mit dem Erweis von Geist und Kraft verbunden, ⁵damit sich euer Glaube nicht auf Menschenweisheit stützte, sondern auf die Kraft Gottes.
⁶Und doch verkünden wir Weisheit unter den Vollkommenen, aber nicht Weisheit dieser Welt oder der Machthaber dieser Welt, die einst entmachtet werden. ⁷Vielmehr verkünden wir das Geheimnis[c] der verborgenen Weisheit Gottes, die Gott vor allen Zeiten vorausbestimmt hat zu unserer Verherrlichung. ⁸Keiner der Machthaber dieser Welt hat sie erkannt; denn hätten sie die Weisheit Gottes erkannt, so hätten sie den Herrn der Herrlichkeit nicht gekreuzigt.

[b] Andere Textzeugen: Geheimnis/Mysterium Gottes.
[c] mysterium/sacramentum.

Kolosserbrief 2,1–3

5 ¹Ihr sollt wissen, was für einen schweren Kampf ich für euch und für die Gläubigen in Laodizea zu bestehen habe, auch für alle anderen, die mich persönlich nie gesehen haben. ²Dadurch sollen sie getröstet werden; sie sollen in Liebe zusammenhalten, um die tiefe und reiche Einsicht zu erlangen und das göttliche Geheimnis[a] zu erkennen, das Christus ist. ³In ihm sind alle Schätze der Weisheit und Erkenntnis verborgen.

[a] mysterium/sacramentum.

Epheserbrief 5,21–32

6 ²¹Einer ordne sich dem andern unter in der gemeinsamen Ehrfurcht vor Christus. ²²Ihr Frauen, ordnet euch euren Männern unter wie dem Herrn (Christus); ²³denn der Mann ist das Haupt der Frau, wie auch Christus das Haupt der Kirche ist; er hat sie gerettet, denn sie ist sein Leib. ²⁴Wie aber die Kirche sich Christus unterordnet, sollen sich die Frauen in allem den Männern unterordnen. ²⁵Ihr Männer, liebt eure Frauen, wie Christus die Kirche geliebt und sich für sie hingegeben hat, ²⁶um sie im Wasser und durch das Wort rein und heilig zu machen. ²⁷So will er die Kirche herrlich vor sich erscheinen lassen, ohne Flecken, Falten oder andere Fehler; heilig soll sie sein und makellos. ²⁸Darum sind die Männer verpflichtet, ihre Frauen so zu lieben wie ihren eigenen Leib. Wer seine Frau liebt, liebt sich selbst. ²⁹Keiner hat je seinen eigenen Leib gehaßt, sondern er nährt und pflegt ihn, wie auch Christus die Kirche. ³⁰Denn wir sind Glieder seines Leibes. ³¹*Darum wird der Mann Vater und Mutter verlassen und sich an seine Frau binden, und die zwei werden ein Fleisch sein.* ³²Dies ist ein tiefes Geheimnis[a]; ich beziehe es auf Christus und die Kirche.

[a] mysterium/sacramentum.

Lehramtliche Texte

Innozenz III. (1198–1216)
Das Glaubensbekenntnis gegen die Waldenser (1208)

7 **Wirksame Sakramentenspendung auch durch sündige Sakramentenspender**
Lat.: DS 793 = PL 215, 1511 AB.
Dt.: NR 498.

Das Bekenntnis wurde Durandus von Huesca abverlangt, als er sich von den Waldensern abwandte und zur katholischen Kirche zurückkehrte. Es richtet sich gegen Irrtümer der damaligen Zeit, vor allem gegen Irrlehren der Albigenser und Waldenser. In ihrem Kampf gegen die Verweltlichung des Klerus hatten diese die Gültigkeit der Sakramentenspendung von der sittlichen Disposition des Sakramentenspenders abhängig gemacht.

498 [...] Wir verwerfen die Sakramente, die die Kirche in Mitwirkung der unschätzbaren und unsichtbaren Kraft des Heiligen Geistes feiert, auch dann nicht, wenn sie ein sündiger, aber von der Kirche zugelassener Priester spendet. Wir setzen seine Amtsverrichtungen und Segnungen nicht herunter, sondern nehmen sie bereitwillig an wie von einem würdigen. Denn die Schlechtigkeit des Bischofs oder Priesters tut der Taufe eines Kindes oder der Weihe der Eucharistie oder den übrigen Amtsverrichtungen, die für die ihnen unterstellten Gläubigen ausgeführt werden, keinen Abbruch. [...]

Die Allgemeine Kirchenversammlung zu Konstanz (1414–1418)
Irrtümer des Johann Wyclif (1415)
Den Anhängern des Wyclif und Hus vorzulegende Fragen (1418)

8 **Voraussetzungen gültiger Sakramentenspendung**
Lat.: DS 1154 = Mansi 27, 632 E bzw. 1207 E und DS 1262 = Mansi 27, 1212 C.
Dt.: NR 499 und 500.

Johann Wyclif und in Abhängigkeit von ihm Johannes Hus hatten in der Sakramentenlehre – aus Reformwillen und Abneigung gegen den Klerus – die alte von den Donatisten im 4. Jh. vertretene Auffassung (vgl. Einl. in 71) erneuert, daß eine wirksame bzw. gültige Sakramentenspendung von der sittlichen Disposition des Sakramentenspenders abhänge. Das Konzil von Konstanz hatte sich mit dieser Irrlehre auseinanderzusetzen.

Verurteilte Irrtümer Wyclifs

499   4. Ein Bischof oder Priester, der *in der schweren Sünde* lebt, weiht nicht, verwandelt (in der heiligen Messe) nicht, bringt das Sakrament nicht zustande, tauft nicht.

9   Fragen, die den Anhängern des Wyclif und Hus vorgelegt wurden

500   22. Ob er glaubt, daß *ein schlechter Priester,* der die rechte Materie und Form gebraucht und die Absicht hat, zu tun, was die Kirche tut, wirklich das Sakrament zustande bringt, wirklich losspricht, wirklich tauft und wirklich die andern Sakramente spendet.

Die Allgemeine Kirchenversammlung zu Florenz (1438–1445)

Lehrentscheid für die Armenier (1439)

10   **Was die sieben Sakramente charakterisiert und was sie wirken**

Beim Konzil von Florenz ging es u. a. um die Wiedervereinigung der Armenier mit der römisch-katholischen Kirche. Den armenischen Gesandten wurde dabei das sog. „Dekret für die Armenier" vorgelegt, auf das sie sich verpflichteten. Der Text behandelt durch Wiedergabe von früheren Lehrdokumenten die wichtigsten Lehrstücke des Glaubens, seine Aussagen zur Sakramentenlehre macht er in engem Anschluß an Thomas von Aquin (vgl. 80–92). Er ist keine unfehlbare Lehrentscheidung, hatte aber wesentlichen Einfluß auf die spätere Lehrentwicklung.
Lat.: DS 1310–1313 = Mansi 31 A, 1054 B–1055 A.
Dt.: NR 501–504.

[...] Zur leichteren Unterweisung der Armenier [...] legen wir die kirchliche Sakramentenlehre in folgender knappen Fassung vor:

501   Es gibt *sieben Sakramente* des Neuen Bundes: Taufe, Firmung, Eucharistie, Buße, Letzte Ölung, Weihe, Ehe. Sie unterscheiden sich weit von den *Sakramenten des Alten Bundes.* Denn diese wirkten nicht die Gnade, sie wiesen nur darauf hin, daß die Gnade durch Christi Leiden einmal gegeben werde. Diese unsere Sakramente aber *enthalten die Gnade* und teilen sie denen mit, die sie würdig empfangen.

11

502 Die ersten fünf dieser Sakramente sind zur *eigenen geistigen Vervollkommnung* eines jeden Menschen bestimmt, die letzten zwei zur *Leitung und Mehrung der Gesamtkirche*. Denn durch die Taufe werden wir geistig wiedergeboren; durch die Firmung wird unsere Gnade gemehrt und unser Glaube gestärkt; wiedergeboren und gestärkt, werden wir genährt durch die göttliche Speise der Eucharistie; wenn wir durch die Sünde in Krankheit der Seele fallen, werden wir durch die Buße geistig geheilt; geheilt werden wir auch geistig, und, falls es der Seele nützt, körperlich durch die Letzte Ölung; durch die Weihe aber wird die Kirche gelenkt und geistig gemehrt; durch die Ehe wird sie leiblich gemehrt.

12

503 Alle diese Sakramente werden in *drei Stücken* vollzogen: durch den dinglichen Vollzug als *Materie*, durch die Worte als *Form*, durch die Person des *Spenders*, der das Sakrament erteilt in der Absicht, zu tun, was die Kirche tut. Wenn eines von diesen drei Stücken fehlt, so wird das Sakrament nicht vollzogen.

13

504 Unter diesen Sakramenten sind drei, Taufe, Firmung und Weihe, die der Seele *ein Merkmal* einprägen, das heißt ein *unzerstörbares geistiges Zeichen*, das sie von den übrigen unterscheidet. Deshalb werden sie an derselben Person nicht wiederholt. Die übrigen vier Sakramente prägen kein Merkmal ein und lassen eine Wiederholung zu. [...]

1310 Quinto, ecclesiasticorum sacramentorum veritatem pro ipsorum Armenorum tam praesentium quam futurorum faciliore doctrina sub hac brevissima redigimus formula. Novae Legis septem sunt sacramenta: videlicet baptismus, confirmatio, Eucharistia, paenitentia, extrema unctio, ordo et matrimonium, quae multum a sacramentis differunt Antiquae Legis. Illa enim non causabant gratiam, sed eam solum per passionem Christi dandam esse figurabant: haec vero nostra et continent gratiam, et ipsam digne suscipientibus conferunt. –

1311 Horum quinque prima ad spiritualem uniuscuiusque hominis in seipso perfectionem, duo ultima ad totius Ecclesiae regimen multiplicationemque ordinata sunt. Per baptismum enim spiritualiter renascimur; per confirmationem augemur in gratia, et roboramur in fide; renati autem et roborati nutrimur divina Eucharistiae alimonia. Quod si per peccatum aegritudinem incurrimus animae, per paenitentiam spiritualiter sanamur: spiritualiter etiam et corporaliter, prout animae expedit, per extremam unctionem; per ordinem vero Ecclesia gubernatur et multiplicatur spiritualiter, per matrimonium corporaliter augetur. –

1312 Haec omnia sacramenta tribus perficiuntur, videlicet rebus tamquam materia, verbis tamquam forma, et persona ministri conferentis sacramentum cum intentione faciendi, quod facit Ecclesia: quorum si aliquod desit, non perficitur sacramentum. –

1313 Inter haec sacramenta tria sunt: baptismus, confirmatio et ordo, quae characterem, id est, spirituale quoddam signum a ceteris distinctivum, imprimunt in anima indelebile. Unde in eadem persona non reiterantur. Reliqua vero quattuor characterem non imprimunt, et reiterationem admittunt.

Die Allgemeine Kirchenversammlung zu Trient (1545–1563)
Dekret über die Sakramente (7. Sitzung 1547)

14 Merkmale eines katholischen Sakramentenverständnisses

Lat.: DS 1600–1613 = CT 5,994 f. = Mansi 33, 51 E–53 C.
Dt.: NR 505–518.

Die 7. Sitzung des Trienter Konzils will wichtige Merkmale des katholischen Sakramentenverständnisses gegenüber reformatorischen Auffassungen zur Geltung bringen. Die Einleitung betont die Bedeutung der Sakramente für die Rechtfertigung des Menschen, in den Lehrsätzen über die Sakramente im allgemeinen werden u. a. die Siebenzahl der Sakramente, ihre Einsetzung durch Christus und ihre Gnadenwirksamkeit definiert.

Einleitung

505 Zum Abschluß der heilsamen Lehre von der Rechtfertigung, welche die Väter in der letzten Sitzung einstimmig verkündeten, schien es angemessen, von den heiligen Sakramenten der Kirche zu handeln, durch die jede wahre Gerechtigkeit beginnt, wächst oder nach dem Verlust wiederhergestellt wird. Deshalb hat die heilige Allgemeine Kirchenversammlung von Trient [...] beschlossen, um Irrtümer auszuschließen und Irrlehren über die heiligen Sakramente auszurotten, die, obwohl schon von unseren Vätern einst verurteilt, in unserer Zeit wieder erweckt oder auch neu erfunden wurden und der Reinheit der katholischen Kirche wie dem Heil der Seelen großen Schaden zufügen, in treuem Anschluß an die Lehre der Heiligen Schrift, die apostolische Überlieferung und die gemeinsame Überzeugung der andern Kirchenversammlungen und Väter, folgende Lehrsätze aufzustellen und zu beschließen: [...]

Prooemium

1600 Ad consummationem salutaris de iustificatione doctrinae, quae in praecedenti proxima sessione uno omnium patrum consensu promulgata fuit, consentaneum visum est, de sanctissimis Ecclesiae sacramentis agere, per quae omnis vera iustitia vel incipit, vel coepta augetur, vel amissa reparatur. Propterea sacrosancta oecumenica et generalis Tridentina Synodus ... ad errores eliminandos, et exstirpandas haereses, quae circa ipsa sanctissima sacramenta hac nostra tempestate, tum de damnatis olim a Patribus nostris haeresibus suscitatae, tum etiam de novo adinventae sunt, quae catholicae Ecclesiae puritati et animarum saluti magnopere officiunt: sanctarum Scripturarum doctrinae, apostolicis traditionibus atque aliorum conciliorum et Patrum consensui inhaerendo, hos praesentes canones statuendos et decernendos censuit, reliquos, qui supersunt ad coepti operis perfectionem, deinceps (divino Spiritu adiuvante) editura.

15 Lehrsätze über die Sakramente im allgemeinen

506 1. Wer sagt, die Sakramente des Neuen Bundes seien nicht alle von Christus Jesus, unserm Herrn, eingesetzt, oder es seien mehr oder weniger als sieben, nämlich: Taufe, Firmung, Eucharistie, Buße, Letzte Ölung, Weihe und Ehe, oder eines von diesen sieben sei nicht eigentlich und wirklich Sakrament, der sei ausgeschlossen.

16
507 2. Wer sagt, eben diese Sakramente des Neuen Bundes seien von den Sakramenten des Alten Bundes nicht verschieden, außer eben, weil Zeremonien und äußerer Ritus anders seien, der sei ausgeschlossen.

17
508 3. Wer sagt, eben diese Sakramente des Neuen Bundes seien untereinander so gleich, daß unter keiner Rücksicht eines bedeutsamer sei als das andere, der sei ausgeschlossen.

18
509 4. Wer sagt, die Sakramente des Neuen Bundes seien nicht zum Heil notwendig, sondern überflüssig, und die Menschen könnten ohne sie oder ohne das Verlangen nach ihnen durch den Glauben allein von Gott die Gnade der Rechtfertigung erlangen – freilich sind nicht alle für jeden einzelnen notwendig –, der sei ausgeschlossen.

Canones de sacramentis in genere

1601 Can. 1. Si quis dixerit, sacramenta novae Legis non fuisse omnia a Iesu Christo Domino nostro instituta, aut esse plura vel pauciora, quam septem, videlicet baptismum, confirmationem, Eucharistiam, paenitentiam, extremam unctionem, ordinem et matrimonium, aut etiam aliquod horum septem non esse vere et proprie sacramentum: anathema sit.

1602 Can. 2. Si quis dixerit, ea ipsa novae Legis sacramenta a sacramentis antiquae Legis non differre, nisi quia caeremoniae sunt aliae et alii ritus externi: an. s.

1603 Can. 3. Si quis dixerit, haec septem sacramenta ita esse inter se paria, ut nulla ratione aliud sit alio dignius: an. s.

1604 Can. 4. Si quis dixerit, sacramenta novae Legis non esse ad salutem necessaria, sed superflua, et sine eis aut eorum voto per solam fidem homines a Deo gratiam iustificationis adipisci, licet omnia singulis necessaria non sint: an. s.

19

510 5. Wer sagt, diese Sakramente seien allein dazu eingesetzt, den Glauben zu nähren, der sei ausgeschlossen.

20

511 6. Wer sagt, die Sakramente des Neuen Bundes enthielten nicht die Gnade, die sie bezeichnen, oder sie teilten nicht die Gnade selbst denen mit, die kein Hindernis entgegensetzen, als ob sie nur äußere Zeichen der durch den Glauben erlangten Gnade oder Gerechtigkeit seien und gewisse Kennzeichen des christlichen Bekenntnisses, nach denen sich vor den Menschen Gläubige und Ungläubige unterscheiden, der sei ausgeschlossen.

21

512 7. Wer sagt, die Gnade werde durch diese Sakramente, soweit es auf Gott ankommt, nicht immer und allen gegeben, auch wenn man sie richtig empfängt, sondern nur manchmal und einigen, der sei ausgeschlossen.

22

513 8. Wer sagt, durch die Sakramente des Neuen Bundes werde die Gnade nicht kraft des vollzogenen Ritus mitgeteilt, sondern zur Erlangung der Gnade reiche der bloße Glaube an die göttliche Verheißung hin, der sei ausgeschlossen.

23

514 9. Wer sagt, durch drei Sakramente, nämlich Taufe, Firmung und Weihe, werde der Seele nicht ein Merkmal eingeprägt, d. h. ein

geistiges und unauslöschliches Zeichen, weshalb sie nicht wiederholt werden können, der sei ausgeschlossen.

1605 Can. 5. Si quis dixerit, haec sacramenta propter solam fidem nutriendam instituta fuisse: an. s.

1606 Can. 6. Si quis dixerit, sacramenta novae Legis non continere gratiam, quam significant, aut gratiam ipsam non ponentibus obicem non conferre [...], quasi signa tantum externa sint acceptae per fidem gratiae vel iustitiae, et notae quaedam christianae professionis, quibus apud homines discernuntur fideles ab infidelibus: an. s.

1607 Can. 7. Si quis dixerit, non dari gratiam per huiusmodi sacramenta semper et omnibus, quantum est ex parte Dei, etiamsi rite ea suscipiant, sed aliquando et aliquibus: an. s.

1608 Can. 8. Si quis dixerit, per ipsa novae Legis sacramenta ex opere operato non conferri gratiam, sed solam fidem divinae promissionis ad gratiam consequendam sufficere: an. s.

1609 Can. 9. Si quis dixerit, in tribus sacramentis, baptismo scilicet, confirmatione et ordine, non imprimi characterem in anima, hoc est signum quoddam spirituale et indelebile, unde ea iterari non possunt: an. s.

24

515 10. Wer sagt, alle Christen hätten Vollmacht über das Wort und zur Ausspendung aller Sakramente, der sei ausgeschlossen.

25

516 11. Wer sagt, bei den Ausspendern sei nicht wenigstens die Absicht erfordert, zu tun, was die Kirche tut, wenn sie die Sakramente zustande bringen und mitteilen, der sei ausgeschlossen.

26

517 12. Wer sagt, der Ausspender, der sich im Stand der Todsünde befinde, bringe kein Sakrament zustande oder teile keines mit, obwohl er alles Wesentliche beobachtet, was zum Zustandebringen und Mitteilen des Sakramentes gehört, der sei ausgeschlossen.

27

518 13. Wer sagt, man dürfe die überkommenen und gutgeheißenen Riten der katholischen Kirche, die bei der feierlichen Spendung der Sakramente gebraucht werden, geringschätzen, oder der Spender dürfe sie ohne Sünde nach eigenem Belieben auslassen, oder jeder Hirte der Kirche könne sie in neue und andere umändern, der sei ausgeschlossen.

1610 Can. 10. Si quis dixerit, Christianos omnes in verbo et omnibus sacramentis administrandis habere potestatem: an. s.

1611 Can. 11. Si quis dixerit, in ministris, dum sacramenta conficiunt et conferunt, non requiri intentionem, saltem faciendi quod facit Ecclesia: an. s. [...].

1612 Can. 12. Si quis dixerit, ministrum in peccato mortali exsistentem, modo omnia essentialia, quae ad sacramentum conficiendum aut conferendum pertinent, servaverit, non conficere aut conferre sacramentum: an. s. [...].

1613 Can. 13. Si quis dixerit, receptos et approbatos Ecclesiae catholicae ritus in sollemni sacramentorum administratione adhiberi consuetos aut contemni, aut sine peccato a ministris pro libito omitti, aut in novos alios per quemcumque ecclesiarum pastorem mutari posse: an. s.

Lehre über die Kommunion unter beiden Gestalten und die Kommunion der unmündigen Kinder. Trient, 21. Sitzung (1562)

28 Die Vollmacht der Kirche, Art und Weise der Sakramentenspendung näher zu bestimmen

Lat.: DS 1728 = Mansi 33, 122 DE.
Dt.: NR 519.

Gegenüber den Reformatoren, die die Spendung der Laienkommunion nur unter einer Gestalt als unbiblisch verwarfen, beansprucht das Trienter Konzil für die Kirche eine begrenzte Vollmacht, Verwaltung und Gestaltung der Sakramente pastoralen Erfordernissen anzupassen.

2. Kapitel: Die Vollmacht der Kirche in der Ausspendung des Sakramentes der Eucharistie

519 [...] (Die heilige Kirchenversammlung) erklärt: Stets hatte die Kirche die Vollmacht, in der Spendung der Sakramente unter Beibehaltung ihres Wesens Bestimmungen oder Abänderungen zu treffen, die, entsprechend dem Wechsel von Verhältnissen, Zeit und Ort, das Seelenheil der Empfänger oder die Ehrfurcht vor den Sakramenten förderten. Das scheint der Apostel ziemlich klar mit den Worten anzudeuten: „So betrachte man uns als Diener Christi und Ausspender der Geheimnisse Gottes" (1 Kor 4,1). Es läßt sich auch genügend nachweisen, daß er selbst diese Vollmacht außer in vielen anderen Dingen gerade auch in diesem Sakrament (in der Eucharistie) gebrauchte. Nach einer Reihe von Bestimmungen über seinen Gebrauch sagt er nämlich: „Das übrige werde ich nach meiner Ankunft verfügen" (1 Kor 11,34). Die heilige Mutter die

Kirche weiß um diese ihre Vollmacht in der Verwaltung der Sakramente. [Es folgt die Verfügung, die Laienkommunion nur unter einer Gestalt zu spenden.]

Pius X. (1903–1914)
Dekret des heiligen Offiziums „Lamentabili" (1907)

29 Irrtümer über Ursprung und Sinn der Sakramente

Lat.: DS 3439–3441 = ASS 40 (1907) 475.
Dt.: NR 520–522.

Im Dekret Lamentabili werden Aussagen zeitgenössischer Theologen, die – manchmal im Übermaß – eine Versöhnung kirchlicher Lehren mit wissenschaftlichen Methoden und Erkenntnissen ihrer Zeit anstrebten, zu einem kirchenfremden bzw. -feindlichen System stilisiert und – allerdings ohne Namensnennung – verurteilt. Abgelehnt werden u. a. Auffassungen dieser sog. Modernisten über Ursprung und Wirkweise der Sakramente.

[520] 39. Die Auffassung der in Trient versammelten Väter über den *Ursprung der Sakramente*, die sich zweifellos in ihren dogmatischen Lehrsätzen auswirkte, ist weit entfernt von den Ergebnissen, die jetzt bei den geschichtlichen Erforschern des Christentums mit Recht gelten.

30
[521] 40. Die Sakramente hatten darin ihren Ursprung, daß die Apostel und ihre Nachfolger einen Gedanken und eine Absicht Christi, angeregt und gedrängt durch äußere Umstände und Ereignisse, verdeutlichten.

31
[522] 41. Das ist der *Sinn der Sakramente*, daß sie im Herzen des Menschen das Bewußtsein der stets Gutes wirkenden Gegenwart des Schöpfers wecken.

Pius X. (1903–1914)
Rundschreiben gegen den Modernismus „Pascendi" (1907)

32 Modernistische Verkürzungen der Sakramentenlehre

Lat.: DS 3488–3489 = ASS 40 (1907) 612.
Dt.: NR 523.

Pius X. kennzeichnet in seiner Enzyklika „Pascendi" noch einmal bestimmte Auffassungen, die den sog. Modernisten (vgl. Einführung in Nr. 29) zugeschrieben werden – auch solche über Ursprung und Wirkweise der Sakramente –, als einseitig bzw. der verbindlichen Lehre der Kirche widersprechend.

523 [...] Die Irrtümer der Modernisten bezüglich der Sakramente sind sehr schwer. Sie lassen allen Kult aus einem doppelten Antrieb oder Bedürfnis entstehen. In ihrem System lassen sie ja alles [...] aus inneren Antrieben und Notwendigkeiten entstehen. Der eine (dieser inneren Antriebe) drängt dazu, die Religion fühlbar zu machen, der andere, sie sichtbar zu gestalten. Das alles ist aber nicht möglich ohne sinnenhafte Formen und Weihungen, die wir dann Sakramente heißen. Die Sakramente sind aber für die Modernisten reine Symbole oder Zeichen, wenn sie auch nicht jeder Kraft entbehren. Um diese Kraft irgendwie zu kennzeichnen, weisen sie als Beispiel auf gewisse Worte hin, denen man eine gewisse Kraft zuschreibt, und zwar deshalb, weil sie starke Vorstellungen zu wecken vermögen, die das Herz mächtig bewegen. Wie jene Worte den Vorstellungen, so sind die Sakramente dem religiösen Gefühl zugeordnet. Weiter nichts. Klarer würden sie sicher sprechen, wenn sie sagten, die Sakramente seien nur dazu da, um den Glauben zu nähren. Das aber hat die Kirchenversammlung von Trient verurteilt: Wer sagt, die Sakramente seien allein dazu eingesetzt, den Glauben zu nähren, der sei ausgeschlossen. [...]

Die Allgemeine II. Kirchenversammlung im Vatikan (1962–1965)
Konstitution über die heilige Liturgie (1963)

33 Die Sakramente als „Sakramente des Glaubens" – wirkend aus dem Pascha-Mysterium

Lat.: LThK E I 62 ff. = AAS 56 (1964) 116 f.
Dt.: LThK E I, 63 ff.
Kommentar: J. A. Jungmann, in: LThK E I, 10–109; zur Stelle 62 f.

Die Liturgiekonstitution „Sacrosanctum Concilium" folgert aus einer Wesensbeschreibung der Liturgie, bei der besonders auch ihre Bedeutung für das Leben der Kirche herausgestellt wird, Grundsätze und Regeln für die Erneuerung und Förderung der Liturgie. Die Artikel 59–61 im dritten Kapitel machen dabei grundlegende Aussagen über das Wesen der Sakramente und der Sakramentalien. Die Sakramente sind „Sakramente des Glaubens", die – aus dem Pascha-Mysterium wirkend – hingeordnet sind „auf die Heiligung der Menschen, den Aufbau des Leibes Christi und ... die Gott geschuldete Verehrung" (Art. 59).

Die übrigen Sakramente und die Sakramentalien[a]

63 59. Die Sakramente sind hingeordnet auf die Heiligung der Menschen, den Aufbau des Leibes Christi und schließlich auf die Gott geschuldete Verehrung; als Zeichen haben sie auch die Aufgabe der Unterweisung. Den Glauben setzen sie nicht nur voraus, son-

dern durch Wort und Ding nähren sie ihn auch, stärken ihn und zeigen ihn an; deshalb heißen sie Sakramente des Glaubens. Sie verleihen Gnade, aber ihre Feier befähigt auch die Gläubigen in hohem Maße, diese Gnade mit Frucht zu empfangen, Gott recht zu verehren und die Liebe zu üben.
Es ist darum sehr wichtig, daß die Gläubigen die sakramentalen Zeichen leicht verstehen und immer wieder zu jenen Sakramenten voll Hingabe hinzutreten, die eingesetzt sind, um das christliche Leben zu nähren.

34 60. Außerdem hat die heilige Mutter Kirche Sakramentalien eingesetzt. Diese sind heilige Zeichen, durch die in einer gewissen Nachahmung der Sakramente Wirkungen, besonders geistlicher Art, bezeichnet und kraft der Fürbitte der Kirche erlangt werden. Durch diese Zeichen werden die Menschen bereitet, die eigentliche Wirkung der Sakramente aufzunehmen; zugleich wird durch solche Zeichen das Leben in seinen verschiedenen Gegebenheiten geheiligt.

35 61. Die Wirkung der Liturgie der Sakramente und Sakramentalien ist also diese: Wenn die Gläubigen recht bereitet sind, wird ihnen nahezu jedes Ereignis ihres Lebens geheiligt durch die göttliche Gnade, die ausströmt vom Pascha-Mysterium des Leidens, des Todes und der Auferstehung Christi, aus dem alle Sakramente
65 und Sakramentalien ihre Kraft ableiten. Auch bewirken sie, daß es kaum einen rechten Gebrauch der materiellen Dinge gibt, der nicht auf das Ziel ausgerichtet werden kann, den Menschen zu heiligen und Gott zu loben.

[a] Der Text wird fortlaufend zitiert; der Sprung der Seitenzahlen erklärt sich daraus, daß im LThK der lateinische Text dem deutschen gegenübergestellt wird.

36 Die Sakramente als Liturgie:
Werk Christi und seines Leibes, der Kirche

Lat.: LThK E I 20; 22 = AAS 56 (1964) 100 f.
Dt.: LThK E I 21; 23.
Kommentar: J. A. Jungmann, in: LThK E I, 10–109, zur Stelle 20–24.

Wichtig für das Verständnis der Sakramente (wie für das Verständnis der Kirche und der Liturgie überhaupt) ist die Aussage der Liturgiekonstitution über die Gegenwart Christi in der Kirche, „besonders in den liturgischen Handlungen". Der auf vielfältige Weise gegenwärtige Christus läßt in der Liturgie die Kirche in allen ihren Gliedern aktiv an seinem Heilswirken teilhaben.

21 6. Wie daher Christus vom Vater gesandt ist, so hat er selbst die vom Heiligen Geist erfüllten Apostel gesandt, nicht nur das Evangelium aller Kreatur zu verkünden[1], die Botschaft, daß der Sohn Gottes uns durch seinen Tod und seine Auferstehung der Macht des Satans entrissen[2] und in das Reich des Vaters versetzt hat, sondern auch das von ihnen verkündete Heilswerk zu vollziehen durch Opfer und Sakrament, um die das ganze liturgische Leben kreist. So werden die Menschen durch die Taufe in das Pascha-Mysterium Christi eingefügt. Mit Christus gestorben, werden sie mit ihm begraben und mit ihm auferweckt.[3] Sie empfangen den Geist der Kindschaft, „in dem wir Abba, Vater, rufen" (Röm 8,15), und werden so zu wahren Anbetern, wie der Vater sie sucht.[4] Ebenso verkünden sie, sooft sie das Herrenmahl genießen, den Tod des Herrn, bis er wiederkommt.[5] Deswegen wurden am Pfingstfest, an dem die Kirche in der Welt offenbar wurde, „diejenigen getauft, die das Wort" des Petrus „annahmen". Und „sie verharrten in der Lehre der Apostel, in der Gemeinschaft des Brotbrechens, im Gebet ... sie lobten Gott und fanden Gnade bei allem Volk" (Apg 2,41–47).
Seither hat die Kirche niemals aufgehört, sich zur Feier des Pascha-Mysteriums zu versammeln, dabei zu lesen, „was in allen Schriften von ihm geschrieben steht" (Lk 24,27), die Eucharistie zu feiern, in der „Sieg und Triumph seines Todes dargestellt werden"[6], und zugleich „Gott für die unsagbar große Gabe dankzusagen" (2 Kor 9,15), in Christus Jesus „zum Lob seiner Herrlichkeit" (Eph 1,12). All das aber geschieht in der Kraft des Heiligen Geistes.

37 7. Um dieses große Werk voll zu verwirklichen, ist Christus seiner Kirche immerdar gegenwärtig, besonders in den liturgischen Handlungen. Gegenwärtig ist er im Opfer der Messe sowohl in der Person dessen, der den priesterlichen Dienst vollzieht – denn „derselbe bringt das Opfer jetzt dar durch den Dienst der
23 Priester, der sich einst am Kreuz selbst dargebracht hat"[7] – wie vor allem unter den eucharistischen Gestalten. Gegenwärtig ist er mit seiner Kraft in den Sakramenten, so daß, wenn immer einer tauft, Christus selber tauft.[8] Gegenwärtig ist er in seinem Wort, da er selbst spricht, wenn die heiligen Schriften in der Kirche gelesen werden. Gegenwärtig ist er schließlich, wenn die Kirche betet und singt, er, der versprochen hat: „Wo zwei oder drei versammelt

sind in meinem Namen, da bin ich mitten unter ihnen" (Mt 18,20). In der Tat gesellt sich Christus in diesem großen Werk, in dem Gott vollkommen verherrlicht und die Menschheit geheiligt werden, immer wieder die Kirche zu, seine geliebte Braut. Sie ruft ihren Herrn an, und durch ihn huldigt sie dem ewigen Vater.
Mit Recht gilt also die Liturgie als Vollzug des Priesteramtes Jesu Christi; durch sinnenfällige Zeichen wird in ihr die Heiligung des Menschen bezeichnet und in je eigener Weise bewirkt und vom mystischen Leib Jesu Christi, d. h. dem Haupt und den Gliedern, der gesamte öffentliche Kult vollzogen.
Infolgedessen ist jede liturgische Feier als Werk Christi, des Priesters, und seines Leibes, der die Kirche ist, in vorzüglichem Sinn heilige Handlung, deren Wirksamkeit kein anderes Tun der Kirche an Rang und Maß erreicht.

1 Vgl. Mk 16,15.
2 Vgl. Apg 26,18.
3 Vgl. Röm 6,4; Eph 2,6; Kol 3,1; 2 Tim 2,11.
4 Vgl. Jo 4,23.
5 Vgl. 1 Kor 11,26.
6 Konzil von Trient, Sess. XIII, 11. Okt. 1551, Decr. De ss. Eucharist., c. 5: Concilium Tridentinum, Diariorum, Actorum, Epistularum, Tractatuum nova collectio, ed. Soc. Goerresiana, Bd. VII. Actorum pars IV (Freiburg i. Br. 1961) 202.
7 Konzil von Trient, Sess. XXII, 17. Sept. 1562, Doctr. De ss. Missae sacrif., c. 2: Concilium Tridentinum. Ed. cit., Bd. VIII. Actorum pars V (Freiburg i. Br. 1919) 960.
8 Vgl. Augustinus, In Ioannis Evangelium Tractatus VI, cap. I, n. 7: PL 35,1428.

38 8. In der irdischen Liturgie nehmen wir vorauskostend an jener himmlischen Liturgie teil, die in der heiligen Stadt Jerusalem gefeiert wird, zu der wir pilgernd unterwegs sind, wo Christus sitzt zur Rechten Gottes, der Diener des Heiligtums und des wahren Zeltes.[1] In der irdischen Liturgie singen wir dem Herrn mit der ganzen Schar des himmlischen Heeres den Lobgesang der Herrlichkeit. In ihr verehren wir das Gedächtnis der Heiligen und erhoffen Anteil und Gemeinschaft mit ihnen. In ihr erwarten wir den Erlöser, unseren Herrn Jesus Christus, bis er erscheint als unser Leben und wir mit ihm erscheinen in Herrlichkeit.[2]

1 Vgl. Apk 21,2; Kol 3,1; Hebr 8,2.
2 Vgl. Phil 3,20; Kol 3,4.

Dogmatische Konstitution über die Kirche (1964)

39 Die Sakramente als Wege zur Verwirklichung der Kirche und des christlichen Lebens

Lat.: LThK E I 182–188 = AAS 57 (1965) 15f.
Dt.: LThK E I 183–189.
Kommentar zur Stelle: A. Grillmeier, LThK E I 183–189.

In der Kirchenkonstitution „Lumen Gentium" bedenkt das II. Vaticanum Wesen und Aufgabe der Kirche selber. Es ist bedeutsam, daß Art. 11, der eigens von den Sakramenten handelt, seinen Ort im Kapitel 2 hat, das die Überschrift „Das Volk Gottes" trägt. Die Sakramente werden als grundlegende Weise gesehen, wie sich die Kirche als Gottesvolk und in ihr das einzelne Christenleben zu Vollkommenheit und Heiligkeit verwirklichen und so ihrer Aufgabe gerecht werden. Bedeutsam ist es auch, daß hier die sieben Sakramente nicht so sehr in ihrem gemeinsamen Wesen als vielmehr in ihrer jeweiligen Eigenart und Funktion beschrieben werden.

183   11. ᵃDas heilige und organisch verfaßte Wesen dieser priesterlichen Gemeinschaftᵇ vollzieht sich sowohl durch die Sakramente wie durch ein tugendhaftes Leben. Durch die Taufe der Kirche eingegliedert, werden die Gläubigen durch das Präge-
185   mal zur christlichen Gottesverehrung bestellt, und, wiedergeboren zu Söhnen Gottes, sind sie gehalten, den von Gott durch die Kirche empfangenen Glauben vor den Menschen zu bekennen.[1] Durch das Sakrament der Firmung werden sie vollkommener der Kirche verbunden und mit einer besonderen Kraft des Heiligen Geistes ausgestattet. So sind sie in strengerer Weise verpflichtet, den Glauben als wahre Zeugen Christi in Wort und Tat zugleich zu verbreiten und zu verteidigen.[2] In der Teilnahme am eucharistischen Opfer, der Quelle und dem Höhepunkt des ganzen christlichen Lebens, bringen sie das göttliche Opferlamm Gott dar und sich selbst mit ihm[3]; so übernehmen alle bei der liturgischen Handlung ihren je eigenen Teil, sowohl in der Darbringung wie in der heiligen Kommunion, nicht unterschiedslos, sondern jeder auf seine Art. Durch den Leib Christi in der heiligen Eucharistiefeier gestärkt, stellen sie sodann die Einheit des Volkes Gottes, die durch dieses hocherhabene Sakrament sinnvoll bezeichnet und wunderbar bewirkt wird, auf anschauliche Weise dar.

ᵃ Der Text wird fortlaufend zitiert; der Sprung der Seitenzahlen erklärt sich daraus, daß im LThK der lateinische Text dem deutschen gegenübergestellt ist.
ᵇ scil. der Kirche.

40 Die aber zum Sakrament der Buße hinzutreten, erhalten für ihre Gott zugefügten Beleidigungen von seiner Barmherzigkeit Verzeihung und werden zugleich mit der Kirche versöhnt, die sie durch die Sünde verwundet haben und die zu ihrer Bekehrung durch Liebe, Beispiel und Gebet mitwirkt. Durch die heilige Krankensalbung und das Gebet der Priester empfiehlt die ganze Kirche die Kranken dem leidenden und verherrlichten Herrn, daß er sie aufrichte und rette (vgl. Jak 5,14—16), ja sie ermahnt sie, sich bewußt dem Leiden und dem Tode Christi zu vereinigen (vgl. Röm 8,17; Kol 1,24; 2 Tim 2,11—12; 1 Petr 4,13) und so zum Wohle des Gottesvolkes beizutragen. Wer sodann unter den Gläubigen die heilige Weihe empfängt, wird im Namen Christi dazu bestellt, die Kirche durch das Wort und die Gnade Gottes zu weiden. Die christlichen Gatten endlich bezeichnen das Geheimnis der Einheit und der fruchtbaren Liebe zwischen Christus und der Kirche und bekommen daran Anteil (vgl. Eph 5,32). Sie fördern sich kraft des Sakramentes der Ehe gegenseitig zur Heiligung durch das eheliche Leben sowie in der Annahme und Erziehung der Kinder und haben so in ihrem Lebensstand und in ihrer Ordnung ihre eigene Gabe im Gottesvolk (vgl. 1 Kor 7,7).[4] Aus diesem Ehebund nämlich geht die Familie hervor, in der die neuen Bürger der menschlichen Gesellschaft geboren werden, die durch die Gnade des Heiligen Geistes in der Taufe zu Söhnen Gottes gemacht werden, um dem Volke Gottes im Fluß der Zeiten Dauer zu verleihen. In solch einer Art Hauskirche sollen die Eltern durch Wort und Beispiel für ihre Kinder die ersten Glaubensboten sein und die einem jeden eigene Berufung fördern, die geistliche aber mit besonderer Sorgfalt.

[1] Vgl. Thomas v. Aquin, Summa Theol. III, q. 63, a. 2.
[2] Vgl. Cyrill v. Jerusalem, Catech. 17, de Spiritu Sancto, II, 35—37: PG 33,1009—1012. Nik. Kabasilas, De vita in Christo, lib. III, de utilitate chrismatis: PG 150,569—580. Thomas v. Aquin, Summa Theol. III, q. 65, a. 3 u. q. 72, a. 1 u. 5.
[3] Vgl. Pius XII, Enz. Mediator Dei, 20. Nov. 1947: AAS 39 (1947) bes. S. 552f.
[4] 1 Kor 7,7: „Jeder hat seine eigene Gnadengabe (idion charisma) von Gott: der eine so, der andere aber so." Vgl. Augustinus, De Dono Persev. 14,37: PL 45,1015 f.: „Nicht nur die Enthaltsamkeit ist eine Gabe Gottes, sondern auch die Keuschheit der Verheirateten."

41

189 Mit so reichen Mitteln zum Heile ausgerüstet, sind alle Christgläubigen in allen Verhältnissen und in jedem Stand je auf ihrem Wege vom Herrn berufen zu der Vollkommenheit in Heiligkeit, in der der Vater selbst vollkommen ist.

Sekretariat für die Einheit der Christen
Ökumenisches Direktorium – Richtlinien zur Durchführung der Konzilsbeschlüsse über die ökumenische Aufgabe (Erster Teil Mai 1967)

42 Die gottesdienstliche Gemeinschaft mit den anderen getrennten Brüdern

Lat.: AAS 59 (1967) 574–592 (gesamter Text).
Dt.: Nachkonziliare Dokumentation 7, Trier 1967 (lat. Text, deutsche Übersetzung, Einleitung von W. Barz), 53.

Beim Ökumenischen Direktorium handelt es sich um Durchführungsbestimmungen zum Dekret über den Ökumenismus des II. Vaticanums (1964). Dabei werden die einzelnen Anordnungen jeweils theologisch begründet, so daß das Direktorium auch dogmatisches Interesse beanspruchen kann. Der vorgelegte Text sieht die Sakramente als „heilige Handlung der feiernden Gemeinschaft", in der sich diese Gemeinschaft vollzieht und ausdrückt.

53 55. Die Feier der Sakramente ist eine heilige Handlung der feiernden Gemeinschaft, die in der Gemeinschaft selbst vollzogen wird und deren Einheit im Glauben, Gottesdienst und Leben zum Ausdruck bringt. Wo diese Einheit des Glaubens bezüglich der Sakramente fehlt, soll die Mitfeier der getrennten Brüder mit den Katholiken, besonders bei den Sakramenten des Altars, der Buße und der Krankensalbung, untersagt sein. Weil aber die Sakramente sowohl Zeichen der Einheit wie auch Quellen der Gnade sind (vgl. Ökumenismus 8), kann die Kirche wegen ausreichender Gründe den Zutritt zu diesen Sakramenten einem getrennten Bruder gestatten. Dieser Zutritt kann erlaubt sein bei Todesgefahr oder in schwerer Not (Verfolgung, Gefängnis), wenn der getrennte Bruder einen Amtsträger seiner Gemeinschaft nicht aufsuchen kann und aus eigenem Antrieb vom katholischen Priester die Sakramente verlangt, sofern er nur im Hinblick auf diese Sakramente seinen Glauben im Einklang mit dem Glauben der Kirche zum Ausdruck bringt, und in der rechten inneren Verfassung ist. In anderen dringenden Notfällen soll der Ortsoberhirte oder die Bischofskonferenz entscheiden.

Ein Katholik aber, der sich in derselben Lage befindet, darf diese Sakramente nur von einem Amtsträger, der die Priesterweihe gültig empfangen hat, verlangen.

Gemeinsame Synode der Bistümer in der Bundesrepublik Deutschland (1971–1975)
Schwerpunkte heutiger Sakramentenpastoral (1974)

43 Die Sakramente in der Kirche

Gemeinsame Synode der Bistümer in der Bundesrepublik Deutschland, Beschlüsse der Vollversammlung, Offizielle Gesamtausgabe I, Freiburg 1976, S. 240–242.

Die „Würzburger Synode" fordert aus ihrer pastoralen Zielsetzung heraus, die Sakramente als wirksame Entfaltungen des sakramentalen Wesens der Kirche in die konkreten Lebenssituationen hinein neu den Menschen unserer Zeit zu erschließen. Sie unterstreicht dabei die Bedeutung der Symbolsprache. Verschiedene Dimensionen der Sakramente werden besonders hervorgehoben: Sie sind vor allem personale Gottbegegnung durch Christus im Heiligen Geist und Einbezug in das Leben der Kirche, das sich in der Gemeinde konkretisiert.

240 Von jeher stellt sich dem Menschen an den wichtigen Stationen seines Lebens mit besonderer Eindringlichkeit die Frage nach dem Sinn dieses Lebens. Lebensvorgänge von besonderer Bedeutung, wie Geburt, Eintritt in die bewußte und entschiedene Auseinandersetzung mit Umwelt und Gesellschaft, Eheschließung, Schuld, schwere Krankheit und Tod, lassen ihn danach fragen, was hinter diesem Geschehen steht, woher sein Leben kommt und wohin es führt. Eine eigene Deutung und Bestimmung solcher Situationen gibt der christliche Glaube in den Sakramenten. Hier werden die zentralen Lebensfragen des Menschen aufgegriffen und finden Antwort und Hilfe zu ihrer Bewältigung in der Begegnung mit Christus, die Heil bewirkt. Das wird in unserer Zeit vielfach nicht mehr verstanden. Die Symbolsprache der Sakramente ist vielen fremd geworden. Die Worte und Zeichen, mit denen die Sakramente gespendet werden, machen ihren Sinn oft nicht mehr genügend deutlich. Vielfach werden die Sakramente immer noch einseitig als Gnadenmittel verstanden, ohne daß in ihnen der Bezug zum eigenen Leben und das Angebot einer persönlichen Begegnung mit Christus erkannt wird. Solche Gründe können dazu führen, daß das Bewußtsein für Wert und Bedeutsamkeit der Sakramente bei vielen Christen verdunkelt wird.
Das Zweite Vatikanische Konzil hat deshalb in seiner Liturgiekon-

stitution den Auftrag gegeben, die Riten der Sakramentenspendung möglichst so zu gestalten, „daß die Gläubigen die sakramentalen Zeichen leicht verstehen" (SC 59). Hand in Hand mit der dadurch ausgelösten liturgischen Neugestaltung der Sakramentenspendung ging eine neue theologische Besinnung auf die Sakramente. Beides jedoch kann nur dann wirklich seinen Sinn erfüllen, wenn in einer erneuerten Sakramentenpastoral den Gläubigen der Zugang zur Bedeutung der Sakramente erschlossen wird.

44 Alle Sakramente sind in Jesus Christus begründet. In seiner Menschheit, in seinem Leben, Sterben und in seiner Auferstehung ist „die Güte und Menschenliebe Gottes, unseres Retters", unter uns erschienen (Tit 3,4). Christus ist das
241 Zeichen, in dem wir die Sorge Gottes für uns Menschen erkennen und erfahren, er ist das Ursakrament. Durch den Heiligen Geist, den Christus uns sendet, bleibt er mit seinem Heilswerk durch die Zeiten unter uns gegenwärtig. Die Kirche als die vom Heiligen Geist geeinte Gemeinschaft der Gläubigen ist für die Welt das bleibende Zeichen der Nähe und Liebe Gottes. So ist sie „in Christus gleichsam das Sakrament, das heißt Zeichen und Werkzeug für die innerste Vereinigung mit Gott wie für die Einheit der ganzen Menschheit" (LG 1). In den einzelnen Sakramenten entfaltet sich das sakramentale Wesen der Kirche in die konkreten Situationen des menschlichen Lebens. In den sakramentalen Zeichen, die aus dem Lebensbereich des Menschen genommen sind, begegnet uns Christus und schenkt uns sein Heil. Voraussetzung für diese Heilsbegegnung mit Christus ist das Geschenk des Glaubens, der den Menschen das Heil in Christus suchen läßt. In diesem Glauben erkennt er in menschlichen Zeichen das Wirken Gottes und öffnet sich ihm. Der Empfang eines Sakramentes ist deshalb nicht ein Vorgang, in dem man nur „etwas" bekommt, eine Sache von noch so hoher Qualität, sondern das Sakrament zeigt eine persönliche Beziehung an und schafft sie. Der unsichtbare Gott wendet sich im sichtbaren Zeichen des Sakramentes dem Menschen zu, um sich ihm zu schenken, und bietet ihm so das Heil an. Der glaubende Mensch nimmt dieses Geschenk in Freiheit und Dankbarkeit entgegen. Beides muß zusammenkommen: das machtvolle Wirken Gottes und die Bereitschaft des Menschen. Die Sakramente sind Handlungen, in denen Gott dem Menschen begegnet; dies wird zeichenhaft sichtbar gemacht in der Begegnung des Spenders mit dem Empfänger des Sakramentes. Der glaubend sich hingebende Mensch begegnet dem sich gnadenhaft

hingebenden Gott und wird dadurch heil. So sind die Sakramente Zeichen des Glaubens in zweifacher Hinsicht: Der gläubige Mensch bezeugt in ihrem Empfang seinen Glauben an die wirksame Hilfe Gottes; durch dieses Wirken Gottes wird ihm gleichzeitig Glaube geschenkt und bestärkt.

45 Die Sakramente als Zeichen der Nähe und Liebe Gottes findet der Mensch in der Kirche. Durch sie erfüllt die Kirche in der ausdrücklichsten Weise ihren Auftrag, das Heilswerk Christi den Menschen zu vermitteln. Wer ein Sakrament empfängt, wird deshalb in der durch das Sakrament bezeichneten Weise in das Leben der Kirche hineingenommen. Für den einzelnen Menschen wird dies erfahrbar in seiner Gemeinde. Sie lädt ihn zum Empfang der Sakramente ein und nimmt ihn damit in ihre Gemeinschaft hinein, in der er der Kirche begegnet. Gleichzeitig wird die Gemeinde am Ort und damit die Kirche bereichert und aufgebaut durch jeden Gläubigen, der sich ihr anschließt. Spendung und Empfang der Sakramente sind auch deshalb wesentliche Lebensfunktionen der Gemeinde.

46 Wenn die Kirche Sakramente spendet, so ist es letztlich Christus selbst, der sie spendet. Er wird im Handeln der Kirche gegenwärtig, und wer ein Sakrament empfängt, empfängt damit die Gemeinschaft mit Christus, in dessen Stellvertretung der Spender der Sakramente handelt. In je eigener Weise, die durch das sakramentale Zeichen sinnfällig dargestellt wird, gibt jedes Sakrament eine spezifische Ähnlichkeit mit Christus und läßt den Empfänger in eine engere Lebensgemeinschaft mit ihm treten. Zugleich vermittelt ihm das Sakrament in seiner jeweiligen Situation die Hilfe Gottes, deren spezifische Eigenart wieder am sakramentalen Zeichen erkennbar ist. Diese Gemeinschaft mit Christus wird begründet durch den Heiligen Geist, der gleichsam das Band ist, das den einzelnen Christen mit Christus und seinen Mitchristen verbindet. „In dem einen Geist wurden wir durch die Taufe alle zu einem einzigen Leib" (1 Kor 12,13). In jedem Sakrament empfangen wir diesen Heiligen Geist, der das göttliche Leben, die Gotteskindschaft, in uns begründet, erneuert und kräftigt. So wird dem Reich Gottes in den konkreten Situationen unseres Lebens Raum gegeben. In der Feier der Sakramente ehren wir Gott, der uns diese Zeichen seiner hilfreichen Nähe schenkt.

47 Die Bedeutung der Sakramente für das christliche Leben kann nur dann recht zur Geltung kommen, wenn sie nicht als isolierte, punktuelle Ausnahmesituationen gesehen werden. Vielmehr sind die Sakramente Brennpunkte im Handeln der Kirche, die insgesamt Zeichen göttlichen Wirkens und damit sakramental ist. Die Sakramente sind deshalb eingefügt in vielfache Formen der Begegnung mit der göttlichen Wirklichkeit, in denen die sakramentalen Höhepunkte vorbereitet, verdeutlicht und zur Auswirkung gebracht werden.

Das gesamte Leben des Christen soll so in und mit der Gemeinschaft der Gläubigen wirksames Zeichen der Nähe und erlösenden Gegenwart Gottes mitten unter uns sein.

Theologentexte

Tertullian (um 160 – nach 220)
An die Märtyrer (zwischen 195 und 205)
Über die Taufe (zwischen 195 und 205)

48 Sakrament als Fahneneid und wirksames Zeichen heilsgeschichtlicher Wirklichkeit

Vgl. J. Finkenzeller, Sacramentum bei den Vätern, in: HDG IV, 1a, 25–35.

Tertullian, frühchristlicher Apologet und erster bedeutender lateinischer Kirchenschriftsteller, hat mit Entschiedenheit den Begriff sacramentum, dessen profane und christliche Vorprägung ihm bewußt ist, auf die Taufe und auf die Eucharistie angewandt. Er hat damit die Entwicklung des Sakramentsbegriffs grundlegend beeinflußt. (Bei Tertullian wird meist nur die Taufe als Sakrament bezeichnet. Vom „Sakrament der Taufe und Eucharistie" ist z. B. in der Schrift „Gegen Markion" IV,34 die Rede, vgl. CSEL 47, 534, 13–17).

An die Märtyrer 3

Lat.: PL 1,697 A/C.
Dt.: BKV 7,218 f.

218 3. Ich gebe zu, Gesegnete, daß hinieden der Kerker auch für Christen eine Plage sei. Wir sind zum Kriegsdienste des lebendigen Gottes berufen schon dann, wenn wir die Worte des Fahneneides nachsprechen.[a] Kein Soldat geht mit Annehmlichkeiten versehen in den Krieg oder eilt direkt aus einem Schlafgemach in die Schlacht, sondern aus aufgeschlagenen engen Zelten, wo Strapazen, Ungemach und Unannehmlichkeit jeder Art vorkommen. Sogar während der Friedenszeit schon müssen sie durch Anstrengungen und Abhärtung den Krieg ertragen lernen, indem sie mit Sack und Pack
219 Märsche machen, im Blachfeld manövrieren, einen Graben auswerfen, sich zu einer Testudo[b] zusammenscharen und sich wieder aufrollen.[1] Alles ist mit Schweiß verbunden, damit nicht Körper oder

Geist aus der Fassung kommen bei den Übergängen vom Schatten in die Sonnenglut, aus der Sonnenglut in die Kälte, von der Tunika zum Anlegen des Panzers, von lautloser Stille[2] zum Feldgeschrei, von der Ruhe in das Getümmel. Was daran nun auch Hartes ist, das haltet, hochgepriesene Märtyrer, für eine Übung in den Tugenden des Geistes und Körpers. Ihr seid im Begriff, Euch einem herrlichen Wettkampf zu unterziehen, wobei Preisrichter der lebendige Gott ist, Kampfherold der Heilige Geist, Siegeskranz die Belohnung mit der engelhaften Substanz der Ewigkeit, das Bürgerrecht[3] die himmlische Herrlichkeit von Ewigkeit zu Ewigkeit. Und so hat denn Euer Oberer Jesus Christus, der Euch mit dem Hl. Geiste gesalbt und auf diesen Kampfplatz vorgeführt hat, Euch vor dem Tage des Kampfes aus dem freieren Verhalten zu einer härteren Durchübung aussondern wollen, damit Euere Kräfte in Euch gestählt würden. Denn auch die Athleten sondern sich wohl zu einer strengern Zucht ab, um in Ruhe der Vermehrung ihrer Kräfte obzuliegen. Sie enthalten sich der Wollust, der anregenderen Speisen, von jedem fröhlicheren Trunk, sie tuen sich Zwang, Qual und Mühe an. Je mehr sie sich in den Vorübungen abgemüht haben, desto sicherer hoffen sie auf den Sieg. „Und diese zwar", sagt der Apostel, „um eine vergängliche Krone zu gewinnen"[4], wir aber, die wir eine ewige erlangen sollen, stellen uns den Kerker als unsere Fechtschule vor, damit wir wohlgeübt in allen Beschwernissen in die Rennbahn des Gerichtssaales vorgeführt werden können, weil Abhärtung die Tüchtigkeit erhöht, Weichlichkeit aber sie zerstört.

a Vocati sumus ad militiam Dei vivi iam tunc, cum in sacramenti verba respondimus.
b „das von den Soldaten aus den über den Köpfen zusammengefügten Schilden gebildete Schilddach" (Georges).
1 Ich glaube, man muß an dieser Stelle lesen dissidendo statt desudando. Dissidere wird dann der Gegensatz zum dichten Aneinanderschließen der Soldaten in der Testudo sein.
2 Im Hinterhalt oder bei Überfällen.
3 Alten Fechtern gab man wohl auch als Lohn das Bürgerrecht.
4 1 Kor 9,25.

Über die Taufe 9

Lat.: CSEL 20,208,5–12.
Dt.: BKV 7,284f.

9. Wie zahlreich sind also die Anhaltspunkte in der Natur, die Privilegien der Gnade, die feierlichen Anwendungen in der Disziplin, die Vorbilder, Vorbereitun-

285 gen und Anrufungen, welche zum religiösen Gebrauch des Wassers geführt haben! Erstens, als das Volk, zur Freiheit aus Ägypten entlassen, das Wasser durchschreitend der Gewalt des ägyptischen Königs entging, da vertilgte Wasser den König selbst mit seinen sämtlichen Heerscharen. Welches Vorbild wäre im Sakramente der Taufe klarer enthalten als dieses?[a] Die Heiden werden durch Wasser nämlich von der Herrschaft der Welt befreit und lassen ihren früheren Herrn, den Teufel, im Wasser ertränkt zurück.

[a] quae figura manifestior in baptismi sacramento?

Cyprian (200/210–258)

An Quirinus (wohl zwischen 246 und 248)
Über die Einheit der katholischen Kirche (251)
Über Eifersucht und Neid (256/57)

50 Die heilbringenden Sakramente von Taufe und Eucharistie im Sakrament der einen Kirche

Vgl. J. Finkenzeller, Sacramentum bei den Vätern, in: HDG IV, 1a, 25–35.

Caecilius Cyprianus, Bischof von Karthago, hat – beeinflußt von Tertullian – dem Sakramentsbegriff im engeren Sinn noch deutlichere Züge gegeben. Taufe (vielleicht auch die damit verbundene Firmung) und Eucharistie erscheinen als hervorgehobene Weisen des Heilswirkens Gottes, dem der Empfänger in seinem sittlichen Leben zu entsprechen befähigt und verpflichtet wird. Ein besonders wichtiger Aspekt ist bei Cyprian: Die Sakramente wirken heilvoll nur in der Einheit der Kirche, die ihrerseits Sakrament genannt werden kann.

An Quirinus Vorrede

Lat.: CSEL 3/1 35,5–9.
Dt.: BKV 34, 334.

334 Dein geistlicher Wunsch, teuerster Sohn, erheischte Erfüllung. Du verlangtest unter den dringendsten Bitten nach göttlichen Lehren, mit denen uns der Herr in den heiligen Schriften zu unterrichten und unterweisen geruht hat, damit wir, herausgeführt aus dem Dunkel des Irrtums und erleuchtet mit seinem reinen und strahlenden Lichte, mit Hilfe der heilbringenden Sakramente[a] den Weg des Lebens einhalten.

[a] per salutaria sacramenta

51 Über die Einheit der katholischen Kirche 15
Lat.: CSEL 3/1, 224, 10–12.
Dt.: BKV 34, 149.

Welche Einheit aber bewahrt, welche Liebe beachtet oder bedenkt einer, der, von der Raserei der Zwietracht betört, die Kirche spaltet, den Glauben untergräbt, den Frieden stört, die Liebe zerreißt und das heilige Geheimnis[1] entweiht?[a]

[1] d. i. die Einheit der Kirche.
[a] sacramentum profanat.

Über Eifersucht und Neid 17
Lat.: CSEL 3/1, 431, 16–20.
Dt.: BKV 34, 328 f.

52 Nimmst du vom Sakrament des Kreuzes Speise und Trank[a], dann möge das Holz, das bildlich bei Merrha[1] dazu diente, den bitteren Geschmack des Wassers zu vertreiben, in Wirklichkeit bei dir dazu beitragen, dein Herz zu mildern und zu sänftigen[2], und du wirst um ein Heilmittel zur glücklichen Herstellung deiner Gesundheit nicht in Verlegenheit sein. Laß dich dort heilen, wo du seinerzeit deine Wunden empfingst! Liebe die, die du vordem haßtest, ehre die, die du in ungerechter Mißgunst beneidetest! Die Guten ahme nach, wenn du es ihnen gleichtun kannst; vermagst du das aber nicht, so freue dich wenigstens mit ihnen.

[a] de sacramento crucis et cibum sumis et potum.
[1] Exod. 15,23 ff.
[2] Der Sinn ist: bei der Feier des heiligen Abendmahls zur Erinnerung an den Kreuzestod Christi möge der Gedanke an das Holz des Kreuzes dich zur Milde stimmen.

Kyrill von Jerusalem (um 313–387)
Mystagogische Katechesen (348)

53 Die Sakramente als Teilhabe am Heilswerk Christi
Griech.: PG 33, 1081 A–1083 B; 1088 A–1092 A; 1097 A–1099 A.
Dt.: BKV 41, 370–372; 373–375; 378–379.

In seinen mystagogischen Katechesen wendet sich der Bischof Kyrill von Jerusalem an die „Neu-Erleuchteten", d. h. an die durch Taufe, Salbung und ersten Eucharistieempfang (die Initiationssakramente) ins Christsein Eingeführten. Die Katechesen sind Zeugnisse eines Sakramentsverständnisses, wie es sich im Osten der Kirche entwickelt hat: Aus platonischer Tradition und antikem Mysteriendenken wurden wichtige Elemente übernommen, beispielsweise der Abbild- und der Teilhabegedanke, und mit biblischem Denken verbunden. Die Texte stammen aus der 2. Katechese (über die Taufe), der 3. Katechese (über die Salbung) und der 4. Katechese (über Leib und Blut Christi).

Über die Taufe

370 5. Etwas Ungewöhnliches und Wunderbares! Eigentlich sind wir nicht gestorben, eigentlich wurden wir nicht begraben. Wir sind auferstanden, ohne eigentlich gekreuzigt worden zu sein. Es sind (nur) Bilder, Nachahmungen. Doch Tatsache ist die Erlösung. Tatsächlich ist Christus gekreuzigt worden, tatsächlich ist er begraben worden, wahrhaft ist er auferstanden. Alle diese Gnaden hat er uns geschenkt, damit wir, wenn wir durch Nachahmung an seinen Leiden teilhaben, in Wahrheit das Heil gewinnen. O überströmende Liebe zu den Menschen! Christus hat an seinen makellosen Händen und Füßen die Nägel empfangen und Schmerzen erduldet, und mir, der ich keine Schmerzen und Mühsale hatte, schenkt er auf Grund der Teilnahme an seinem Schmerz die Erlösung.

54

371 6. Niemand glaube, der Zweck der Taufe sei nur Nachlassung der Sünden und Verleihung der Sohnschaft, wie die Taufe des Johannes nur Nachlassung der Sünden wirkte.[1] Man möge sich genau merken, daß die Taufe nicht nur von Sünden reinigt und die Gabe des Hl. Geistes verleiht, sondern auch ein Abbild der Leiden Christi ist. Daher hat Paulus soeben[2] ausgerufen: „Oder wisset ihr nicht, daß wir alle, die wir in Christus Jesus getauft wurden, in seinen Tod getauft wurden? Mit ihm wurden wir begraben durch die Taufe in den Tod."[3] Damit wandte er sich gegen die Behauptung, die Taufe verleihe Sündennachlaß und Sohnschaft, nicht aber sei sie durch Nachahmung auch Teilnahme an den wahren Leiden Christi.

55 7. Damit wir lernen, daß Christus alles, was er litt, unsertwegen, um unseres Heiles willen, in Wahrheit und nicht zum Scheine gelitten hat, und daß wir teilnehmen an seinen Leiden, rief Paulus mit aller Deutlichkeit aus: „Wenn wir nämlich eingepflanzt worden sind der Ähnlichkeit mit seinem Tode, werden wir es auch sein mit seiner Auferstehung."[4] Mit Recht heißt es „eingepflanzt", weil nämlich hier[5] der wahre Weinstock gepflanzt worden ist und wir ihm eingepflanzt werden durch die in der Taufe erfolgende Teilnahme an seinem Tode. Achte genau auf die Worte des Apostels! Nicht sagte er: „wenn wir nämlich eingepflanzt worden sind dem Tode", sondern: „der Ähnlichkeit mit seinem Tode". In der

Tat erhielt nämlich der Tod Gewalt über Christus; denn tatsächlich trennte sich seine Seele von seinem Leibe. Wirklichkeit war auch das Grab; denn in reine Leinwand wurde sein heiliger Leib gewickelt. Überhaupt seine ganze Geschichte ist Wirklichkeit. Das Leiden und Sterben unsererseits aber ist (nur) Ähnlichkeit. Die Erlösung allerdings ist nicht Ähnlichkeit, sondern Wahrheit.

1 Vgl. Katech. 3, 6.
2 Nämlich in der Lesung zu Beginn der 2. mystagogischen Katechese.
3 Röm 6,3.4.
4 Ebd. 6,5.
5 = auf Golgatha.

56 Über die Salbung (Firmung)
1. Da ihr in Christus getauft worden seid und Christum angezogen habt, seid ihr dem Sohne Gottes gleichförmig geworden.[1] Da uns Gott zur Annahme an Kindesstatt vorherbestimmt hat, hat er uns dem verherrlichten Leibe Christi gleichförmig gemacht.[2] Nachdem ihr nun an dem Gesalbten Anteil erhalten habt, werdet ihr mit Recht Gesalbte genannt. Von euch hat Gott gesagt: „Vergreifet euch nicht an meinen Gesalbten!"[3] Gesalbte aber seid ihr geworden, weil ihr das Abbild (ἀντίτυπον) des Geistes empfangen habt. Alles ist bildlich an euch vorgenommen worden, weil ihr Bilder Christi seid.
Als Christus bei der Taufe im Jordan den Wassern vom Wohlgeruch seiner Gottheit mitgeteilt hatte[4], stieg er heraus, und der Hl. Geist kam persönlich auf ihn herab, so daß der Gleiche auf dem Gleichen ruhte.[5] So wurde euch, als ihr dem heiligen Bade entstiegen waret, die Salbung gegeben, ein Abbild (ἀντίτυπον) jener Salbung, welche Christus empfangen hatte. Diese ist der Hl. Geist, von welchem der selige Isaias in seiner Prophetie im Namen des Herrn gesagt hatte: „Der Geist des Herrn ist auf mir, weil er mich gesalbt hat; den Armen das Evangelium zu verkünden, hat er mich gesandt."[6]

57 2. Christus ist nicht mit irdischem Öle oder irdischer Salbe von Menschen gesalbt worden, sondern sein Vater, der ihn zum Erlöser der ganzen Welt vorherbestimmt hatte, hat ihn mit dem Hl. Geiste gesalbt. Denn Petrus sagt: „Jesum von Nazareth hat Gott mit dem Hl. Geiste gesalbt."[7] Und der Prophet David rief aus: „Dein Thron, o Gott, ist in alle Ewigkeit. Ein Szepter der Gerechtigkeit ist das Szepter deiner Herrschaft. Du liebst Gerechtigkeit und hassest das Unrecht. Darum salbte dich Gott, dein Gott, mit dem Öle der Freude zur Auszeichnung vor deinen Genossen."⁸ Wie Christus in Wirklichkeit gekreuzigt und begraben wurde und auferstand, während ihr in der Taufe gewürdigt werdet, in „Ähnlichkeit"⁹ mit ihm gekreuzigt und begraben zu werden und aufzuerstehen, so ist es auch bei der Firmung. Während Christus mit dem geistigen Öl der Freude gesalbt wurde, d. i. mit dem Hl. Geist, der als Quelle der geistigen Freude das Öl der Freude heißt, wurdet ihr mit Salbe (μύρον) gesalbt, nachdem ihr Teilnehmer und Genossen Christi geworden waret.

1 Vgl. Röm 8,29.
2 Vgl. Eph 1,5; Phil 3,21.
3 Ps 104, 15.
4 Vgl. Prokatech. 15.
5 τῷ ὁμοίῳ ἐπαναπαυομένου τοῦ ὁμοίου.
6 Is 61,1; vgl. Luk 4,18.
7 Apg 10,38.
8 Ps 44,7.8.
9 Röm 6,5.

58 3. Doch darfst du ja nicht meinen, jene Salbe sei nur Salbe. Denn gleichwie das Brot der Eucharistie nach der Anrufung des Hl. Geistes nicht mehr gewöhnliches Brot ist, sondern der Leib Christi, so ist diese heilige Salbe nach der Anrufung nicht mehr einfache Salbe und nicht, wie man sagen möchte, gemein, vielmehr ist sie Gnade Christi und wirkt durch die Gegenwart von Christi Gottheit den Hl. Geist.¹ Mit der Salbe werden
375 dir die Stirne und die übrigen Sinne gesalbt in sinnbildlicher Weise. Mit irdischer Salbe wird der Körper gesalbt, mit dem heiligen, lebenspendenden Geist wird die Seele geheiligt.

59 Über den Leib und das Blut Christi
378 Lesung aus dem Briefe Pauli an die Korinther: „Ich habe von dem Herrn empfangen, was ich auch euch überliefert habe usw."²
1. Schon diese Lehre des heiligen Paulus genügt, euch von der Wahrheit der göttlichen Geheimnisse völlig zu überzeugen, durch welche ihr gewürdigt wurdet, *ein* Leib und *ein* Blut mit Christus zu werden. Soeben rief euch nämlich Paulus zu: „In der Nacht, da unser Herr Jesus Christus verraten wurde, nahm er Brot, dankte, brach es und gab es seinen Jüngern mit den Worten: nehmet hin und esset, das ist mein Leib! Und er nahm den Kelch, dankte und sprach: nehmet hin und trinket, das ist mein Blut!"³ Da er nun selbst vom Brote ausdrücklich erklärte, „das ist mein Leib", wer

wird es wagen, noch zu zweifeln? Und da er selbst versicherte, „das ist mein Blut", wer wird je Bedenken haben und sagen, es sei nicht sein Blut?

60 2. Wenn Jesus einst zu Kana in Galiäa durch seinen (bloßen) Wink Wasser in Wein verwandelt hat, soll ihm dann nicht zuzutrauen sein, daß er Wein in Blut verwandelt hat? Wenn Jesus, zu irdischer Hochzeit geladen, dieses seltsame Wunder gewirkt hat, soll man dann nicht noch viel mehr zugeben, daß er den Söhnen des Brautgemaches[4] seinen Leib und sein Blut zum Genusse dargeboten hat?

[1] Von dem heiligen μύρον sagt Cyrillus: πνεύματος ἁγίου ἐνεργητικόν. Dionysius Areop. bezeichnet dasselbe in „Kirchl. Hierarchie" II. 2, 7. als μύρον θεουργικώτατον (= höchst göttlich wirkende Salbe).
[2] 1 Kor 11,23 ff.
[3] Ebd. 11,23–25.
[4] Söhne des Brautgemaches sind die Freunde des Bräutigams, welche die Braut aus dem elterlichen Hause in das des Bräutigams führten.

61 3. Aus voller Glaubensüberzeugung wollen wir also am Leibe und Blute Christi teilnehmen! In der Gestalt des Brotes wird dir nämlich der Leib gegeben, und in der Gestalt des Weines wird dir das Blut gereicht, damit du durch den Empfang des Leibes und Blutes Christi *ein* Leib und *ein* Blut mit ihm werdest. Durch diesen Empfang werden wir Christusträger; denn sein Fleisch und sein Blut kommt in unsere Glieder. Durch diesen Empfang werden wir, wie der heilige Petrus sagte[1], der göttlichen Natur teilhaft.

[1] 2 Petr 1,4.

Ambrosius (wahrsch. 339–397)

Lukaskommentar II,79 (Spätwerk, aus Homilien hervorgegangen)
Über die Mysterien 19–20 (Abfassungszeit nicht bestimmbar)

**62 Die Initiationssakramente:
unsichtbares Heilswirken Gottes in sichtbaren Elementen**

Lat.: PL 15, 1663 BC, PL 16, 411 B – 412 A.
Dt.: BKV 21, 100, BKV 22, 283 f.

Ambrosius von Mailand, der die Initiationsriten Taufe, Firmung und Eucharistie Sakramente nennt, dafür aber auch den Begriff Mysterien verwendet, hält sich in seinem Sakramentenverständnis an Gedanken der Tradition (nicht zuletzt der östlichen), läßt aber auch neue, auf Augustinus zuführende Ansätze erkennen. Die Struktur der Sakramente aus einem äußeren, sichtbaren und einem inneren, unsichtbaren Element (dem göttlichen Wirken) ist nach Ambrosius der menschlichen Natur angemessen. Die Rolle des Heiligen Geistes bei den Sakramenten wird von Ambrosius besonders betont.

Lukaskommentar II,79

100 Da nämlich der Mensch aus zwei Naturen, d. i. aus Seele und Leib, besteht, wird das Sichtbare an ihm durch sichtbare Elemente, das Unsichtbare durch das unsichtbare Sakrament geheiligt: mit Wasser wird der Leib abgewaschen, mit dem Geiste der Seele Sünden gereinigt. Etwas anderes bezweckt unsere Handlung, etwas anderes unsere Anrufung, obschon auch im Taufwasser selbst der Hauch der göttlichen Heiligung weht. Denn das Wasser ist hier nicht bloßes Abwaschungselement; vielmehr läßt sich beides[1] nicht voneinander trennen.

[1] Äußere Abwaschung und innere Heiligung.

63 Über die Mysterien

283 19. Darum wurde dir vorhin eingeschärft, nicht lediglich nur das zu glauben, was du sahst, daß nicht auch du etwa sprächest: das nun soll jenes große Geheimnis sein, „das kein Auge gesehen und kein Ohr gehört hat und in kein Menschenherz gekommen ist?"[1]
284 Wasser nur sehe ich, wie ich es alle Tage gesehen: das soll mich reinigen? So oft stieg ich hinein und nimmer ward ich rein? Lerne daraus, daß das Wasser ohne den Geist nicht reinigt!

64 20. Eben darum hast du gelesen, daß die drei Zeugen bei der Taufe *eins* sind: Wasser, Blut und Geist[2]; denn wenn du sie auf einen derselben einschränkst, besteht das Sakrament der Taufe nicht zu Recht. Was ist denn das Wasser ohne das Kreuz Christi? Ein gewöhnliches Element ohne irgendwelche sakramentale Wirkung. Und umgekehrt: ohne Wasser kein Geheimnis der Wiedergeburt; denn „wer nicht wiedergeboren ist aus dem Wasser und dem Geiste, kann in das Reich Gottes nicht eingehen".[3] Es glaubt aber auch der Katechumene an das Kreuz des Herrn Jesus, mit dem auch er bezeichnet wird[4]; doch wenn er nicht getauft wird im Namen des Vaters und des Sohnes und des Heiligen Geistes, kann er den Nachlaß der Sünden nicht empfangen und der geistigen Gnade Geschenk nicht eintrinken.

[1] 1 Kor 2,9.
[2] 1 Joh 5,8.
[3] Joh 3,5.
[4] Durch das Kreuzzeichen erfolgte die Aufnahme ins Katechumenat in allen Kirchen.

Theodor von Mopsuestia (um 350–428)
Katechetische Homilien (wohl zwischen 388 und 392)
65 Die Sakramente: Heilsgegenwart in Bild und Symbol

Syr. (mit franz. Übers.): R. Tonneau (avec R. Devreesse), Les Homélies Catéchétiques de Théodore de Mopsueste, Studi e Testi 145, Città del Vaticano 1949, Hom. cat. XII § 2, 325.
Dt.: Übers. aus dem Franz. G. Koch, vgl. ders., Die Heilsverwirklichung bei Theodor von Mopsuestia, München 1965, 163.

Theodor, Bischof von Mopsuestia und bedeutender Theologe der antiochenischen Schule, entwickelt – besonders in seinen katechetischen Homilien – eine theologisch durchdachte Sakramentenlehre, in der tradierte Begriffe der östlichen Tradition wie Mysterium, Typus, Symbol und Zeichen besonders nachdrücklich heilsgeschichtlichen Zusammenhängen dienstbar gemacht werden: Die Sakramente zeigen das vergangene Heilswirken Gottes und zugleich dessen zukünftige Vollendung an und lassen kraft des Heiligen Geistes Vergangenheit und Zukunft in der Gegenwart sich auswirken.

Katechetische Homilie XII
Jedes Sakrament[1] ist die Anzeige in Zeichen[2] und Symbolen von unsichtbaren und unaussprechlichen Dingen. Es bedarf wahrlich einer Enthüllung und einer Deutung für solche Dinge, wenn derjenige, welcher hinzutritt, die Kraft der Mysterien erkennen soll. Wenn in der Tat sich diese Dinge in unmittelbarer Tatsächlichkeit ereigneten, dann wäre das deutende Wort überflüssig, indem der Anblick selbst genügte, um uns jedes dieser Dinge, die sich zutragen, zu zeigen. Aber da in dem Sakrament die Zeichen gegeben sind von dem, was sich ereignen wird oder was sich bereits ereignet hat, bedarf es einer deutenden Rede, die den Sinn der Zeichen und Mysterien erklärt.

[1] mysterion.
[2] semeion.

Augustinus (354–430)
Gottesstaat X,5 (413–426)
Vortrag über das Evangelium des hl. Johannes 80,3 (zwischen 413 und wahrsch. 418)
Gottesstaat XXI,16 (413–426)
Sermo (Predigt) 272 (Sermones zwischen 392 und 430)

66 Die Sakramente als heilige Zeichen der Kirche, die als „sichtbares Wort" Gottes Heil schenken und zum Glauben aufrufen

Lat.: PL 41, 281f.–PL 35, 1840–PL 41, 730– PL 38, 1246ff.
Dt.: – Der Gottesstaat Bd. 1, in deutscher Sprache von C. J. Perl, Paderborn u. a. 1979, 621.
– BKV 19 (VI), 119f.
– Der Gottesstaat Bd. 2, in deutscher Sprache von C. J. Perl, Paderborn u. a. 1979, 695.
– Text aus Sermo 272: G. Koch.

Aurelius Augustinus leistete einen entscheidenden Beitrag zur Entwicklung der Sakramentenlehre, indem er die Sakramente im Rahmen seiner neuplatonisch und biblisch beeinflußten umfassenden Zeichentheorie interpretierte: Die Sakramente – zusammengesetzt aus Wort und Element (67) – verweisen vor allem auf die übergeschichtliche göttliche Heilswirklichkeit, aber auch auf das göttliche Heilswirken in Christus und der Kirche (die Gnade, die res sacramenti, 69; 70); sie geben daran Anteil und rufen zugleich zu gläubiger Verwirklichung des Empfangenen auf (66). Bei Unmündigen wirkt das sakramentale Wort auch ohne das Verstehen des Sakramentsempfängers (67; 68), bei allen Glaubenden wirkt es über deren Verstehen hinaus.

Gottesstaat X,5

621 5. Wer wäre so töricht zu glauben, Gott ziehe irgendeinen Nutzen aus der Darbringung von Opfern? Ohne uns mit den zahlreichen Belegen aus der Heiligen Schrift aufzuhalten, sei nur kurz auf die eine Psalmstelle hingewiesen: „Ich sprach zum Herrn: Du bist mein Gott, du brauchst von meinen Gütern nichts" (Ps 15,2, alte Fassung). Das soll heißen, daß Gott weder ein Opfertier noch sonst irgendein veränderliches Erdending, ja nicht einmal die Gerechtigkeit des Menschen braucht, und daß die ganze rechte Gottesverehrung lediglich dem Menschen nützt, nicht Gott. Es würde wohl auch keiner sagen, daß er einer Quelle nütze, wenn er trinkt, dem Lichte, wenn er schaut. Daß von den alten Vätern blutige Tieropfer dargebracht wurden, von denen das Volk Gottes heutzutage nur noch liest, ohne sie zu wiederholen, ist nur so aufzufassen, daß durch solche Handlungen Vorgänge in unserm Innern ausgedrückt werden, die der Verbindung mit Gott gelten und unserm

Nächsten zu demselben Ziel verhelfen wollen. Das sichtbare Opfer also ist Sakrament, soll heißen „heiliges Zeichen"a des unsichtbaren Opfers. In diesem Sinne spricht jener Büßer beim Propheten oder der Prophet selbst, als er von Gott Nachsicht begehrt für seine Sünden: „Wenn du gewollt, hätt' ich ein Opfer jederzeit gebracht; du hast jedoch an Weihebränden kein Ergötzen. / Als Opfer gilt vor Gott ein ganz zermalmter Geist: ein Herz voll Demut und Zerknirschung wird Gott nicht verschmähen" (Ps 50,18f.). Beachten wir, wie er dort, wo er sagt, Gott wolle kein Opfer, doch zugibt, daß Gott sehr wohl ein Opfer will. Nun will Gott nicht das Opfer eines hingeschlachteten Tieres, sondern er will das Opfer des zerknirschten Herzens.

67 Vortrag über das Evangelium des hl. Johannes 80,3

119 3. „Ihr seid bereits rein wegen des Wortes, das ich zu euch gesprochen habe." Warum sagt er nicht: Ihr seid rein wegen der Taufe, mit der ihr gewaschen worden seid, sondern sagt: „Wegen des Wortes, das ich zu euch gesprochen habe", außer weil auch im Wasser das Wort reinigt? Nimm das Wort weg, und was ist das Wasser als eben Wasser? Es tritt das Wort zum Element, und es wird das Sakrament, auch dieses gleichsam ein sichtbares Wort.b Denn auch dies hatte er ja gesagt, da er den Jüngern die Füße wusch: „Wer gewaschen ist, hat nur nötig, daß er die Füße wasche; sondern er ist ganz rein."[1] Woher diese so große Kraft des Wassers, daß es den Leib berührt und das Herz abwäscht, außer durch die Wirksamkeit des Wortes, nicht weil es gesprochen, sondern weil es geglaubt wird?[2] Denn auch im Worte selbst ist etwas anderes der vorübergehende Klang und etwas anderes die bleibende Kraft. „Dies ist das Wort des Glaubens, das wir verkünden", sagt der Apostel, „denn wenn du mit deinem Munde bekennst, daß Jesus der Herr ist, und in deinem Herzen glaubst,

[1] Joh 13,10.
[2] Das „Wort", d. h. die Taufformel, hat seine Kraft und Wirksamkeit darum, weil es ein Bestandteil, ein Ausdruck und Bekenntnis des christlichen Glaubens ist.

120 daß Gott ihn auferweckt hat von den Toten, so wirst du selig sein. Denn mit dem Herzen glaubt man zur Gerechtigkeit, mit dem Munde aber geschieht das Bekenntnis zum Heile."[1] Darum steht in der Apostelgeschichte: „Durch den Glauben reinigt er ihre Herzen"[2], und in seinem Briefe sagt der selige Petrus: „So macht auch

euch die Taufe heilig, nicht Ablegung fleischlichen Schmutzes, sondern Angelobung eines guten Gewissens."³ „Dies ist das Wort des Glaubens, das wir verkünden", mit dem ohne Zweifel auch die Taufe geheiligt wird, damit sie reinigen könne. Christus nämlich, der mit uns Weinstock, mit dem Vater Weingärtner ist, „hat die Kirche geliebt und sich selbst für sie hingegeben". Lies den Apostel und siehe, was er beifügt: „Um sie zu heiligen", sagt er, „sie reinigend durch das Bad des Wassers im Worte."⁴ Die Reinigung also würde keineswegs dem fließenden und verfließenden Elemente zugeschrieben werden, wenn nicht hinzugefügt würde: „im Worte". Dieses Wort des Glaubens vermag so viel in der Kirche Gottes, daß es durch den Glaubenden, Darbringenden, Segnenden, Benetzenden auch ein so kleines Kind reinigt, obwohl es noch nicht imstande ist, mit dem Herzen zu glauben zur Gerechtigkeit und mit dem Munde zu bekennen zum Heile. Dies alles geschieht durch das Wort, von dem der Herr sagt: „Ihr seid bereits rein wegen des Wortes, das ich zu euch gesprochen habe."

1 Röm 10,8–10.
2 Apg 15,9.
3 1 Petr 3,21.
4 Eph 5,25 f.

68 Gottesstaat XXI,16
695 16. Die Barmherzigkeit Gottes für die Gefäße des Erbarmens, die er zur Herrlichkeit zubereitet hat, ist indes sehr groß. Sie erweist sich schon in der ersten Altersstufe des Menschen, in der Kindheit, die sich widerstandslos dem Fleisch unterwirft, und nicht weniger in der zweiten, dem sogenannten Knabenalter, wo die Vernunft noch nicht diesen Kampf aufgenommen hat und nahezu allen lasterhaften Neigungen unterliegt. Ein solcher junger Mensch, der bereits sprechen kann, scheint die Kindheit überwunden zu haben und ist doch aus Schwäche des Verstandes noch nicht fähig, ein Gebot zu erfassen. Empfängt er aber in diesem Alter die Sakramente des Mittlersᶜ und verliert sein junges Leben, so wird er aus der Macht der Finsternis ins Reich Christi eingehen; er braucht auf keine ewige Strafe vorbereitet zu werden, ja er hat nach dem Tode überhaupt keine reinigende Strafpein zu gewärtigen. Es genügt nämlich die geistige Wiedergeburt allein, um das, was die leibliche Geburt mit dem Tode bewirkt hat, nach dem Tode unschädlich zu machen. Sobald der Mensch aber in das Alter kommt, wo das Gebot bereits erfaßt wird und er sich dem Geheiß des Gebotes unterwerfen kann, ist der Kampf gegen die Leidenschaften aufzu-

nehmen und heftig durchzuführen, damit es nicht zu Sünden kommt, die zur Verdammung führen.

69 Sermo 272
Wie nun ist das Brot sein Leib? Und der Kelch, vielmehr was der Kelch enthält, wie ist er sein Blut? Diese, Brüder, werden daher Sakramente genannt, weil in ihnen ein anderes zu sehen, ein anderes aber geistig wahrzunehmen ist.[d] Was zu sehen ist, hat körperhaftes Aussehen, was geistig wahrzunehmen ist, enthält geistliche Frucht.[e] Wenn du also verstehen willst, was Leib Christi ist, höre, wie der Apostel den Gläubigen sagt: Ihr aber seid Leib Christi und seine Glieder (1 Kor 12,27). Wenn ihr also Leib und Glieder Christi seid, so liegt euer Geheimnis (mysterium) auf dem Tisch des Herrn: Ihr empfangt euer Geheimnis. Auf das hin, was ihr seid, antwortet ihr Amen, und antwortend unterschreibt ihr es. Du hörst nämlich, Leib Christi; und du antwortest, Amen. Sei ein Glied des Leibes Christi, daß das Amen sich als wahrhaftig erweise!

70 Weshalb geschieht dies im Brote? Wir wollen hier nichts aus unserem Eigenen beitragen, wir wollen wieder den Apostel selbst hören, der, wenn er von diesem Sakrament spricht, sagt: Ein Brot, ein Leib sind wir, die Vielen (1 Kor 10,17). Versteht und freut euch: Einheit, Wahrheit, Frömmigkeit, Liebe, darum geht es! „Ein Brot": Wer ist dieses eine Brot? „Ein Leib die vielen." Denkt daran, daß Brot nicht aus einem Korn entsteht, sondern aus vielen Körnern. Als der Exorzismus über euch gesprochen wurde, wurdet ihr gleichsam gemahlen. Als ihr getauft worden seid, seid ihr gleichsam begossen worden. Als ihr das Feuer des Heiligen Geistes empfangen habt, seid ihr gleichsam gebacken worden. Seid, was ihr seht, und empfangt, was ihr seid!

[a] sacrum signum.
[b] Accedit verbum ad elementum, et fit Sacramentum, etiam ipsum tanquam visibile verbum.
[c] sacramenta Mediatoris.
[d] quia in eis aliud videtur, aliud intelligitur.
[e] Quod videtur, speciem habet corporalem, quod intelligitur, fructum habet spiritualem.

Vortrag über das Evangelium des hl. Johannes 6,7/8 (zwischen 413 und wahrsch. 418)
Über die Taufe gegen die Donatisten V,21 (400/401)
Epistel 89,5 (Epistolae 386—430)

71 Christus als eigentlicher Sakramentenspender

Lat.: PL 35, 1428 — PL 43, 191 — PL 33, 311.
Dt.: — BKV 8 (IV), 92 f. — G. Koch. — G. Koch.

Auch in der Entfaltung der Lehre vom Sakramentenspender hat Augustinus einen wichtigen Beitrag geleistet: In der Auseinandersetzung mit dem vor allem im 4. und 5. Jahrhundert in Nordafrika verbreiteten Donatismus (einer schismatischen christlichen Bewegung, die die Gültigkeit der Sakramentenspendung von der Heiligkeit der Amtsträger bzw. der Spender abhängig machte) arbeitete er heraus, daß Christus selber durch den kirchlich entsprechend qualifizierten, wenn auch „sündigen" Sakramentenspender sein Heil wirkt. Damit wurde zugleich die Lehre vom sakramentalen Charakter grundgelegt.

Vortrag über das Evangelium des hl. Johannes 6,7/8

7. Gebet acht, Brüder: Bevor unser Herr Jesus Christus zur Taufe kam (denn nach der Taufe stieg die Taube herab, an der Johannes etwas Besonderes erkannte, als zu ihm gesagt worden war: „Über welchen du den Geist herabsteigen siehst wie eine Taube, und auf ihm bleiben, der ist es, welcher im Heiligen Geiste tauft"), da wußte er schon, daß er im Heiligen Geiste taufe, aber in der besonderen Art, daß die Macht nicht von ihm auf einen andern übergehen sollte, obwohl er den Dienst zu taufen andern verlieh[1]; das lernte er dort. Und wie beweisen wir, daß Johannes auch dies schon wußte, der Herr werde im Heiligen Geiste taufen, um einzusehen, daß er *dies* an der Taube gelernt habe, der Herr werde so im Heiligen Geiste taufen, daß jene Gewalt auf keinen andern übergehen sollte? Wie beweisen wir das? Die Taube stieg erst nach der Taufe des Herrn herab; bevor aber der Herr kam, um sich von Johannes im Jordan taufen zu lassen, hat er ihn, wie gesagt, bereits gekannt gemäß den Worten, wo er sagt: „Du kommst zu mir", um Dich taufen zu lassen, „ich muß von Dir getauft werden". Also sag' ich, er kannte den Herrn, er kannte den Sohn Gottes. Wie beweisen wir, daß er auch schon wußte, daß er im Heiligen Geiste taufen werde? Bevor er an den Fluß kam, als viele zu Johannes eilten, um sich taufen zu lassen, sprach er zu ihnen: „Ich taufe euch im Wasser, der aber nach mir kommt, ist größer als ich, dessen Schuhriemen aufzulösen ich nicht würdig bin; dieser wird euch taufen im Heiligen Geiste und mit Feuer"[2]; auch das wußte er schon. Was also lernte er

durch die Taube kennen, damit er nicht nachher als Lügner erfunden werde (was zu meinen, Gott von uns abwenden möge), wenn nicht eben dies, daß eine besondere Eigentümlichkeit an Christus darin bestehen werde, daß, obwohl viele Diener taufen sollten, gerechte und ungerechte, die Heiligkeit der Taufe nur dem zuerteilt würde, auf den die Taube herabstieg, von dem es heißt: „Dieser ist es, welcher im Heiligen Geiste tauft." Mag Petrus taufen, er ist es, der tauft; mag Paulus taufen, er ist es, der tauft; mag Judas taufen, er ist es, der tauft.[a]

72 8. Denn wenn die Heiligkeit der Taufe sich nach der Verschiedenheit der Verdienste richtet, so wird es, weil die Verdienste verschieden sind, verschiedene Taufen geben; und jeder hat dann – so muß man annehmen – etwas um so Besseres empfangen, je besser derjenige zu sein scheint, von dem er es empfangen hat.

[1] So übersetzen wir dem Sinne nach: quamvis eo donante.
[2] Mt 3,11.
[a] Petrus baptizet, hic est qui baptizat; Paulus baptizet, hic est qui baptizat; Judas baptizet, hic est qui baptizat.

Über die Taufe gegen die Donatisten V,21
73 Darum gibt Gott das Sakrament der Gnade auch durch Böse; die Gnade selbst aber gibt er nur durch sich selbst oder durch seine Heiligen.[a]

[a] Quapropter Sacramentum gratiae dat Deus etiam per malos; ipsam vero gratiam non nisi per se ipsum vel per sanctos suos.

Epistel 89,5
74 Darum setzt die Kirche unbekümmert ihre Hoffnung nicht auf den Menschen, damit sie nicht unter jenes Urteil falle, in dem geschrieben steht „Verflucht jeder, der seine Hoffnung auf den Menschen setzt" (Jer 17,5); sondern sie setzt ihre Hoffnung auf Christus, der so die Knechtsgestalt annahm, daß er die Gottesgestalt nicht verlor. Von ihm ist gesagt „Er selber ist es, der tauft". Daher mag welcher Mensch auch immer als Diener (Spender) seiner Taufe welche Last auch immer tragen, nicht er, sondern der, über den die Taube herabstieg[a], er ist es, der tauft.

[a] Vgl. Joh 1,32f.

Erklärung zu Psalm 40,10 (vers. 9)
Erklärung zu Psalm 126,7
Erklärung zu Psalm 138,2
(Ennarationes in Psalmos 392–418)

75 **Der Ursprung der Sakramente in Christus**

Lat.: PL 36, 460f. – PL 37, 1672 – PL 37, 1785.
Dt.: G. Koch.

Selbstverständlich war Augustinus davon überzeugt, daß Christus die Sakramente – vor allem Taufe und Eucharistie faßte er unter diesen Namen – persönlich und unmittelbar gestiftet habe. Wichtiger noch als der historische Stiftungsakt scheint ihm aber der „mystische Ursprung" der Sakramente in Christus, dem Gekreuzigten, gewesen zu sein. Er sieht diesen Ursprung der Sakramente in unauflöslichem Zusammenhang mit dem Ursprung der Kirche.

Erklärung zu Psalm 40,10

Auch Adam schlief, als aus seiner Seite Eva gebildet wurde (Gen 2,21). Adam stellt dabei Christus dar, Eva die Kirche:[a] Daher wurde sie Mutter der Lebendigen genannt. Wann ist Eva gebildet worden? Als Adam schlief. Wann sind aus der Seite Christi die Sakramente der Kirche hervorgeflossen?[b] Als er am Kreuze schlief.

[a] Adam in figura Christi, Eva in figura Ecclesiae.
[b] Quando de latere Christi sacramenta Ecclesiae profluxerunt?

Erklärung zu Psalm 126,7

76 Als (Christus) am Kreuze schlief, tat er dies zum Zeichen, oder besser, er erfüllte, was in Adam vorangezeigt worden war: Denn als Adam schlief, wurde ihm eine Rippe entnommen, und Eva wurde gebildet (Gen 2,21;22); so wurde auch dem Herrn, als er am Kreuze schlief, seine Seite von der Lanze durchbohrt (Joh 19,34), und es flossen die Sakramente daraus hervor, woher die Kirche gebildet wurde.[a] Die Kirche nämlich wurde als Gemahlin des Herrn aus seiner Seite gebildet, wie Eva aus der Seite (Adams) gebildet wurde.

[a] et Sacramenta profluxerunt, unde facta est Ecclesia.

Erklärung zu Psalm 138,2

77 Wie aus der Seite des schlafenden Adam Eva gebildet worden ist, so sind aus der Seite des schlafenden Herrn, das heißt dessen, der leidend starb, nachdem seine Seite am Kreuz von der Lanze durch-

bohrt worden war, die Sakramente hervorgeflossen, aus denen die Kirche gebildet wurde.[a]

[a] sic ex latere Domini dormientis ... manaverunt Sacramenta, quibus formaretur Ecclesia.

Petrus Lombardus (um 1095–1160)
Die vier Bücher der Sentenzen (1142–1158)
Aus Buch IV: d.1 c.4,2 und d.2 c.1,1

78 Die sieben Sakramente als Zeichen und Ursachen der Gnade

Lat.: Magistri Petri Lombardi Sententiae in IV libris distinctae t.II l.III et IV, Grottaferrata (Romae) 1981, 233, 239 f.
Dt.: G. Koch.

In Anknüpfung an Hugo von St. Victor (Ende 11. Jh.–1141) vermittelt Petrus Lombardus die Sakramentenlehre des frühen Mittelalters ins Hochmittelalter. Er formalisiert die Lehre von den Sakramenten, betont neben ihrem Zeichencharakter auch ihren Verursachungscharakter (Anwendung des Kausalitätsbegriffs), er ist einer der ersten Zeugen der Siebenzahl der Sakramente, deren Wesenselemente (res et verba) er jeweils benennt.

Liber IV dist. I cap. IV,2

2. Was im eigentlichen Sinn als Sakrament bezeichnet wird. Als Sakrament im eigentlichen Sinne nämlich wird bezeichnet, was in der Weise Zeichen der Gnade Gottes und Darstellungsform der unsichtbaren Gnade ist, daß es sie abbildet und zu ihrer Ursache wird. Nicht also allein um des Bezeichnens willen sind die Sakramente eingesetzt, sondern auch um der Heiligung willen.

Liber IV dist. II cap. I,1

79 1. Über die Sakramente des Neuen Gesetzes. Nunmehr wollen wir uns den Sakramenten des Neuen Gesetzes zuwenden: Es sind die Taufe, die Firmung, das Brot der Segnung, d. i. die Eucharistie, die Buße, die Letzte Ölung, der Ordo (das Weihesakrament), die Ehe. Von diesen gewähren die einen ein Heilmittel gegen die Sünde und schenken helfende Gnade, wie die Taufe; andere sind nur ein Heilmittel, wie die Ehe; wieder andere bestärken uns durch Gnade und Tugendkraft, wie die Eucharistie und das Weihesakrament.

2. Quid proprie dicitur sacramentum. Sacramentum enim proprie dicitur, quod ita signum est gratiae Dei et invisibilis gratiae forma, ut ipsius imaginem gerat et causa exsistat. Non igitur significandi tantum gratia sacramenta instituta sunt, sed et sanctificandi.

Thomas von Aquin (wahrsch. 1225–1274)
Summa theologica III quaestiones 60–65 (1272)

80 Die Sakramente: von Gott in Jesus Christus gestiftete gnadenwirksame Zeichen

Lat. und dt.: Die deutsche Thomas-Ausgabe, Vollständige, ungekürzte deutsch-lateinische Ausgabe der Summa theologica, 29. Bd. (III,60–72) Salzburg/Leipzig 1935.
III q. 60a 2c S. 8.
III q. 60a 3c S. 10 f.
III q. 62a 1c S. 48 f.
III q. 63a 1c S. 71 f.
III q. 63a 3c S. 79 f.
III q. 64a 2c S. 98 f.
III q. 64a 5c S. 108 f.
III q. 65a 1c S. 130–133.

Thomas von Aquin hat den Begriff des Sakramentes als eines von Christus eingesetzten heils- bzw. gnadenwirksamen Zeichens vollends ausgebildet. Stärker als der Zeichen- und Aufrufcharakter wird dabei der instrumentale oder Wirkcharakter der Sakramente betont, deren Siebenzahl – wie sie sich um die Mitte des 12. Jahrhunderts entwickelt hatte – Thomas auch durch innere Gründe untermauert. Mit dem Zeichen- bzw. Aufrufcharakter der Sakramente tritt auch die Bedeutung eines gläubig-responsorischen Sakramentenempfangs zurück. Die Lehre vom unauslöschlichen sakramentalen Charakter gewinnt bei Thomas ihre klassische Gestalt.

III q. 60a 2c
Ist das Zeichen einer heiligen Sache immer ein Sakrament?

8 *Antwort:* Zeichen werden eigentlich den Menschen gegeben, deren Art es ist, vom Bekannten zum Unbekannten vorzudringen. Darum wird Sakrament eigentlich genannt, was Zeichen einer solchen heiligen Sache ist, die den Menschen angeht; so daß wir demnach nur das im eigentlichen Sinne Sakrament nennen – wie wir jetzt von Sakramenten sprechen –, was Zeichen einer heiligen Sache ist, sofern sie die Menschen heilig macht.

8 *Respondeo* dicendum quod signa proprie dantur hominibus, quorum est per nota ad ignota pervenire. Et ideo proprie dicitur sacramentum quod est signum alicujus rei sacrae ad homines pertinentis, ut scilicet proprie dicatur sacramentum secundum quod nunc de sacramentis loquimur, quod est „signum rei sacrae, inquantum est sanctificans homines".

III q. 60a 3c
81 Ist ein Sakrament nur einer Sache Zeichen?
Antwort: Sakrament heißt eigentlich das, was angeordnet ist, um unsere Heiligung zu bezeichnen (Art. 2). In dieser kann man dreierlei ins Auge fassen: die Ursache unserer Heiligung selbst, nämlich das Leiden Christi; das Wesen unserer Heiligung, das in der Gnade besteht und in den Tugenden; und das letzte Ziel unserer Heiligung: das ewige Leben. Alle diese Dinge werden durch die Sakramente bezeichnet. Darum ist das Sakrament sowohl ein erinnerndes Zeichen dessen, was vorhergegangen ist, nämlich des Leidens Christi; als auch ein hinweisendes dessen, was in uns durch Christi Leiden gewirkt wird, nämlich der Gnade; wie auch ein vorausdeutendes Zeichen, nämlich ein Voranzeigen der künftigen Herrlichkeit.

III q. 62a 1c
82 Sind die Sakramente Ursache der Gnade?
Es gibt zweierlei Wirkursachen: die Hauptursache und die Werkzeugursache. Die Hauptursache wirkt kraft ihrer Form, die etwas ihr Ähnliches bewirkt, wie etwa Feuer durch seine Wärme wärmt. Auf diese Weise kann nur Gott Gnade verursachen; denn die Gnade ist nichts anderes als eine mitgeteilte Ähnlichkeit der göttlichen Natur. 2 Petr 1,4: „Große und kostbare Verheißungen hat Er uns geschenkt, daß wir nämlich der göttlichen Natur teilhaftig würden." – Die werkzeugliche Ursache dagegen wirkt nicht kraft ihrer Form, sondern allein durch die Bewegung, die sie von der Hauptursache empfängt. Daher wird die Wirkung nicht dem Werkzeug, sondern der Hauptursache ähnlich; wie etwa ein Bett nicht dem Beil ähnelt, sondern dem Werkbild im Geiste des Schreiners. Auf diese Weise verursachen die Sakramente des Neuen Gesetzes die Gnade: sie werden nach göttlicher Anordnung gebraucht, damit in ihrem Vollzug Gnade verursacht werde. Darum sagt Augustinus: „All diese Dinge (die sakramentalen Zeichen nämlich) entstehen und vergehen; aber die Kraft (Gottes nämlich), die durch sie wirkt, bleibt immerfort." Das aber, *wodurch* einer wirkt, nennt man Werkzeug im eigentlichen Sinne. Darum heißt es auch Tit 3,5: „Er hat uns gerettet durch das Bad der Wiedergeburt."

III q. 63a 1c
83 Prägt das Sakrament der Seele ein Mal ein?
71 *Antwort:* Wie aus dem Gesagten erhellt (62,5), haben die Sakramente des Neuen Gesetzes einen doppelten Zweck: sie sollen Heilmittel gegen die Sünden
72 sein und sollen die Seele ausrüsten für die Feier des Gottesdienstes im Sinne der christlichen Religion. Jeder, der mit einer bestimmten Aufgabe betraut wird, erhielt aber noch immer ein darauf hinweisendes Kennzeichen. So pflegte man im Altertum die Soldaten, die zum Heeresdienst eingeschrieben wurden, mit körperlichen Malen zu kennzeichnen, da sie mit einer körperlichen Dienstleistung betraut wurden. Weil nun die Menschen durch die Sakramente mit einer geistigen Aufgabe betraut werden, die zu Gottes Dienst gehört, so ist es ganz in der Ordnung, daß die Gläubigen durch die Sakramente mit einem geistigen Mal gekennzeichnet werden. Darum sagt Augustinus: „Wenn ein Soldat nicht kämpft und sich dann ob des seinem Körper eingeprägten Soldatenmales angstvoll entsetzt, zur Milde des Kaisers seine Zuflucht nimmt, ihn anfleht, von ihm Verzeihung erlangt und nun zu kämpfen beginnt, wird etwa bei dem freigegebenen und gebesserten Mann das Mal erneuert und nicht vielmehr anerkannt und bestätigt? Haften etwa die christlichen Sakramente weniger fest als so ein körperliches Kennzeichen?"

III q. 63a 3c
84 Ist das sakramentale Mal das Mal Christi?
79 *Antwort:* Das Mal ist eigentlich ein Siegel, womit man etwas als auf einen bestimmten Zweck hingeordnet kennzeichnet (Art. 1); wie etwa der Denar durch die Prägung zum Tauschverkehr gekennzeichnet wird und die Soldaten durch ein Mal kenntlich gemacht werden als solche, die für den Kriegsdienst bestimmt sind. Der Gläubige aber wird für zwei Dinge bestimmt: erstens und vornehmlich dafür, daß er sich der [ewigen] Herrlichkeit freue; und daraufhin wird er gekennzeichnet mit dem Siegel der Gnade; Ez 9,4: „Zeichne ein T auf die Stirnen der Männer, die seufzen und wehklagen!" und Offb 7,3: „Wollet nicht schaden der Erde noch dem Meere noch den Bäumen, bis wir die Knechte Gottes auf ihren Stirnen gezeichnet haben!"
Zweitens aber wird jeder Gläubige dazu bestimmt, das, was zu Gottes Dienst gehört, zu empfangen oder
80 an andere weiterzugeben. Und darauf ist in besonderer Weise das sakramentale Mal hingeordnet. Nun ist aber der ganze heilige

Dienst der christlichen Religion vom Priestertum Christi hergeleitet. Und so ist offenbar, daß das sakramentale Mal in besonderer Weise das Mal Christi ist, dessen Priestertum die Gläubigen gleichgestaltet werden entsprechend den sakramentalen Malen, die nichts anderes sind als bestimmte, von Christus selbst hergeleitete Arten der Teilnahme am Priestertum Christi.

79 *Respondeo* dicendum quod, sicut ex supra dictis patet, character proprie est signaculum quoddam, quo aliquid insignitur ut ordinatum in aliquem finem; sicut charactere insignitur denarius ad usum commutationum; et milites charactere insigniuntur, quasi ad militiam deputati. Homo autem fidelis ad duo deputatur: primo quidem et principaliter ad fruitionem gloriae; ...
Secundo autem deputatur quisque fidelis ad recipiendum vel tradendum aliis ea quae pertinent ad cultum Dei; et ad
80 hoc proprie deputatur character sacramentalis. Totus autem ritus christianae religionis derivatur a sacerdotio Christi. Et ideo manifestum est quod character sacramentalis specialiter est character Christi, cujus sacerdotio configurantur fideles secundum sacramentales characteres, qui nihil aliud sunt quam quaedam participationes sacerdotii Christi ab ipso Christo derivatae.

III q. 64a 2c
85 Gehen die Sakramente ausschließlich auf göttliche Einsetzung zurück?
98 *Antwort:* Die Sakramente wirken als Werkzeuge geistige Wirkungen (62,1). Das Werkzeug empfängt aber seine Kraft von dem Hauptwirkenden. Hinsichtlich des
99 Sakramentes gibt es nun zweierlei Wirkende; nämlich den, der das Sakrament einsetzt, und den, der von dem eingesetzten Sakrament Gebrauch macht, indem er es anwendet, um die Wirkung hervorzubringen. Nun kann aber die Kraft des Sakramentes nicht von dem kommen, der von dem Sakrament Gebrauch macht; denn der wirkt nur in der Weise eines Dienstes. Also bleibt nur übrig, daß die Kraft des Sakramentes von dem herkommt, der es einsetzt. Da nun die Kraft des Sakramentes einzig von Gott ausgeht, so folgt, daß Gott allein Sakramente einsetzt.

III q. 64a 5c
86 Können die Sakramente durch unwürdige Diener gespendet werden?
108 *Antwort:* Bei den Sakramenten wirken die Diener

109 der Kirche als Werkzeuge (Art. 1); denn Diener und Werkzeug sind in etwa derselbe Begriff. Nun ist aber das Werkzeug nicht gemäß der eigenen Form tätig, sondern gemäß der Kraft dessen, von dem es bewegt wird (62,1 u. 4). Deshalb ist es für das Werkzeug, sofern es Werkzeug ist, einerlei, welche Form oder Kraft es besitzt, das ausgenommen, was zum Wesen des Werkzeugs gefordert ist. So ist es einerlei, ob der Arzt, dessen Leib Werkzeug seiner heilkundigen Seele ist, dem Leibe nach gesund oder krank ist; wie es auch einerlei ist, ob das Röhrchen, durch welches das Wasser fließt, von Silber oder von Blei ist. Daher können die Diener der Kirche die Sakramente spenden, auch wenn sie unwürdig sind.

III q. 65a 1c
87 Muß es sieben Sakramente geben?
130 *Antwort:* Die Sakramente der Kirche sind auf einen doppelten Zweck hingeordnet; nämlich um den Menschen in dem zu vervollkommnen, was zu Gottes Dienst gehört im Sinne der christlichen Religion, und dann zum Heilmittel gegen den Schaden der Sünde (62,5; 63,1). Unter beiden Gesichtspunkten aber ist es angemessen, daß es sieben Sakramente gibt.

88 Das geistige Leben weist nämlich eine gewisse Übereinstimmung auf mit dem körperlichen, wie auch sonst das Körperliche eine Ähnlichkeit mit dem Geistigen hat. Im körperlichen Leben nun wird der Mensch auf zweifache Weise vervollkommnet; in bezug auf die eigene Person und dann in seinem Verhältnis zum Ganzen der menschlichen Gemeinschaft, in der er lebt; denn der
131 Mensch ist von Natur aus ein gesellschaftliches Wesen. In bezug auf sich selbst wird der Mensch im körperlichen Leben auf zweifache Weise vervollkommnet: einmal an sich, dadurch, daß er eine gewisse Vollkommenheit des Lebens erlangt; und dann nebenbei dadurch, daß er die Hemmungen des Lebens ausräumt, wie Krankheiten und ähnliches. An sich aber wird das körperliche Leben in dreifacher Weise vollkommen gemacht. Erstens durch die *Zeugung,* durch die der Mensch zu sein und zu leben anfängt. Und an Stelle dessen steht im geistigen Leben die *Taufe,* die eine geistige Wiedergeburt ist; Tit 3,5: „Durch das Bad der Wiedergeburt" usw. – Zweitens durch das *Wachstum,* wodurch der Mensch zur vollkommenen Größe und Kraft geführt wird. Und an Stelle dessen steht im geistigen Leben die *Firmung,* durch die der Heilige Geist

zum Starksein gegeben wird. Deshalb wird zu den schon getauften Jüngern Lk 24,49 gesagt: „Bleibet in der Stadt, bis ihr mit Kraft ausgerüstet werdet aus der Höhe!" — Drittens durch die *Ernährung,* wodurch im Menschen das Leben und die Kraft erhalten wird. Und an Stelle dessen steht im geistigen Leben die *Eucharistie.* Deshalb heißt es Joh 6,51: „Wenn ihr das Fleisch des Menschensohnes nicht essen und Sein Blut nicht trinken werdet, werdet ihr das Leben nicht in euch haben."

89 Und das würde dem Menschen genügen, wenn er körperlich und geistig ein leidensunfähiges Leben hätte; weil er aber zuweilen krank wird sowohl im körper-

132 lichen Leben wie auch durch die Sünde im geistigen Leben, so braucht der Mensch notwendig eine *Heilbehandlung.* Und diese ist zweifach: eine, durch die die Gesundheit wiederhergestellt wird. Und an Stelle dieser haben wir im geistigen Leben die *Buße;* Ps 40,5: „Heile meine Seele; denn ich habe vor Dir gesündigt." — Eine andere, die die frühere Kraft wiederherstellt durch die richtige Nahrung und Übung. An Stelle dieser haben wir im geistigen Leben die *letzte Ölung,* welche die Reste der Sünden wegräumt und den Menschen bereit macht für die Endherrlichkeit; Jak 5,15: „Und wenn er in Sünden ist, wird ihm Nachlaß werden."

90 In seiner Beziehung zur *Gemeinschaft* aber wird der Mensch in zweifacher Weise vervollkommnet. Einmal dadurch, daß er die Gewalt empfängt, eine Vielheit [von Menschen] zu leiten und öffentliche Handlungen auszuüben. Dem entspricht im geistigen Leben das Sakrament der *Weihe,* nach dem Wort Hebr 7,27, daß die Priester Opfer darbringen nicht allein für sich, sondern auch für das Volk. — Zweitens hinsichtlich der natürlichen Fortpflanzung. Und dies geschieht durch die *Ehe* sowohl im körperlichen wie im geistigen Leben, da sie nicht nur ein Sakrament, sondern auch ein Dienst der Natur ist.

91 Daraus erhellt auch die Zahl der Sakramente, sofern sie gegen den Schaden der Sünde gerichtet sind. So wendet

133 sich die Taufe gegen das Fehlen des geistigen Lebens; die Firmung gegen die Schwachheit der Seele, die sich in den Neugeborenen findet; die Eucharistie gegen die Unbeständigkeit der Sünde gegenüber; die Buße gegen die nach der Taufe begangene persönliche Sünde; die letzte Ölung gegen die Überbleibsel der Sünden, die noch nicht hinreichend durch die Buße getilgt sind entweder aus Nachlässigkeit oder aus Unwissenheit; die Priesterweihe gegen die Auflösung des Volkes; die Ehe als Heilmittel gegen die persönliche Begierlichkeit und gegen das Dahinschwinden des Volkes infolge der Todesfälle.

92 Manche jedoch leiten die Zahl der Sakramente aus einer Anpassung an die Tugenden und an die Schäden der Schuld- und Strafübel ab. Sie sagen, dem Glauben entspreche die Taufe, und sie sei gegen die Erbschuld gerichtet; der Hoffnung entspreche die letzte Ölung, und sie sei gegen die läßliche Sünde gerichtet; der Liebe entspreche die Eucharistie, und sie sei gegen das Strafübel der Bosheit gerichtet; der Klugheit entspreche die Weihe, und sie sei gegen die Unwissenheit gerichtet; der Gerechtigkeit entspreche die Buße, und sie sei gegen die Todsünde gerichtet; der Mäßigkeit entspreche die Ehe, und sie sei gegen die Begierlichkeit gerichtet; dem Starkmut entspreche die Firmung, und sie sei gegen die Schwäche gerichtet.

Martin Luther (1483–1546)
De captivitate babylonica ecclesiae praeludium (1520)
Die Vorlesung über den Hebräerbrief (1517/18)

93 **Nicht das Sakrament, sondern der Glaube des Sakramentes rechtfertigt**

Lat.: WA 6, 501, 33–38; WA 6, 572, 10–17; WA 57 III [Hebr] 169, 23–170, 10.
Dt.: G. Koch.

Gegen eine im Spätmittelalter zunehmende Verdinglichung und Verwerkzeuglichung des Sakramentenverständnisses stellt Luther den Glauben des Empfängers zugespitzt in den Vordergrund: Nicht das Sakrament ist Ursache von Gnade und Rechtfertigung, sondern Gottes wirksames Wort – sichtbar im sakramentalen Zeichen –, das im Glauben angenommen wird. Da für Luther die göttliche Einsetzung der so verstandenen Sakramente in der Schrift bezeugt sein muß, glaubt er, nur zwei oder drei Sakramente anerkennen zu können.

De captivitate babylonica ecclesiae praeludium
Zunächst sehe ich mich gezwungen, die Existenz von sieben Sakramenten zu leugnen und vorläufig drei Sakramente anzunehmen, nämlich Taufe, Buße und das Brot[a]. Auch diese alle sind für uns durch die römische Kurie in eine elende Gefangenschaft geführt, und die Kirche ist ihrer ganzen Freiheit beraubt worden. Freilich, wenn ich nach dem Sprachgebrauch der Schrift reden wollte, dann

würde ich nur ein einziges Sakrament annehmen und drei sakramentale Zeichen.[b]

[a] die Eucharistie.
[b] non nisi unum sacramentum habeam et tria signa sacramentalia.

94 Es hat sich gezeigt, daß im eigentlichen Sinne als Sakramente nur die zu bezeichnen sind, die mit Zeichen verbundene Verheißungen darstellen.[a] Die übrigen sind reine Verheißungen, weil sie mit Zeichen nicht verknüpft sind. Daher kommt es, daß es, wenn wir uns streng ausdrücken wollen, in der Kirche Gottes nur zwei Sakramente gibt, die Taufe und das Brot[b], da wir in ihnen allein sowohl ein von Gott her eingesetztes Zeichen als auch die Verheißung der Sündenvergebung erkennen. Denn das Sakrament der Buße, das ich diesen beiden zugerechnet habe, entbehrt des sichtbaren Zeichens und der Einsetzung von Gott her; es ist, wie ich gesagt habe, nichts anderes als ein Weg und eine Rückkehr zur Taufe.

[a] Proprie tamen ea sacramenta vocari visum est, quae annexis signis promissa sunt.
[b] die Eucharistie.

Die Vorlesung über den Hebräerbrief

95 Daher kommt es, daß keiner Gnade erlangt, weil er absolviert oder getauft, weil ihm die Kommunion gereicht oder weil er gesalbt wird, sondern weil er glaubt, daß er so im Absolvieren, im Taufen, im Kommunionempfang, in der Salbung die Gnade erlangen werde. Wahr nämlich ist jenes sehr verbreitete und sehr bewährte Wort: „Nicht das Sakrament, sondern der Glaube des Sakramentes rechtfertigt"[a]; und jenes Wort des seligen Augustinus: „Es rechtfertigt, nicht weil es geschieht, sondern weil geglaubt wird." Daraus folgt, daß es ein sehr verderblicher Irrtum ist zu sagen, die Sakramente des Neuen Gesetzes seien so wirksame Zeichen der Gnade, daß sie im Empfänger keinerlei Disposition erforderten, außer daß er kein Hindernis entgegensetze, wobei man unter Hindernis die Todsünde als Tat versteht. Dies ist ganz falsch. Vielmehr erfordert jedes Sakrament ein sehr reines Herz, sonst wird einer an dem Sakrament schuldig, und er wird sich selbst das Gericht zuziehen. Das Herz aber wird nicht gereinigt außer durch den Glauben.

[a] Non sacramentum, sed fides sacramenti justificat.

Johannes Calvin (1509–1564)
Unterricht in der christlichen Religion (⁴1559) IV,14.1 und 14.9

96 Das Sakrament: sichtbare Bezeugung göttlicher Gnade und menschlicher Frömmigkeit

Franz.: Inst. IV,14.1 und 14.9 – Ioannis Calvini Opera quae supersunt omnia, ed. G. Baum, E. Cunitz, E. Reuss, vol. IV, Braunschweig 1866, 877 f. und 886 f.
Dt.: J. Calvin, Unterricht in der christlichen Religion. Nach der letzten Ausgabe übersetzt und bearbeitet von Otto Weber, Neukirchen–Vluyn ²1963, 877 und 882 f.

Calvin knüpft in seiner Bestimmung des Sakramentsbegriffs an Augustinus an. Anders als Luther entfaltet er eine recht ausführliche allgemeine Sakramentenlehre und legt dabei den Akzent auf den Bezeugungscharakter der Sakramente (Zeichen göttlicher Gnade für die Menschen und Bezeugung menschlicher Frömmigkeit vor Gott und den Menschen) wie auf das Wirken des Heiligen Geistes in den Sakramenten.

877 Vierzehntes Kapitel: Von den Sakramenten
Mit der Predigt des Evangeliums ist noch ein anderes Hilfsmittel für unseren Glauben verwandt: es liegt in den Sakramenten. Es ist uns nun hoch vonnöten, daß hierüber eine klare und bestimmte Unterweisung gegeben wird, aus der wir dann lernen können, zu welchem Zweck die Sakramente eingerichtet sind und in welcher Weise man sie heute gebraucht.
Zunächst ist es angebracht, darauf achtzuhaben, *was ein Sakrament ist*. Ich habe nun den Eindruck, daß es eine einfache und sachgemäße Begriffsbestimmung ist, wenn wir sagen: ein Sakrament ist ein *äußeres Merkzeichen* (symbolum), *mit dem der Herr unserem Gewissen die Verheißungen seiner Freundlichkeit gegen uns versiegelt, um der Schwachheit unseres Glaubens eine Stütze zu bieten, und mit dem wiederum wir unsere Frömmigkeit gegen ihn* sowohl vor seinem und der Engel Angesicht als auch vor den Menschen *bezeugen*. Man kann auch eine noch kürzer zusammenfassende Begriffsbestimmung geben: Sakrament heißt *ein mit einem äußeren Zeichen bekräftigtes Zeugnis der göttlichen Gnade gegen uns*, bei dem zugleich auf der anderen Seite *eine Bezeugung unserer Frömmigkeit Gott gegenüber* stattfindet. Welche von diesen beiden Begriffsbestimmungen man nun aber auch wählen mag, so sind beide dem Sinne nach von der des Augustin nicht verschieden, wenn er erklärt, Sakrament sei ein sichtbares Zeichen einer heiligen Sache, oder auch: es sei die sichtbare Gestalt der unsichtbaren Gnade. Jedoch bringen unsere Begriffsbestimmungen die Sache selbst besser und bestimmter zur Aussage. Denn da in

solcher Kürze (wie sie Augustin walten läßt) eine gewisse Dunkelheit liegt, die dann vielen weniger Kundigen den Anlaß zu Träumereien bietet, so habe ich mit vielen Worten eine vollständigere Darlegung geben wollen, damit keine Unklarheit übrigbleibt.

97

882 Wenn ich nun von einer *Stärkung und Mehrung des Glaubens durch die Sakramente* spreche, so möchte ich also, daß sich der Leser – wie ich es bereits mit sehr klaren Worten ausgesprochen zu haben hoffe – auf folgendes aufmerksam machen läßt: schreibe ich den Sakramenten diesen Dienst zu, so ist es *nicht* so, als ob ich der Meinung wäre, es wohnte ihnen fortdauernd ich weiß nicht was für eine *verborgene Kraft* inne, durch die sie in der Lage wären, den Glauben *aus sich heraus* zu fördern und zu stärken; nein, dieser Dienst begründet sich darauf, daß die Sakramente von dem Herrn dazu *eingesetzt* sind, zur Festigung und Mehrung des Glaubens zu dienen.

98 Im übrigen vollbringen sie ihr Amt nur dann recht, wenn jener innerliche Lehrmeister, der *Heilige Geist, hinzutritt,* von dessen Kraft allein die Herzen durchdrungen und die Empfindungen bewegt werden und den Sakramenten ein Zugang zu unserer Seele offensteht. Ist der Heilige Geist nicht dabei, so können die Sakramente unseren Herzen nicht mehr schenken, als wenn der Glanz der Sonne *blinden* Augen erstrahlt oder eine Stimme an *taube* Ohren klingt. Zwischen

883 dem Geist und den Sakramenten teile ich also dergestalt, daß bei dem *Geist* die Kraft zum Wirken liegt, den Sakramenten aber ausschließlich der *Dienst* überlassen bleibt, und zwar der Dienst, der *ohne* die Wirkung des Geistes *leer und wesenlos* bleibt, aber von *großer Kraft* erfüllt ist, wenn der Geist im Inneren am *Werke* ist und seine Kraft offenbart.

99 Jetzt ist es deutlich, in welcher Weise nach der hier vorgetragenen Auffassung ein frommes Herz durch die Sakramente im Glauben gestärkt wird: das geschieht eben in der Weise, wie auch die Augen durch den Glanz der Sonne *sehen* und die Ohren beim Klang einer Stimme *hören*. Nun würden aber die Augen von keinerlei Licht irgendwie berührt, wenn sie nicht eine ihnen *innewohnende* Sehkraft besäßen, die nun von selbst das Licht erfaßt, und die Ohren würden vergeblich von irgendwelchem Klang getroffen, wenn sie nicht *zum Hören geboren* und zubereitet wären. Das, was nun in unseren *Augen die Sehkraft* bewirkt, die uns in

den Stand setzt, das Licht zu erfassen, und was in unseren *Ohren*
das *Gehör* schafft, das uns fähig macht, eine Stimme zu vernehmen, das ist in unseren *Herzen* das Werk des *Heiligen Geistes,* das
sich darin auswirkt, den Glauben anzufangen, zu stützen, zu erhalten und zu festigen. Wenn dies nun wahr ist — und es sollte für
uns ein für allemal feststehen —, dann ergibt sich daraus ebenso
auch folgende doppelte Tatsache: einerseits richten die Sakramente *ohne* die Kraft des Heiligen Geistes nicht das mindeste aus,
und andererseits steht nichts dawider, daß sie in unserem Herzen,
das schon *vorher* von jenem Lehrmeister (d. h. dem Heiligen Geiste) unterwiesen ist, den Glauben *kräftiger* und *größer* machen.
Dabei besteht nur ein Unterschied: das Vermögen zum Hören und
Sehen ist unseren Ohren und Augen *von Natur* mitgegeben, während Christus dagegen in *besonderer* Gnade, über das Maß der
Natur hinaus, solche Wirkung in unserem Herzen hervorbringt.

Johann Adam Möhler (1796—1838)
Symbolik oder Darstellung der dogmatischen Gegensätze der Katholiken und Protestanten (1832)

**100 Die Sakramente als Gottes Heilsgabe aus Christi Heilswerk
für den empfänglichen Glauben**

Symbolik oder Darstellung der dogmatischen Gegensätze der Katholiken und Protestanten nach ihren öffentlichen Bekenntnisschriften, hrsg.,
eing. u. kommentiert von J. R. Geiselmann, Darmstadt 1958, 305—308.

Dem in Tübingen und München lehrenden Kirchenhistoriker Möhler
gelingt es, bei der Interpretation der traditionellen katholischen Sakramentenlehre in produktiver Auseinandersetzung mit reformatorischen
Positionen neue Akzente bzw. alte Akzente neu zu setzen. Bemerkens-
wert ist besonders, wie er die Wirkung der Sakramente an das Heilswerk
Christi zurückbindet (vgl. sein Verständnis von ex opere operato) und
wie er die Bedeutung gläubiger Empfänglichkeit beim Empfänger der
Sakramente einschätzt. Die Empfängervergessenheit einer jahrhunderte-
langen Tradition wird so überwunden.

§ 28
Lehre der Katholiken von den Sakramenten überhaupt

305 Was nun die Art betrifft, in der das Sakrament die heiligmachende
Gnade uns zuwendet, so wird in der katholischen Kirche gelehrt,
es wirke in uns, vermöge seines Charakters, als einer von Christus
zu unserem Heile bereiteten Anstalt [ex opere operato, scl. a Christo, anstatt quod operatus est Christus], d. h., die Sakramente überbringen eine vom Heiland uns verdiente göttliche Kraft, die durch

keine menschliche Stimmung, durch keine geistige Verfassung verursacht werden kann, sondern von Gott um Christi willen schlechthin im Sakramente gegeben wird. Allerdings muß sie der Mensch *empfangen* und deshalb *empfänglich* sein, was sich in der Reue und dem Schmerz über die Sünde, in der Sehnsucht nach göttlicher Hilfe und dem vertrauensvollen Glauben ausspricht; allein er vermag sie *nur* zu empfangen und darum *nur* empfänglich zu sein. Es wird demnach durch diese Lehre die Objektivität der göttlichen Gnade festgehalten und verhindert, die Wirkungen des Sakramentes ganz in das Subjektive herabzuziehen und den Wahn zu nähren, als bestünden dieselben bloß in einem logisch-moralischen Effekte, in den menschlichen Gefühlen, Betrachtungen und Entschlüssen, die bei ihrem Empfange, etwa wie bei dem Anblicke eines Gemäldes, das Christum den Leidenden darstellt, angeregt werden oder dem Empfangen vorangehen. Diese menschliche Tätigkeit ist, bei den zu taufenden Kin-

306 dern ausgenommen, notwendig; allein sie ist nicht die in dem Sakrament verheißene göttliche Gnade und verdient dieselbe auch nicht; vielmehr werden die religiösen Kräfte des menschlichen Geistes durch das Sakrament in eine neue Bewegung gesetzt, indem dessen göttlicher Inhalt die Seele des Menschen befruchtet, neu belebt, mit Gott in die innigste Gemeinschaft setzt und mit allen Menschen fortwirkt, die sich nicht unempfänglich erweisen, oder, wie sich das Konzilium ausdrückt, die kein Hindernis in den Weg legen. Die Lehre von der Rechtfertigung, nach welcher die göttliche Tätigkeit der menschlichen vorangeht und beide sodann, im Falle die letztere nicht hartnäckig widerstrebt, ein und dasselbe gottmenschliche Werk setzen, wiederholt sich demnach auch hier; und schon aus dem allgemeinen Verhältnisse, welches nach der katholischen Lehre zwischen Gnade

307 und Freiheit stattfindet, hätte begriffen werden können, daß das opus operatum nicht bloß eine göttliche Tätigkeit setze und eine Tatlosigkeit des Menschen einschließe.

Matthias Joseph Scheeben (1835–1888)
Die Mysterien des Christentums (1865)
101 Sakramente als Mysterien des Geistwirkens

M. J. Scheeben, Die Mysterien des Christentums, Ausgabe letzter Hand, hrsg. von J. Höfer, Freiburg 1941, 466–471.

Innerhalb der scholastischen Tradition, die die Kausalität der Sakramente besonders betont, bringt der in Köln lehrende Dogmatiker Scheeben auch wieder ältere Überlieferungselemente nachdrücklich zur Geltung: In den Sakramenten wirkt der Heilige Geist auf geheimnisvolle Weise die Teilhabe am göttlichen Leben: eben darum sind sie Mysterien. Durch die besondere Betonung des Geistwirkens berührt sich Scheeben mit der ostkirchlichen Tradition, aber auch beispielsweise mit dem Sakramentenverständnis Calvins.

466 § 82. Mystisches Wesen der kirchlichen Sakramente

Unter den Sakramenten der Kirche im engeren Sinne versteht man diejenigen äußern Zeichen, durch welche die Gnade Christi uns übermittelt und angedeutet wird. Damit ist im Grunde auch schon ausgesprochen, daß sie ein großes Mysterium in *sich enthalten* und folglich eben in ihrer Eigenschaft als Sakramente große Mysterien *sind*.

Wären diese Sakramente nichts anderes als bloß symbolische Handlungen, wodurch unsichtbare Dinge vorgestellt oder einfache soziale Akte und Zeichen, wodurch in der Kirche ebenso wie in andern menschlichen Gesellschaften die Aufnahme in dieselbe, die Zulassung zu Ämtern usw. vollzogen werden sollte, so würden sie in keiner Weise einen geheimnisvollen Charakter haben.

102

467 Wie immer man auch die Beteiligung der sakramentalischen Zeichen und ihrer Verwalter bei der Produktion der Gnade in der Seele auffassen wolle, ob man die Kraft des Heiligen Geistes durch sie hindurchgehen oder von ihnen als Pfändern der Verdienste Christi herabgezogen werden läßt: so viel ist sicher, daß bei der Produktion der Gnade vermittelst der Sakramente eine höchst reale und höchst wunderbare göttliche Wirksamkeit des Heiligen Geistes entfaltet werden, daß also auch mit den Sakramenten selbst, mit den äußern Zeichen, keine bloß moralische, sondern eine hyperphysische, wunderbare Kraft und Wirksamkeit in irgendwelcher Weise verbunden sein muß.

103

469 Der Gottmensch brachte in seiner Menschheit die Fülle der Gottheit und mit seiner eigenen göttlichen Person auch den von ihr ausgehenden Heiligen Geist in das Menschengeschlecht herab.

Nicht bloß durch das Verdienst seiner Menschheit, sondern durch die hypostatische Vereinigung seiner Menschheit mit seiner Gottheit brachte er diese und den Heiligen Geist auf die Erde herab. So tritt gerade in der Menschheit Christi und durch sie, als ihr Organ, die göttliche Kraft an uns heran; und wie sie hier durch ein in der innigsten Verbindung mit ihr stehendes Organ an uns herantritt, so kann und wird sie auch von da aus durch andere Organe, die mit jenem in Verbindung stehen, sich

470 über das ganze Geschlecht ausbreiten und an jeden einzelnen herantreten. Die äußern Handlungen dieser Organe, an welche die Wirksamkeit geknüpft ist, sind deshalb nicht bloß Pfänder, die uns derselben versichern, sondern zugleich wirkliche Vehikel der von Christus, dem gottmenschlichen Haupte, in seine Glieder ausgeströmten Kraft und wirken daher auf ähnliche Weise, wie Christus durch seine äußern Handlungen, seine Worte und Berührungen seine Wunderkraft von sich ausgehen ließ. Eine solche Verbindung ist zwar höchst wunderbar und unbegreiflich; aber das soll sie eben sein, sie kann und soll eben ein Mysterium sein, weil ihre Grundlage, die Inkarnation, das Mysterium aller Mysterien ist.

104 Diese Art der Vermittlung der Gnade durch die Sakramente nennt man gewöhnlich die physische Wirksamkeit der letztern, nicht als wenn das äußere Zeichen seiner eigenen Natur nach zur Wirkung des Sakramentes beitrüge, sondern vielmehr deshalb, weil es das wahre Vehikel einer übernatürlichen Kraft ist, die ihm beiwohnt oder innewohnt. Physisch nennt man sie bloß im Gegensatz zur moralischen Wirksamkeit des Verdienstes; an sich wäre sie eher als hyperphysisch zu bezeichnen.

105 Bei der Eucharistie kann dieselbe nicht in Abrede gestellt werden, wenn überhaupt die reale Vereinigung der Menschheit Christi mit der unsrigen eine reale Bedeutung haben soll. Aber eben darum muß man sie auch bei den übrigen Sakramenten so lange als möglich festhalten, da dieselben an dem sakramentalen Charakter der Eucharistie partizipieren und mit ihr einen großen sakramentalen Organismus ausmachen. Selbstverständlich wohnt in der Eucharistie die heiligende Kraft des Heiligen Geistes ganz anders als in den übrigen Sakramenten; hier ruht sie persönlich, substantial im lebendigmachenden Fleisch des Wortes; in den übrigen Sakramenten, welche bloß Handlungen sind, kann sie nicht in dieser Weise *ruhen,* sie kann bloß durch diese Handlungen, während sie gesetzt werden, sich nach dem Empfänger hindirigieren. Aber eben diese virtuelle vorübergehende Verbindung scheint man denselben auch nicht leicht absprechen zu dürfen, ohne sie ganz und gar mit der Eucharistie in Disharmonie zu bringen.

106 Doch sei dem, wie ihm wolle; das müssen wir jedenfalls festhalten, mit den Sakramenten der Kirche ist auf irgendeine Weise die übernatürliche, vom Gottmenschen ausgehende Gnadenkraft des Heiligen Geistes verbunden, und zwar deshalb verbunden, weil *der Empfänger des Sakramentes durch den Empfang in eine besondere Beziehung zum Gottmenschen als seinem Haupte tritt und vermöge dieser Beziehung als Glied auch der Kraft des Hauptes desselben teilhaftig werden muß.*

471 Das ist die allgemeine Idee von dem mystischen Wesen der christlichen Sakramente, durch welche sowohl die innere Struktur jedes einzelnen Sakramentes als auch die harmonische Verbindung und Wechselbeziehung aller zueinander sowie endlich die mystische Organisation der Kirche selbst bedingt wird. Gehen wir daher genauer darauf ein.

Odo Casel (1886–1948)

Das christliche Kultmysterium (1932)
Glaube, Gnosis und Mysterium (1941)
Das Christliche Kult Mysterium (Erw. Aufl. 1960)

107 Vergegenwärtigung des Heilswerks Christi im Kultmysterium

Das christliche Kultmysterium, Regensburg ³1948, 101 ff.
Glaube, Gnosis und Mysterium, JLW 15 (1941) 268.
Das Christliche Kult Mysterium, Regensburg ⁴1960 (erw. Aufl., hrsg. von B. Neunheuser) 60 f.

Eine wichtige Wegmarke in der Erneuerung katholischen Sakramentenverständnisses stellt das Werk Odo Casels (Liturgiewissenschaftler, Mönch der Abtei Maria Laach) dar. Die Liturgie, insbesondere die Liturgie der Sakramente, deutet er auf dem Hintergrund der Vorstellungswelt antiker Mysterienkulte als Vergegenwärtigung göttlichen Heilswirkens. Dieser Grundansatz wird von Casel zunehmend unter Zuhilfenahme biblischer Begriffe christologisch und pneumatologisch weitergeführt und so personalisiert und vergeschichtlicht.

102 Wir können also kurz definieren: „Das Mysterium ist eine heilige kultische Handlung, in der eine Heilstatsache unter dem Ritus Gegenwart wird; indem die Kultgemeinde diesen Ritus vollzieht, nimmt sie an der Heilstat teil und erwirbt sich dadurch das Heil."

108 Glaube, Gnosis und Mysterium

268 In der Erkenntnis des Glaubens schauen wir *in dem sakramentalen Bilde* das *Urbild selbst,* d. h. das *Heilswerk* Christi. Wir schauen es im Glauben und in der Gnosis[a], d. h., wir berühren es, eignen es uns an, werden ihm gleichgestaltet durch die Teilhabe und dadurch umgestaltet nach dem Bilde des Gekreuzigten und Auferstandenen. So gehen wir in der Kraft des Pneumas[b] Christi selbst durch das Heilswerk hindurch, nehmen teil an Christi Pascha, d. h. an dem Todesdurchgang, durch den Tod der Sünde gegenüber, der aus diesem Aion[c] hinüberführt in das Reich Gottes und Christi, in das neue und ewige Leben. Sakrament und Urheilstat sind nicht zwei getrennte Dinge, sondern *eins,* wobei das Bild so sehr von der Wirklichkeit der Urtat erfüllt ist, daß es mit Recht als Gegenwart dieser bezeichnet wird. So *ist* die Eucharistia in sakramentaler Weise das Opfer Christi usw. Christus betätigt sich in den Sakramenten wahrhaft als der Hohepriester seiner Ekklesia[d], der sie durch seine Heilstat erlöst und zum Leben führt. Die Ekklesia aber, erfüllt vom Pneuma ihres Bräutigams, feiert in seiner Kraft sein und ihr Mysterium und wächst dadurch immer mehr in die Einheit mit Christus hinein, *ut cum frequentatione mysterii crescat salutis effectus.*[e]

[a] Erkenntnis.
[b] Pneuma = der (Heilige) Geist.
[c] Weltzeit.
[d] Kirche.
[e] damit mit der (häufigen) Wiederholung des Mysteriums die Heilswirkung wachse.

109 Das Christliche Kult Mysterium

60 Das Christusmysterium, d. h. die Offenbarung Gottes in der Heilstat seines menschgewordenen Sohnes zur Erlösung und Heiligung der Kirche, findet seit dem Aufstieg des verklärten Gottmenschen zum Vater bis zur Vollendung aller Glieder der Kirche seine Fortsetzung und Auswirkung in dem Kultmysterium, in dem Christus sein Heilswerk, körperlich unsichtbar, aber pneumatisch gegenwärtig und wirkend, auf alle „Menschen des göttlichen Wohlgefallens"[1] ausdehnt. Der Herr selbst also wirkt dieses Mysterium; wirkt es aber nicht, wie das Urmysterium am Kreuze, allein, sondern zusammen mit seiner Braut, der Ekklesia, die er sich am Kreuze erworben[2] und der er nunmehr seine Schätze übergeben hat, damit sie sie allen ihren Kindern, die sie aus seiner Kraft gebiert, weitergebe. Wer Gott zum Vater haben will, der muß seit der Menschwerdung die Ekklesia zur Mutter haben.[3] Wie aus der

Seite des ersten Adam im Paradiese das Weib gebildet wurde, das ihm nun die „ihm gleiche Gehilfin"[4] sein sollte, so ist aus der Seite des am Kreuze entschlafenen Christus die Kirche gebildet worden, die nun Christi Genossin und Gehilfin bei seinem Erlösungswerke ist. Zugleich aber traten, wie die Väter uns lehren[5], 61 in Wasser und Blut die Mysterien aus der Seite des Herrn, aus seinem durchbohrten Herzen, hervor. Aus dem Todesblute Christi ist die Kirche geboren und zugleich das Mysterium, so daß Kirche und Mysterium unzertrennlich verbunden sind. Auf dieser Tatsache beruht es letztlich, daß das Kultmysterium zur *Liturgie* wird.

[1] Lk 2,14.
[2] Eph 5,14 ff.
[3] Vgl. Cyprian, *De unitate Ecclesiae* 5 f.: „Von ihr (der Kirche) werden wir geboren, von ihrer Milch ernährt, von ihrem Pneuma beseelt ... Sie bewahrt uns für Gott, sie führt die Kinder, die sie geboren, dem Reiche zu. Wer von der Kirche sich absondert und einer Ehebrecherin sich verbindet, wird von der Verheißung der Kirche getrennt. Nicht wird zu dem Lohne Christi gelangen, wer die Kirche Christi verläßt. Er ist ein Fremder, ein Ungeweihter, ein Ausländer. Nicht kann der Gott zum Vater haben, der die Kirche nicht zur Mutter hat."
[4] Gen 2,18.
[5] Als einer für viele stehe hier Augustinus, *Tract. in Ioannem* 120,2: „Ein prägnantes Wort hat der Evangelist verwandt; er sagt nicht: der Soldat *stieß* in seine Seite, oder: *verwundete* die Seite oder dgl., sondern: er *öffnete* sie. Dort sollte ja gewissermaßen die Tür des Lebens geöffnet werden, aus der die Mysterien der Kirche hervorgingen, ohne die man nicht zum Leben, das das wahre Leben ist, eingeht. Jenes Blut wurde zum Nachlaß der Sünden vergossen, jenes Wasser bereitete den Kelch des Heiles; es bietet das Bad dar und den Trank. Ein Vorbild davon war die Tür, die Noe an der Seite der Arche anbringen sollte; durch sie sollten die Tiere eintreten, die in der Sintflut nicht untergehen würden – sie bedeuteten die Ekklesia. Deshalb wurde das erste Weib aus der Seite des schlafenden Mannes geschaffen und ‚Leben' und ‚Mutter der Lebenden' genannt. Ein großes Gut bedeutete sie vor dem großen Übel der Sünde. Und der zweite Adam hier entschlief mit geneigtem Haupte am Kreuze, damit ihm von dem, was aus der Seite des Entschlafenen hervorströmte, die Gattin gebildet würde ..."

Otto Semmelroth (1912–1979)
Gott und Mensch in Begegnung (1955)
110 Gottbegegnung im Zeichengeschehen
Frankfurt a. M. ²1958, 285 f.

Der an der Hochschule der Jesuiten in Frankfurt lehrende O. Semmelroth bringt, wie für das christliche Heilsgeschehen überhaupt, so speziell auch für die Sakramente, die personale Kategorie der Begegnung ins Spiel. Die Sakramente werden dabei als Antwort in einem Heilsdialog verstanden: Mit dem durch den Priester bzw. den Sakramentenspender repräsentierten Hohenpriester Christus dürfen die Feiernden im Glauben auf das Offenbarungswort Gottes antworten, das in Verkündigung und Leitung an sie ergeht.

285 Obwohl die Tatsache, daß wir durch die Sakramente Gnade empfangen — die ja doch von oben kommt — zu-
286 nächst das Gegenteil vermuten läßt, haben doch die Sakramente als kultische Ausübung des priesterlichen Amtes der Kirche eine Sinnrichtung von unten nach oben, von den Menschen zu Gott. In ihnen vollzieht die kirchliche Gemeinschaft die Antwort auf jene andere Tätigkeit, in der die Kirche als Lehrende und Führende das Wort Gottes zu den Menschen hinträgt, von oben nach unten. Man empfängt nämlich im Sakrament die Gnade dadurch, daß Christus uns bei der Hand mit auf seinen opfernden Gang zum Vater nimmt. Das aber ist ein Gang von unten nach oben. Gewiß, Christus ergreift uns im Sakrament; dieses Greifen geht von oben, von ihm, nach unten, zu uns. Aber er selbst ist doch in jenem Vorgang, den die Sakramente darstellen, auf dem Weg seines Kultus nach oben, zum Vater. Und daß wir ihn mitgehen können in einer Weise, die beim Vater ankommt, und daß uns der Vater in Christus liebevoll annimmt: das ist die Gnade, die uns die Sakramente vermitteln. So haben wir gut zu unterscheiden: die Gnade als Wirkung der Sakramente kommt von oben zu uns nach unten, ist sie ja die Liebe, die uns der Vater schenkt, weil wir im Opfer seines Sohnes zu ihm kommen. Aber der Vollzug der sakramentalen Handlung geht von unten nach oben, denn er ist Antwort im Opfer auf das Wort, das uns der Vater in Christus gesandt hatte.

Karl Rahner (1904—1984)
Zur Theologie des Symbols (1959)

111 Die Gnade ereignet sich, indem sie sich verlautbart

Schriften zur Theologie IV, Einsiedeln/Zürich/Köln 1960, 278; 285; 299 f.

Ein bedeutender Beitrag Rahners (Prof. für Dogmatik in Innsbruck, München und Münster) zur Sakramentenlehre ist seine Philosophie bzw. Theologie des Symbols: Im symbolischen Ausdruck kommt Seiendes zu sich selbst und so zur vollen Wirklichkeit. Die Sakramente lassen in diesem Sinne die Gnade als Gemeinschaft mit Gott und Gemeinschaft der Menschen untereinander zur vollen Wirklichkeit werden. Damit wird auch ihr Wirken neu gedeutet: „Die Gnade ereignet sich, indem sie sich verlautbart: gratia se significando se efficit" (Rahner LThK 9, 228).

278 1. *Der erste Satz,* den wir als Grundprinzip einer Ontologie^a des Symbols aufstellen, lautet: das Seiende ist von sich selbst her notwendig symbolisch, weil es sich notwendig „ausdrückt", um sein eigenes Wesen zu finden.

112

285 Das Symbol ist also nicht nur nicht ursprünglich anzusetzen als ein nachträgliches Verhältnis zwischen zwei verschiedenen Seienden, zwischen denen eine Verweisfunktion durch ein drittes oder durch einen eine gewisse Übereinkunft feststellenden Beobachter gestiftet wird; das Symbolische ist nicht nur in dem Sinn eine innere Eigentümlichkeit eines Seienden in sich, als dieses, um zu seinem eigenen Seinsvollzug zu kommen, das in der Einheit behaltene andere von sich setzt und dieses eine Übereinkunft mit der entspringenlassenden ursprünglichen Einheit hat und so deren Ausdruck ist. Das Seiende ist vielmehr in sich selbst auch darum „symbolisch", als der übereinkommende Ausdruck, den es behaltend als das andere setzt, die Weise ist, in der es sich selbst zu sich in Erkenntnis und Liebe vermittelt ist. Durch „Ausdruck" kommt das Seiende zu sich selbst, soweit es überhaupt zu sich selbst kommt. Der Ausdruck, also das „Symbol" (so verstanden, wie sich das Wort jetzt durch die vorausgehenden Überlegungen ergeben hat), ist die Weise der *Selbst*erkenntnis, der Selbstfindung überhaupt.

113

299 Die *Sakramentenlehre* ist der klassische Ort, in dem in der katholischen Theologie eine Theologie des Symbols überhaupt vorgetragen wird. Die Sakramente konkretisieren und aktualisieren die Symbolwirklichkeit der Kirche als des Ursakramentes auf das Leben des einzelnen hin und setzen schon darum, entsprechend dem Wesen dieser Kirche, eine Symbolwirklichkeit. Die Sakramente werden darum in der Theologie ausdrücklich als „heilige Zeichen" der Gnade Gottes angesprochen, also als „Symbole", welcher Ausdruck in diesem Zusammenhang auch ausdrücklich fällt.[1] Bekannt sind die Grundaxiome der Sakramentenlehre: Sacramenta efficiunt quod significant et significant quod efficiunt[b], Axiome, die, wenn sie ernst genommen werden, auf jenes gegenseitig tragende Verhältnis hinweisen, das in unserem Begriff des Symbols zwischen ihm und dem Symbolisierten obwaltet. In jüngster Zeit mehren sich dementsprechend auch die theologischen Versuche[2], die Symbolursächlichkeit der Sakramente zu verdeutlichen, d. h., man sucht zu zeigen, daß die Funktion der Ursache und die Funktion des Zeichens bei den Sakramenten nicht nur faktisch durch

ein äußerliches Dekret Gottes miteinander verknüpft sind, sondern einen innerlichen Zusammenhang aus dem Wesen der Sache (eben des richtig verstandenen Symbols) haben: *indem* die Gnadentat Gottes am Menschen sich (sich selbst inkarnierend) vollzieht, tritt sie als Sakrament in die raumzeitliche Geschichtlichkeit des Menschen ein, und *indem* sie das tut, wird sie am Menschen wirksam, setzt sie sich selbst. Sobald man nämlich die Sakramente sieht als Tat *Gottes* am Menschen (wenn auch durch denjenigen, der eben als „minister"[c] im Auftrag Gottes am Menschen handelt und der Tat am Menschen Leibhaftigkeit verleiht und sie so konkret anwesend und wirksam macht), fällt die Frage weg, wie das sakramentale Zeichen auf Gott „einwirke"[3], ist die Frage schon nicht mehr möglich, ob dieses Zeichen „physisch" oder „moralisch" die Gnade hervorbringe. Denn das Zeichen kann schon vom ersten Ansatz an nicht vom Bezeichneten getrennt gesehen werden, da es a priori[d] als „Realsymbol" erfaßt wird, das sich das Bezeichnete selbst erwirkt, um selbst real anwesend zu sein. Es kann vielmehr dann deutlich werden, daß das Sakrament gerade „Ursache" der Gnade ist, *insofern* es ihr „Zeichen" ist, und daß eben diese Gnade (als von Gott herkommend gesehene) Ursache des Zeichens ist, die dieses erwirkt und so sich selbst erst anwesend macht. So erhalten die alten Axiome ihren ganz prägnanten Sinn: sacramenta gratiam efficiunt, *quatenus* eam significant[e] (wobei diese significatio immer als Realsymbol im strengen Sinn zu verstehen ist). Und: sacramenta significant gratiam, quia eam efficiunt.[f] Mit einem Wort: die Gnade Gottes setzt sich in den Sakramenten wirksam gegenwärtig, indem sie ihren Ausdruck, ihre raumzeitlich geschichtliche Greifbarkeit, eben ihr Symbol schafft. Daß einer solchen Auffassung der Sakramente als Realsymbole ihre rechtlich gesetzte Struktur nicht entgegensteht, wurde der Sache nach schon gesagt, als derselbe Einwand bei der Frage nach der Kirche als Realsymbol der Gnade Gottes entkräftigt wurde.

[1] Vgl. z. B. CIC Decret. Gratiani III de consecratione II c. Sacrificium 32 (ed. Friedberg I, 1324).
[2] Vgl. bes.: H. Schillebeeckx, De sacramentale Heilseconomie (Antwerpen 1952); ders., Sakramente als Organe der Gottbegegnung, in: Fragen der Theologie heute (Einsiedeln 1957) 379–401. L. Monden, Symbooloorzakelijkheid als eigen Causaliteit van het Sacrament, in: Bijdragen 13 (1952) 277–285.
[3] Dort, wo man (aus an sich guten Gründen) eine „physische Ursächlichkeit" (instrumentaler Art) ablehnt, kommt man leicht in Verlegenheit: bei der üblichen Vorstellung des Verhältnisses von Zeichen und Gnade wird das Zeichen fast zwangsläufig zu einem „titulus iuris" auf Gnade *Gott* gegenüber und so

eben doch auf eine Art „Ursächlichkeit" des sakramentalen Tuns in Richtung auf Gott.
a Seinslehre.
b Die Sakramente wirken, was sie bezeichnen, und sie bezeichnen, was sie wirken.
c Diener, Sakramentenspender.
d von vornherein.
e Die Sakramente wirken Gnade, insofern sie sie bezeichnen.
f Die Sakramente bezeichnen die Gnade, weil sie sie wirken.

Was ist ein Sakrament? (1971)
114 Die Sakramente als Höchstform wirkenden Wortes

E. Jüngel/K. Rahner, Was ist ein Sakrament? Vorstöße zur Verständigung, Freiburg, Basel, Wien 1971, 79ff.

Auch zur Verhältnisbestimmung von Wort und Sakrament leistete Rahner einen entschiedenen Beitrag, der allerdings nicht unbestritten blieb: Die Sakramente sind die höchste Stufe des wirkenden Wortes.

Vom Wesen der Sakramente
Von den vorgetragenen Überlegungen über die Theologie des Wortes und über die Kirche als Sakrament des Heiles der Welt aus läßt sich nun wohl Verständnis für die Eigenart der Sakramente selbst gewinnen. Sie sind die höchste Stufe des exhibitiven[a] ereignishaften Gnadenwortes in der Kirche. Ein solches Wort kann (davon haben wir ja schon andeutungsweise gesprochen) als das Wort der Gnade an die Gemeinde als solche, also als die die Wirklichkeit des Heiles in der Gemeinde gegenwärtigsetzende Proklamation des Todes und der Auferstehung des Herrn gesprochen werden und heißt dann Eucharistie, Abendmahl. Dieses Wort kann in existentiell grundlegende Situationen des menschlichen Lebens von der Kirche und in der Kirche dem Einzelnen gesagt werden. Dann haben wir, ohne daß dies hier im einzelnen entfaltet werden soll, die übrigen Sakramente, die die katholische Kirche kennt, und zwar in einem Sinn, über den gleich noch unter dem Titel der Einsetzung der Sakramente durch Christus etwas gesagt werden soll. Ein solches Wort hat exhibitiven Charakter, ist jenes von Gott her reuelose Wort, das an sich wirksam ist, das die Erscheinung der von Gott her prädestinierenden[b], wirksamen Gnade ist, die siegreich der Welt gegeben ist und ihren Widerstand grundsätzlich überholt. Sie darf darum nur insofern als abweisbar bezeichnet werden, als ihre eschatologische Sieghaftigkeit von Gott her die Möglichkeit des lieblosen Unglaubens im *Einzelnen* nicht einfach undialektisch verneinen darf. Damit haben wir

auch schon gesagt, was in der Sakramententheologie die katholische Lehre vom Sakrament als opus operatum[c] bedeutet. Diese Lehre besagt, im Grunde genommen, gar nichts anderes als die siegreiche Kraft, die dem exhibitiven Glaubenswort von Gott her zukommt, das ja gerade im Wort des Sakramentes zu seiner eigentlichen Wesensfülle kommt.

[a] wirkend, verwirklichend.
[b] prädestinieren = vorherbestimmen.
[c] das gewirkte Werk, Wirkung der Sakramente kraft ihres Vollzugs.

Kirche und Sakramente (1960)

115 Einsetzung der Sakramente in der Einsetzung des Ursakraments Kirche

Kirche und Sakramente QD 10, Freiburg, Basel, Wien 1960, 37 f.

Auch zur Frage der Einsetzung der Sakramente durch Jesus Christus machte Rahner einen in der Folge vieldiskutierten Vorschlag: Wenn die Sakramente Aktualisierungen des Ursakramentes Kirche in menschliche Grundsituationen hinein darstellen, dann können sie eingeschlossen in dieses Ursakrament eingesetzt sein, ohne daß für jedes einzelne der sieben Sakramente ein eigener Einsetzungsakt notwendig wäre.

37 e) Die Einsetzung der Sakramente durch Christus
Vom Ansatz bei der Kirche als Ursakrament aus könnte man (und das wäre für eine weniger gequälte Apologetik[a] dogmengeschichtlicher Art hinsichtlich der Einsetzung aller Sakramente durch Christus selbst wichtig) sehen, daß die Existenz wirklicher Sakramente im schärfsten und traditionellsten Sinn gar nicht notwendig und in jedem Fall gründen muß auf einem bestimmten (greifbaren oder präsumierten[b]) Wort, in dem der historische Jesus explizit von einem bestimmten Sakrament spricht. Ein wirklich zum Wesen der Kirche als der geschichtlichen, eschatologischen Heilspräsenz gehörender Grundakt der Kirche auf den einzelnen in seinen entschei-

38 denden Situationen hin *ist* eo ipso ein Sakrament auch dann, wenn die Reflexion auf diese seine aus dem Wesen der Kirche erfließende sakramentale Eigentümlichkeit erst spät erfolgt sein sollte. Die Einsetzung eines Sakramentes kann (was natürlich nicht heißt: muß immer) auch einfach dadurch erfolgen, daß Christus die Kirche gestiftet hat mit ihrem Charakter als Ursakrament. Daraus ersieht man dann auch, daß der richtig verstandene Traktat „De sacramentis in genere"[c] nicht eine abstrakte Formalisierung des Wesens der einzelnen Sakramente ist, sondern ein Stück des Kirchentrakta-

tes, der der Lehre von den einzelnen Sakramenten wirklich vorausgeht und ihnen nicht als eine nachträgliche Verallgemeinerung nachfolgt, weil nur vom Traktat über das Ursakrament her die Sakramentalität mancher Sakramente überhaupt erkennbar ist.
Man muß sich, um die Tragweite und Bedeutung des damit zunächst nur kurz zusammenfassend Angedeuteten klarzumachen, die Frage stellen, wie man die Sakramentalität, d. h. hier die Gestiftetheit von Ehe, Priesterweihe, Krankensalbung und Firmung durch Christus selbst (die Dogma ist: D 844[d]), in einer historisch glaubwürdigen Weise dartun kann.

[a] Verteidigung.
[b] vorausgesetzt.
[c] Allgemeine Sakramentenlehre.
[d] DS 1601.

Edward Schillebeeckx (geb. 1914)
Christus Sakrament der Gottbegegnung (deutsch 1960)

116 Die Sakramente als kirchliche Manifestation der göttlichen Menschenliebe Christi (Gnadengabe) und der menschlichen Gottesliebe Christi (Kult)

Deutsche Übersetzung Mainz 1960, 73; 84; 89 ff.

Schillebeeckx, Professor für Dogmatik bzw. Systematische Theologie in Löwen und in Nimwegen, sieht Christus als das „Sakrament Gottes" bzw. der personalen „Begegnung mit Gott", die Kirche als „Sakrament des himmlischen Christus". In diesem Zusammenhang werden die Sakramente „als kirchliche Mysterienfeier der Lebensmysterien Christi" verstanden, in welche die Gläubigen im Symbolgeschehen einbezogen sind. Der Symbol- wie der personale Begegnungscharakter und die ekklesialkommunitäre Bedeutung der Sakramente kommen dabei gleichermaßen zur Geltung. Die Sakramente stellen sich als Dialog zwischen Gott und Mensch bzw. der Kirche dar, ihre Wirkung wird als innere Einladung an die menschliche Freiheit verstanden.

73 Daß die Kirche in ihren Sakramenten die Fortsetzung des *irdischen* Lebens Christi ist, erweist sich ... als ein elliptischer oder unvollständiger Ausdruck. Gewiß, die Kirche setzt in ihrer Sichtbarkeit die Funktion der irdischen Sichtbarkeit Christi fort. Doch das *Passah*[a] brachte eine Akzentverschiebung: Der Christus ist lebendig, jetzt in diesem Augenblick. Sein verherrlichter Leib erfüllt weiter die Funktion, die er im irdischen Leben Christi hatte. Aber weil dieses Zeichen der lebenweckenden Heilstat Jesu für uns unsichtbar geworden ist, wird „dieser Leib des Herrn" in irdischer sicht-

barer Gestalt fortgesetzt: in der sakramentalen Kirche. In diesem Sinne ist die irdische Kirche zuerst eine Fortführung des *himmlischen* Christus, und gerade *deshalb* setzt sie die *Funktion* des *irdischen* Leibes Jesu fort ...
Gerade wegen dieses Bewußtseins der Gegenwart des lebendigen Christus verlangten die ersten Christen nach der *vollen* Gegenwart Christi oder nach der Parusie. „Christus ist der Herr, der zur Rechten Gottes sitzt" ist das Grund-Credo, aus dem heraus sie sowohl die Vergangenheit als auch die Zukunft der Parusie bekannten. Dies alles finden wir in den Sakramenten wieder!

117
84 *4. Die kirchliche Sichtbarkeit der Gnade: „Die Sakramente schenken die Gnade, die sie bezeichnen"*
89 ... Erst wenn die Liebe eines Menschen sich in einer ausdrucksvollen, einladenden Gebärde ausdrückt, durch die es mir möglich wird, in diese Liebe einzutreten, stehe ich in einer persönlichen Konfrontierung mit dieser auf mich gerichteten Liebe. Das Blumenbukett, das ich mittels einer Agentur befreundeten Menschen, die im Ausland Hochzeit feiern, überbringen lasse, ist für sie die konkrete Gegenwart meiner Liebe und Freundschaft. Es ist die Wiedergabe meiner Liebe, eine Liebe in sichtbarer Erscheinungsform. So, aber in einem unendlich stärkeren Maße, ist es bei den Sakramenten. Denn der Liebeserweis, den Christus uns gibt, wird nicht *verdinglicht.* Es ist nicht nur ein Hinweis auf eine abwesende Liebe, die dann doch in diesem Hinweis und durch diesen Hinweis in etwa anwesend würde. Dieser sakramentale Liebeserweis bildet eine lebendige Einheit mit dem himmlischen menschlichen Heilswillen Christi, der, weil er eine persönliche Tat Gottes des Sohnes ist – wenn auch in einer menschlichen Formgebung –, Zeit und Raum übersteigt und sich deshalb, im buchstäblichen Sinne des Wortes, wie die Seele im Leib, im äußeren Ritus inkarniert.

118 Daraus wird die Einheit des sakramentalen *Zeichen-Seins* und der sakramentalen *Gnadenschenkung* ersichtlich. In der menschlichen Begegnung ist der sichtbare Ausdruck der Liebe eine Werbung und ein Angebot, nicht das Verursachen einer
90 physischen Wirklichkeit. Die Liebe wird frei gegeben und muß frei entgegengenommen werden. Deshalb ist die ausdrucksvolle Liebesgebärde werbend, einladend: Angebot. Diese Liebesgebärde hat eine gewisse *Wirkung.* Sie ist nicht ein bloßes Zeichen der Liebe, sie ist ein überrumpelndes Zeichen. Der kräftige Händedruck ruft wie von selbst den Gegendruck hervor. Innerhalb der

Grenzen des beschränkten Einflusses eines Menschen auf einen Mitmenschen ist die ausdrucksvolle Liebesgebärde ein „signum efficax", ein Zeichen, das *bewirkt,* was es *bezeichnet.*

119 Christus ist nun wirklich Mensch. Während seines Lebens auf Erden drückte seine Heilsliebe sich in der Dimension menschlicher Ausdruckshandlungen aus. Christus bleibt Mensch, auch jetzt im Himmel. Sein Heilswille tritt uns in einer ausdrucksvollen persönlichen Gebärde entgegen, wenn auch jetzt durch die Vermittlung seines mystischen Leibes auf Erden. Der anthropologische Sinn der Wirksamkeit der ausdrucksvollen Liebesgebärde bleibt hier in Kraft. Er erfährt nur eine unerwartete Vertiefung durch die Tatsache, daß derjenige, der diese Liebesgebärde macht, Gott selbst ist, der Sohn, wenn auch in einer menschlichen Formgebung. Wo die menschliche einladende Liebesgebärde, die an uns gerichtet wird, an der Relativität und Ohnmacht der nur oberflächlichen personalen Beeinflussung partizipiert und ohnmächtig *vor* dem Kern unserer persönlichen Freiheit stehenbleibt, tritt die menschliche Liebesgebärde Christi, gerade weil diese menschliche Tat persönlich eine Tat des Gottessohnes ist, in den innersten Kern unserer Freiheit, die sich ihr öffnet. Seine menschliche Liebesgebärde vermag die Liebesantwort tatsächlich zu bewirken. Der Charakter der Einladung, die die Freiheit nicht zwingen will, bleibt bestehen. Aber es ist, wenn auch in einer menschlichen Formgebung, eine *göttliche* Einladung, die in dem Menschen guten Willens unfehlbar ankommt. Die Begegnung ist so im ganzen das Werk der Gnade, und doch schließt sie die persönliche Antwort des Menschen in sich, die selbst Gnade ist. Es geht um

91 eine Begegnung, die alle menschlichen Kräfte übersteigt; um eine Begegnung, die nicht einmal möglich wäre, wenn der uns entgegentretende Gott uns nicht von innen her auf eine höhere ontologische[c] Ebene emporhöbe. Denn gerade weil die ausdrucksvolle Liebesgebärde Christi in uns die Gegenantwort weckt, bewirkt sie zugleich den Seinsgrund, von dem aus wir, obwohl wir Menschen bleiben, doch den theologalen Akt der Gottbegegnung in gläubiger und liebender Hingabe vollziehen können. Wenn wir bedenken, was ein menschlicher Blick, ein menschliches Lächeln in unserem Leben alles vermag, wie es uns umzaubern kann zu Menschen, die aus der Gabe der Liebe, die uns in dieser Liebesgebärde überkam, ein neues Leben beginnen können und Kräfte zu haben scheinen, die wir früher nie besaßen, so begreifen wir, wie ein Lächeln Gottes auf dem Antlitz des Menschen Jesus, wie der Blick

des Gottmenschen, auf uns gerichtet, unser Leben verändern kann. Das sind die Sakramente: Ein Liebesausdruck des Gottmenschen mit all seinen Folgen!

1 In ad Eph 4, lect. 2.
a das Ostergeschehen.
b seinsmäßig.

Gerhard Ebeling (geb. 1912)
Erwägungen zum evangelischen Sakramentsverständnis (1964)

120 Sakramentsgeschehen als besondere Weise des Wortgeschehens

In: G. Ebeling, Wort Gottes und Tradition, Göttingen 1964, 217 f.; 225 f.

Profilierter Zeuge einer – ansonsten eher raren – Sakramententheologie aus dem Geist der Reformation ist Gerhard Ebeling, Prof. für Fundamentaltheologie und Hermeneutik in Tübingen und Zürich. Für ihn sind die Sakramente Weisen des Wortgeschehens von besonderer Situationsbezogenheit und Ereignishaftigkeit. Dieser Ansatz findet auch in der katholischen Sakramententheologie Resonanz.

217 Daß gerade im Ernstnehmen des solo verbo – sola fide[a] für das Verständnis der Sakramente der Ansatzpunkt liegen soll, der deren Besonderheit zur Geltung bringt, erscheint überraschend. Doch wenn das Sakramentsgeschehen weder als symbolistischer Ersatz für das Wortgeschehen noch als angebliche Überbietung des Wortgeschehens, sondern selbst als Wortgeschehen im strengen Sinn verstanden wird, dann ergibt sich eine klare Wegweisung, wie die Besonderheit der Sakramente zu bestimmen ist. Das Besondere der Sakramente kann dann nicht im Ausbrechen aus dem bloßen Wortgeschehen bestehen, sondern muß gerade in der Weise seinen Grund haben, *wie* das Sakramentsgeschehen Wortgeschehen ist. Die Sakramente können dann nichts aufweisen, was in theologischer Hinsicht belangvoll und nicht eben in dem Wortgesche-

218 hen des Evangeliums selbst schon impliziert wäre. Von allem, was als Besonderheit des Sakraments namhaft gemacht werden könnte, gälte dann sofort die Einschränkung, daß dieses an sich auch in jeder Art mündlicher Verkündigung des Evangeliums mit enthalten ist. Und doch vollzieht sich dadurch durchaus nicht eine völlige Einebnung der Sakramente, bei der sie des Spezifischen beraubt werden. Denn was in dem Wortgeschehen als solchem beschlossen liegt, das wird in bestimmter Hinsicht durch die Sakramente

mit so starker Akzentuierung hervorgehoben, wie das durch das bloße mündliche Wort im allgemeinen nicht geschehen kann. Daß also das Sakrament nach verschiedenen Seiten hin in einzigartiger Weise unterstreicht, was zum Wesen des Evangeliums als Wortgeschehen gehört, gibt den entscheidenden Anhaltspunkt, wie die Besonderheit des Sakraments zu bestimmen ist, nicht nur unbeschadet des reformatorischen solo verbo – sola fide, sondern gerade von ihm her, als dessen Explikation.

121

1. Den Sakramenten ist eigentümlich, daß sie die Grundsituation, aus der das Evangelium entsprungen ist, mit geradezu penetranter Nachdrücklichkeit betonen. Es ist eine kurzschlüssige Fixierung der *christologischen* Verankerung der Sakramente, wenn man meint, sie auf eine ausdrückliche Einsetzung durch Jesus zurückführen zu müssen. Daß Jesus der Grund der Kirche ist, steht und fällt nicht etwa damit, daß Jesus die Kirche in einem ausdrücklichen Akt gegründet hat. Das Gegründetsein der Kirche in Jesus ist vielmehr von dem her zu verstehen, was in ihm als Person zur Sprache gekommen ist, und zwar zum Weitersagen bevollmächtigend zur Sprache gekommen ist. Nicht eine Willensäußerung Jesu, sondern Jesus selbst, der Gekreuzigte und Auferstandene, ist Grund der Kirche. Entsprechend ist es auch mit den Sakramenten. Sie kommen in der Weise von Jesus her, daß sie ihn selbst als summa et compendium Evangelii[b] bezeugen. Darum sind allein Taufe und Abendmahl Sakramente, weil allein sie in Betracht kommen als Bezeugung der Grundsituationen der Erscheinung Jesu selbst, dessen Weg mit der Taufe beginnt und in der Hingabe seines Leibes und Blutes pro nobis[c] sich vollendet. Entsprechend unterstreichen die Sakramente in ihrer Hauptdifferenz untereinander, nämlich in Hinsicht auf den Zeitfaktor, daß die Situation des Weges Jesu als die Ursprungssituation des Evangeliums einerseits eine schlechterdings einmalige ist, anderseits sich öffnet zu jederzeitiger Wiederholung.

122

2. Mit dieser christologischen Relation der Sakramente kommt ihre *soteriologische* Relevanz[d] überein. Sie sind bezogen auf die Grundsituationen des Menschen: sein Bestimmtsein durch Geburt und Tod, und zwar in deren eigentümlicher Dialektik, daß das Zum-Leben-Kommen der Beginn des Sterbens und allein das Sterben der Eingang ins Leben ist; sowie das Ernährtwerden von Tag zu Tag in der peregrinatio[e] des

226 Daseins als homo viator.ᶠ Nur blasse Abstraktion kann daraus eine individualistische Ausrichtung der Sakramente herleiten. Die Zeitlichkeit des Zwischenseins zwischen Geburt und Tod, zwischen Sterben und Leben ist die Signatur der Welt und ist nur recht bedacht in einer Spannweite, welche Schöpfung und Eschatologie mit einbezieht. Hier hat die vielberufene Leiblichkeit der Sakramente zusammen mit deren eschatologischem Bezug ihre Wahrheit. Die Sakramente betonen so nachdrücklich wie nur möglich, daß das Evangelium uns in unserm leiblichen, geschichtlichen Dasein eschatologisch angehendes Wort ist, d. h. unsere Weltsituation zur eschatologischen macht, als eschatologische offenbart.

123 3. Und endlich deckt sich diese soteriologische Relation der Sakramente mit ihrer *ekklesiologischen* Relevanz.ᵍ Sie lassen in Erscheinung treten, was im Wortgeschehen immer schon geschieht, was aber erst durch die Sakramente unübersehbar situationsbestimmend wird. Wer vom Wort Gottes getroffen ist, durch das Wort Gottes in Anspruch genommen ist, ist ein für alle Mal gezeichnet, ist in Christus eingeleibt, auch wenn er zu einem abgetrennten, toten Glied werden sollte. Aber das ist die Situation unter dem Evangelium, daß der Getaufte sein Leben lang sich das durch die Taufe ein für alle Mal bezeugte Erwähltsein als Glied am Leib Christi verheißungsvoll gesagt sein lassen darf. Und gleichfalls ist das die Situation unter dem Evangelium, daß die Freude an dem Jesus pro nobis nicht einsam macht, sondern ein Mahl der Gemeinschaft, Gemeinschaft im Empfangen, Gemeinschaft in der Danksagung, der Eucharistie ist.

124 Das sind keimhafte Hinweise auf eine Sakramentslehre, die konstitutiv wird für die Ekklesiologie, nicht in Konkurrenz zum Verständnis der Kirche als vollmächtigen Wortgeschehens, sondern als Explikation dieses Ansatzes.

ᵃ allein durch das Wort – allein durch den Glauben.
ᵇ die Summe und Kurzzusammenfassung des Evangeliums.
ᶜ für uns.
ᵈ Erlösungsbedeutsamkeit.
ᵉ Pilgerschaft.
ᶠ der Mensch auf Wanderschaft, unterwegs.
ᵍ Bedeutsamkeit für die Lehre von der Kirche.

Joseph Ratzinger (geb. 1927)
Zum Begriff des Sakramentes (1979)

125 Heil durch Christus in Symbolen der Schöpfung

Eichstätter Hochschulreden 15, München 1979, 3; 17 f. – vgl. auch: J. Ratzinger, Die sakramentale Begründung christlicher Existenz, Meitingen 1966.

Ratzinger (Prof. für Dogmatik in Bonn, Münster, Tübingen und Regensburg, Erzbischof von München, seit 1981 Präfekt der röm. Glaubenskongregation) zeigt neu, wie im symbolischen Geschehen der Sakramente, die zugleich den Charakter des Festes haben, Schöpfung und die Dimensionen der Geschichte versammelt, auf Christus hin gedeutet und von Christus her ins Heil gebracht werden.

3 Der Begriff Sakrament ist zwar auch heute noch für den Christen durchaus geläufig; er begegnet im christlichen Leben immerfort. Aber von dem Lebensgefühl und der Bewußtseinslage des heutigen Menschen ist er dabei doch sehr weit entfernt. Sakrament erscheint ihm als etwas Fremdartiges, das er geneigt ist, in das magische oder mythische Alter der Menschheit zurückzustufen; in einer rationalen und technischen Welt ist sein Ort nicht recht auszumachen. Wir stehen also vor dem Dilemma, daß diese Wirklichkeit zentral für das christliche, aber marginal für das normale Bewußtsein des heutigen Alltags ist, womit exemplarisch an dieser Sache der Bruch im christlichen Bewußtsein von heute sichtbar wird. Wenn wir unter diesen Bedingungen versuchen wollen, den Begriff des Sakraments neu zu gewinnen, legt es sich nahe, vorab zu erfragen, welche gemeinsamen menschlichen Voraussetzungen und Verstehensbezüge es in sich enthält, um von daher dann dieses spezifisch-Christliche erreichen zu können.

126 Tun wir dies, so stoßen wir auf ein Zweifaches. Zum einen treffen wir auf eine Grundform menschlicher Verständigung und menschlicher Kommunikation, die im Sakrament ihre christliche Ausprägung gefunden hat: auf das Symbol. Um das Wesen des Sakraments zu verstehen, seine bleibende Gültigkeit und seine Weise, wie es Wirklichkeit erschließt, müßte man also nachfragen, was ein Symbol ist, auf welche Weise es Gemeinschaft untereinander und Gemeinschaft im gemeinsamen Vernehmen der Wirklichkeit stiften kann; inwiefern es überhaupt eine Möglichkeit ist, Zugang zur Realität zu gewinnen.

Wenn man dies tut, ergibt sich ein zweiter Schritt von selbst. Wer das Wesen und das „Funktionieren" von Symbolen untersucht, stößt notwendig auf ihren Lebensraum, in dem dieses menschliche

Urphänomen konkret zu Hause ist. Denn Symbole stehen nicht einfach in sich selbst, sozusagen zu beliebigem Gebrauch abrufbar; sie ereignen sich und sie sind nur wirksam in der von der Vollmacht der Gemeinschaft getragenen Ereignung, die der einzelne nicht einfach selbst herbeiführen kann. Diese gemeinschaftliche Ereignung ist das Fest. Das Fest ist als ein Geschehen besonderer Art der Raum, der das Symbol trägt und lebendig werden läßt; beides zusammen bildet den menschlichen Horizont, in dem das Sakrament zu verstehen ist. Auch das christliche Sakrament ist seinem Wesen nach Symbol-Ereignis.

17 Zu welchen Ergebnissen haben uns nun unsere Überlegungen geführt? Ich versuche, sie in vier Punkten zusammenzufassen.
1. Das Verständnis der Sakramente setzt ein bestimmtes Verhältnis zur Schrift voraus. Es setzt voraus, daß wir wieder lernen, die Schrift nicht nur nach rückwärts zu lesen, um sie nach rückwärts auf ihr jeweils ältestes Stadium zu fixieren – das ist ein Vorgang, der wichtig ist –, sondern daß wir zugleich lernen, sie nach vorwärts zu lesen, von der Dimension der Zukunft her auf ihre Ganzheit und Einheit hin, in der Differenz und Einheit von Verheißung und Erfüllung. Ich glaube, daß hier letzten Endes der Entscheid darüber fällt, ob katholische Theologie möglich ist, die auf dem Gedanken der Einheit der Schrift beruht.
2. Das Verständnis der Sakramente setzt deshalb die geschichtliche Kontinuität von Gottes Handeln und als ihren konkreten Ort die lebendige Gemeinschaft der Kirche voraus, die das Sakrament in den Sakramenten ist. Das heißt: Das biblische Wort kann nur dann tragen und Gegenwart geben, wenn es nicht nur Wort ist, sondern ein lebendiges Subjekt hat; wenn es einem Lebenszusammenhang zugehört, der von ihm bestimmt wird und den es selbst wiederum trägt.
18 3. Sakramente sind gottesdienstliche Vollzüge der Kirche, in denen die Kirche als Kirche engagiert ist, das heißt in denen sie nicht nur als ein Verein handelt, sondern tätig wird auf Grund dessen, was sie nicht selbst gemacht hat und worin sie mehr gibt, als sie selbst geben kann: Einbeziehung des Menschen in die Gabe, die sie selber empfängt. Dies bedeutet, daß im Sakrament das ganze Kontinuum der Geschichte gegenwärtig ist: Vergangenheit, Gegenwart und Zukunft. Es muß als Memoria in die Wurzeln der gesamtmenschlichen Geschichte hinabreichen, so den Menschen in seiner Gegenwart treffen und ihm ein Präsens, eine Gegenwart

des Heils geben, deren Wesen es ist, daß sie Zukunft eröffnet über den Tod hinaus.

4. So sind die Sakramente das christlich Neue und das uralt Menschliche zugleich, Neuheit des Christlichen und Einheit des Menschlichen widersprechen sich nicht. In Jesus Christus ist die Schöpfung aufgenommen und gereinigt, und gerade so erweist er sich als der, der dem Menschen Antwort gibt und ihm Heil ist. Die Symbole der Schöpfung sind Verweise auf Christus, und Christus ist die Erfüllung nicht nur der Geschichte, sondern auch der Schöpfung: In ihm, dem „Mysterium" Gottes kommt alles zu seiner Einheit.

Walter Kasper (geb. 1933)
Wort und Sakrament (1968)

128 Die Sakramente als wirksame Proklamation der Gottesherrschaft an den Knotenpunkten menschlichen Lebens

In: W. Kasper, Glaube und Geschichte, Mainz 1970, 299; 302.

Im Rahmen einer Neubestimmung des Verhältnisses von Wort und Sakrament wird von Kasper (Prof. für Dogmatik in Münster und Tübingen, seit 1989 Bischof von Stuttgart-Rottenburg) auch das Proprium der Sakramente in profilierter Weise neu umschrieben: „Das Sakrament greift die menschlichen Ursituationen auf und macht sie durch das Wort zu Heilssituationen."

299 *2. Anthropologische Grundlegung*[1]

Jesus Christus ist „unvermischt und ungetrennt" eingegangen in die Situation des Menschseins. Er war wahrer Mensch, uns in allem gleich, die Sünde allein ausgenommen (Hebr 4,15). Dadurch hat er all das aufgegriffen, was der menschlichen Situation von Natur aus an Zeichenhaftigkeit und Worthaftigkeit eignet. Er hat die Wortbestimmtheit und Zeichenhaftigkeit, die zum Menschsein als solchem gehört, darüber hinaus zum Heilswort und Heilszeichen Gottes für die Menschen bestimmt.

Diese These geht davon aus, daß Wort und Zeichen ursprünglich zum Menschen gehören. Unter Symbolen versteht sie aber primär nicht objektive äußere Gegenstände, wie Wasser, Brot, Wein, Öl, die über ihre alltägliche Bedeutung hinaus noch auf einen tieferen Sinn verweisen. Symbol wird hier vielmehr verstanden als die entscheidenden und grundlegenden Situationen des Menschseins selbst. Dieses Verständnis ist der traditionellen Sakramentenlehre gar nicht so fremd, wie es zunächst scheinen könnte. Auch hier werden ja Brot, Wasser, Wein usw. nur als materia remota[a] der

Sakramente gewertet, während die materia proxima^b im Usus^c dieser Dinge, im Vollzug der Zeichenhandlung selbst besteht. Das eigentliche und nähere sakramentale Zeichen besteht also auch hier in einem zwischenmenschlichen Geschehen, in dem urmenschliche soziale Symbolhandlungen wie Handauflegung, Mahlgemeinschaft, Initiationsriten und das eheliche Treueversprechen aufgegriffen werden. Das sakramentale Zeichen besteht also in einer durch einen gemeinschaftlichen Vollzug symbolhaft dargestellten menschlichen und sozialen Ursituation ...

129

302 Wir sehen also, daß die Einheit von Wort und sakramentalem Symbol ein solides anthropologisches Fundament besitzt. Sie ist nicht willkürlich von Christus gestiftet, sondern sie stellt eine Wesensstruktur der Wirklichkeit dar, die Jesus Christus „unvermischt und ungetrennt" angenommen hat. Indem er freilich in diese Situation eingegangen ist, hat er sie auch neu qualifiziert. Das Unbestimmte, Offene, Ambivalente und Vieldeutige, das zur menschlichen Situation gehört, ist nun eindeutig und konkret bestimmt und erfüllt worden. Im Sakrament verweist die menschliche Situation nicht mehr nur unbestimmt auf eine leere, ungewisse und unpersönliche Transzendenz, sondern konkret auf Gottes Liebe. Sie verweist darauf nicht nur, sondern wird zum Anwesen dieser schöpferischen Liebe selbst, von der sie sich getragen und gegründet weiß. Das Zerfließende, Vergehende und Flüchtige der menschlichen Situation ist nun erfüllt mit Gottes Gegenwart. Dies geschieht jeweils dort, wo die menschliche Situation vollmächtig als von Gottes Liebe und Treue erfüllt ausgerufen wird, wo sie also eingefügt wird in die mit Jesus Christus eröffnete Geschichte. Durch Jesus Christus können menschliche Ursituationen eindeutig zum Kairos^d, zur Gnadenstunde Gottes für den Menschen werden.

130 Wir können unsere christologische und anthropologische Begründung nunmehr zusammenfassen. Ohne Anspruch auf eine umfassende und zufriedenstellende Definition im schulmäßigen Sinn zu erheben, können wir sagen: Das Wort ist anthropologisch Situationsbestimmung; christologisch gesehen bringt es die neue durch Jesus Christus heraufgeführte und durch seine Auferstehung endgültig gewordene Situation zur Sprache, indem es die Herrschaft Gottes im Heute ansagt, zuspricht und damit Ruf zur Entscheidung wird. Dieser schon dem Wort inhärente^e Situationsbezug verdichtet sich gleichsam in der sakramentalen Handlung. Das Sakrament greift die menschlichen Ursituationen auf und macht sie

durch das Wort zu Heilssituationen, zu Gnadenzeiten und zu Gnadenzeichen Gottes für den Menschen.

[1] E. Schillebeeckx, *Christus, Sakrament der Gottbegegnung*, 17−56; J. Ratzinger, *Die sakramentale Begründung christlicher Existenz*, Meitingen o. J., 7 bis 13; O. Semmelroth, *Eucharistische Wandlung*, in: *GuL* 40 (1967) 93−106.
[a] Materie im entfernteren Sinne.
[b] Materie im unmittelbaren Sinne.
[c] Gebrauch, Anwendung.
[d] der rechte Augenblick, die rechte Stunde.
[e] innewohnend.

Yves Congar (geb. 1904)
Die Idee der Sacramenta maiora (1968)

131 Von der hierarchischen Ordnung der Sakramente

In: Concilium 4. Jg. (1968) H. 1, 10−13 (übersetzt von Karlhermann Bergner).

Daß nicht alle sieben Sakramente im Leben der Kirche und des einzelnen Christen die gleiche Bedeutung haben, ist ein fest in der Tradition verwurzelter Gedanke, der auch ökumenisch von Gewicht ist: Taufe und Eucharistie stellen die Hauptsakramente dar (sacramenta maiora), denen die übrigen „kleineren" Sakramente (sacramenta minora, Situationssakramente) organisch zugeordnet sind. Congar (Prof. an der Dominikanerhochschule von Le Saulchoir, Dogmatiker) verhilft dieser Idee, die in der Auseinandersetzung mit der Reformation zurückgedrängt worden war, neu zum Durchbruch. Er nennt ihre Gründe:

a) Von der Quelle der Sakramente her
Ganz offenbar genießen Taufe und Eucharistie einen besonderen Vorrang, da ihre Einsetzung und Praxis einer durch die Schrift bestätigten formalen Willensäußerung Christi entsprechen. Der Herr selbst hat ihre Materie und Form, ja in den Grundzügen sogar den Ritus ihres Vollzuges bestimmt. Ohne sie selbst im eigentlichen Sinne gespendet zu haben, hat er unmittelbar ihre Elemente geheiligt − sei es durch seine eigene Taufe (Mt 3,13−17; Mk 1,9−11; Lk 3,21−22) − sei es, indem er das Paschamahl mit den Aposteln genoß[1] und in dieses Mahl das neue Zeichen von Brot und Wein einfügte (Mt 26,26−28; Mk 14,22−24; Lk 22, 19−20; 1 Kor 11,23−25). Die beiden Sakramente haben auf diese Weise eine Sonderstellung unter dem Gesichtspunkt der Einsetzung durch den Herrn: Diese Einsetzung ist unmittelbarer, ausdrücklicher und formeller als die der übrigen Sakramente.

[1] Lk 22,15−16; siehe den Kommentar von Bossuet, Méditations sur l'Evangile: La Cène, Ière partie, XVIIIe jour.

132 Vielleicht aber auch, weil ihre Beziehung zu der Tat, durch die Christus uns das Heil erworben hat, substantieller ist. Natürlich beziehen sich alle Sakramente auf das Pascha des Herrn, seinen Tod und seine Auferstehung[1], und zwar alle in gleicher Weise und absolut, soweit es sich um die Quelle und ihre Wirksamkeit handelt, aber in mehr partieller Form, was ihren Inhalt und die Wirksamkeit ihres Zeichens anbetrifft, das heißt unter einem gewissen Aspekt oder in einer weniger direkten Form bei den fünf übrigen. Die Taufe und Eucharistie dagegen sind schon in ihrer sakramentalen Struktur die wirksamen Zeichen des Pascha: vgl. Röm 6, 1–11; Kol 2,11–13 – was die Taufe anbetrifft; Mt 26,26–28; Lk 22,19–20; 1 Kor 11,23–26 – was die Eucharistie angeht ...

Es ist offenbar, daß die Sakramente, die durch ihre zeichenhafte Bedeutung und damit durch ihren eigentümlichen Gehalt sich unmittelbar und im vollsten Sinne auf das Pascha Christi beziehen, dessen Wirklichkeit sie irgendwie „erneuern", in dem sakramentalen Organismus einen besonderen und hervorragenden Platz einnehmen.

[1] Thomas von Aquin, S. Th. III, q. 49, a. 1; q. 62, a. 5, ad 1 und 2; Const. dogm. Lumen gentium, Nr. 7, 2.

133 *b) Von der sakramentalen Wirkung her*
Daher erinnern auch mehrere der oben zitierten Aussagen an das johanneische Symbol des aus Christi Seite strömenden Wassers und Blutes. Erster Zeuge für dieses Motiv ist unseres Wissens Tertullian. Für die Folgezeit aber ließen sich rascher die christlichen Autoren aus Ost und West aufzählen, bei denen das Thema nicht anklingt, als die, bei denen es zu finden ist.[1] Fast immer tritt es in Verbindung mit dem Thema: Christus als neuer Adam auf, der sich mit der Kirche als der neuen Eva verbindet, die aus der Seite des schlafenden Christus hervorgeht.[2] Das veranlaßt uns zur Betrachtung des besonderen Verhältnisses zur Kirche, das die Taufe und Eucharistie den übrigen Sakramenten gegenüber haben.
Diese beiden Sakramente müssen als praecipua, principalia, potiora (bedeutender, hauptsächlich, höheren Ranges) bezeichnet werden, auch aufgrund der Stellung, die sie im Aufbau der Kirche haben ...

[1] Eine gelehrte und anregende Darstellung des Themas in S. Tromp, De nativitate Ecclesiae ex corde Iesu in cruce: Gregorianum 13 (1932) 489–527. Siehe besonders S. Augustinus, In Ioan. Ev. tr. XV, 8: PL 35, 1517; ferner seinen Zeitgenossen Quodvultdeus: „Percussum est latus eius, ut Evangelium

loquitur, et statim manavit sanguis et aqua, quae sunt Ecclesiae gemina sacramenta – Wie das Evangelium berichtet, ist seine Seite durchbohrt worden, und sogleich strömten Blut und Wasser hervor, die die Zwillingssakramente der Kirche bilden", De Symb. ad Catech. 15: PL 40, 645; vgl. S. Joannes Chrysostomus, In Ev. Ioan, hom. 85, 3: PG 59, 463; Theophylactus, In Ioan. c. 19. PG 124, 281. Doch könnte man die Anzahl der Belegstellen noch ungeheuer erweitern. Es handelt sich um eine traditionelle Interpretation; ein Exeget wie F. M. Braun erblickt im Blut und Wasser nicht Eucharistie und Taufe, sondern das Leiden und den Geist (vgl. RThom 1949, 17f.).
2 Zahllose Texte. Anschauliche Darstellungen: vgl. E. Guldan, Eva und Maria (1966); für die Kirche als Braut und Königin, die das Blut und Wasser in einem Kelch auffängt, A. Oepke, Das neue Gottesvolk ... (Gütersloh 1950) 307–310.

134 Wenn man jedoch betrachtet, daß die Taufe der Tradition und Wirklichkeit nach „das Sakrament des Glaubens" ist, daß die Eucharistie – nicht die Taufe – den Namen „Leib Christi" trägt, daß sie das Mysterium Christi selbst enthält und nicht allein seine Kraft und Auswirkung, und daß sie offenbar in einem engeren Verhältnis als die Taufe zum Leib des Herrn steht, wird man zweifellos bereit sein, in der Taufe das Sakrament zu erblicken, das die Menschen zur Kirche, das heißt zum neuen Gottesvolk, macht, und in der Eucharistie das Sakrament, das vollends aus diesem Volke, dieser „Gemeinde der Gläubigen", den Leib Christi macht. In diesem Sinne äußern sich auch die Dogmatische Konstitution Lumen Gentium (Nr. 17) und das Dekret Presbyterorum Ordinis (Nr. 2 und 5) des Zweiten Vatikanums.

135 Das Konzil hat aber auch die Bezeichnung der Kirche als „universales Sakrament des Heiles"[1] bestätigt. Hier liegt, zusammen mit der Idee des Volkes Gottes, eine der kostbarsten ekklesiologischen Errungenschaften des Zweiten Vatikanums. Das Thema war in der katholischen Theologie bereits seit etwa zehn Jahren entwickelt worden.[2] Es aktualisiert offensichtlich die klassischen Aussagen der Sakramentenlehre, greift sie aber in heilsgeschichtlicher Perspektive wieder auf, wie sie Paulus im Epheserbrief unter der Bezeichnung Plan Gottes und „Mysterium" entwickelt. Aus dieser Perspektive betrachtet, erhält der Sakramentsbegriff eine dynamische Bedeutung, er wird zur Welt und ihrer Geschichte in Beziehung gesetzt. Das ist die konkrete, historische Form, die der Heilsplan Gottes in der Welt annimmt: das Zeichen und Werkzeug der Verwirklichung des göttlichen Beschlusses, gnadenhaft in die Menschheit und in seine Schöpfung einzugreifen, um ihren Weg darin münden zu lassen, wozu er sie von Anfang an bestimmt hatte: die Freiheit der Kinder Gottes (vgl. Röm 8,18–30). Die Kirche ist in der Welt das Zeichen und Werkzeug (Lumen gentium, Nr. 1) dieser in unwiderruflicher Weise beschlossenen Erneuerung der Welt, die durch die Menschwerdung des Wortes Gottes in der irdischen Geschichte grundgelegt ist (aaO. Nr. 48, 3). Sie ist dies zugleich als Gesamtheit der Heilsmittel („Heilsanstalt") und als Volk Gottes, das unter alle Völker gemischt ist, seine Existenz aber aus einem positiven, gnadenhaften, übernatürlichen göttlichen Akt herleitet.

[1] Siehe Lumen gentium, Nr. 48; vgl. Nr. 1, 8 und – implizite – Nr. 17.
[2] O. Semmelroth, Die Kirche als Ursakrament (Frankfurt 1953); K. Rahner, Kirche und Sakramente (Freiburg 1960); E. Schillebeeckx, Christus, Sakrament der Gottbegegnung (Mainz 1960). Siehe G. Baraúna (Hrsg.), De Ecclesia II (Freiburg 1966) die Untersuchungen von B. Rigaux, Th. Strotmann, P. Smulders sowie auch H. Schlier, Die Zeit der Kirche (Freiburg [2]1958) Studien XII und XX; A. de Bovis, L'Eglise et son mystère = je sais, je crois (Paris 1961); M.-J. le Guillou, Le Christ et l'Eglise. Théologie du mystère (Paris 1963); A. Winklhofer, Über die Kirche (Frankfurt 1963).

136 Alle einzelnen Sakramente der Siebenzahl gehören zur Errichtung dieses Zeichens. Doch ganz offenbar nehmen unter ihnen die Taufe, da sie das Volk Gottes konstituiert, und die Eucharistie, da sie die Einheit und Gemeinschaft der Christen in Jesus Christus schafft und ausdrückt, eine grundlegende Stellung ein. Die übrigen Sakramente machen die Menschen christusförmig und heiligen sie in bestimmten Situationen: der Situation der Sünde, der Krankheit, der ehelichen Gemeinschaft, des geistlichen Dienstes. Taufe (Firmung) und Eucharistie aber konstituieren den Menschen rein und einfach in seinem Christsein. Sie legen den Grund.

137 Doch unter dem Gesichtspunkt des Aufbaues der Kirche als wirksames Zeichen des göttlichen Heilsplanes nimmt auch das Sakrament der Weihe zusammen mit ihnen einen Sonderplatz von entscheidender Bedeutung ein. Es dient zur Errichtung der Struktur des Gottesvolkes, indem es in sichtbarer Form Christus darstellt in seiner Eigenschaft als Haupt und Heiligmacher. Die Kirche tritt inmitten der Welt nicht allein als Gemeinschaft der Gotteskinder und der Erlösten auf, sondern in vollem Umfang als Zeichen und Werkzeug des erlösenden und die Eigenschaft der Gotteskindschaft mitteilenden Christus. Vom Standpunkt der Kirche als Sakrament des Heiles aus gesehen, sind daher die Hauptsakramente die Taufe (vollendet in der Firmung), das Sakrament der Weihe und die Eucharistie.

138 Es ist zweifellos von der Sache her wie auch pädagogisch voll und ganz gerechtfertigt, daß es einen theologischen Traktat De sacramentis in genere (Die Lehre von den Sakramenten im allgemeinen) gibt. Weniger glücklich dürfte es jedoch sein, daß man diesen Traktat vor die Behandlung der Einzelsakramente stellt. Dadurch besteht die Gefahr, die gemeinsamen Eigenschaften der Sakramente univok aufzufassen und auf diese Weise einen starren Rahmen zu konstruieren, der sich von vornherein um die Untersuchung der konkreten Realitäten der Einzelsakramente legt. Tatsächlich aber entsprechen die Einzelsakramente dem allgemeinen Sakramentsbegriff in analoger Weise. Es wäre daher richtiger, zuerst jedes einzelne von ihnen seiner ursprünglichen Eigenart entsprechend zu behandeln und erst nachträglich die Frage zu stellen, was sie alle gemeinsam haben. Auf jeden Fall aber ist es interessant, daß historisch gesehen die Taufe und Eucharistie als Ausgangspunkt und Modell für den im 12. Jahrhundert entstandenen Traktat De sacramentis in genere gedient haben. Diese Tatsache bestätigt, daß Taufe und Eucharistie den Charakter von Haupt- oder Grundsakramenten haben.

Eberhard Jüngel (geb. 1934)

Das Sakrament – was ist das? (1971)

**139 Taufe und Abendmahl:
die beiden Feiern des einen Sakraments Kirche**

In: E. Jüngel/K. Rahner, Was ist ein Sakrament? Vorstöße zur Verständigung, Freiburg, Basel, Wien 1971, 35–40.

Jüngel (Prof. für Systematische Theologie in Zürich und Tübingen), der in der evangelischen Theologie eine verbreitete Unsicherheit gegenüber dem Begriff des Sakramentes diagnostiziert, legt zugleich ein Konzept vor, wie der Sakramentsbegriff auf dem Hintergrund reformatorischer Tradition weiter ausgearbeitet werden könnte: Die beiden Sakramente Taufe und Abendmahl sind feiernde Selbstvergewisserung der Kirche über das, was ihr Gott durch Jesus Christus geschenkt hat und wie sie von daher zu leben hat.

35 Bei dem Versuch einer Antwort mache ich nunmehr von dem Recht des Dogmatikers, *thetisch* zu reden, Gebrauch und formuliere in zwei Axiomen und 25 Thesen wenigstens die groben Grundzüge einer Antwort auf die Frage, was das Sakrament sei. In diesen Thesen deutet sich also ein tastender Versuch zur Beantwortung der Frage nach dem Sakrament an.

36 Diese Andeutung auszuarbeiten und kritischer Prüfung auszusetzen bleibt eine Aufgabe, deren Bewältigung zu jener Arbeit gehört, der sich der Lehrende mit den Lernenden dieser unserer hohen Schule[a] in der Gemeinschaft gehorsamen Fragens und entschlossenen Denkens verpflichtet weiß.
Axiom I: Jesus Christus ist das eine Sakrament der Kirche.
Axiom II: Taufe und Abendmahl sind die beiden Feiern des einen Sakraments der Kirche.

38 A

11. Ist die in die Kehre *gerufene* Welt als Kirche in die Kehre *gebracht*, so *feiert* sie ihren Herrn Jesus Christus als das die Existenz der Kirche begründende Sakrament der Kirche.

12. In der Feier der *Taufe* feiert die im Glauben versammelte *bekennende* Gemeinde den (im Geheimnis der Urentscheidung Gottes für den Menschen beschlossenen) öffentlichen Einbruch Gottes in die Welt als den (geheimnisvollen, aber zu veröffentlichenden) Einbruch Jesu Christi in die Welt eines einzelnen Menschen.

13. In der Feier des *Abendmahls* feiert die im Glauben versammelte *dankende* Gemeinde das Geheimnis des eschatologischen[b] Seins Jesu Christi als des sich in der Welt Bahn brechenden Herrn der Welt.

14. Im Ereignis der Taufe ist Jesus Christus als das eine Sakrament der Kirche wirksam in der Weise der Einräumung: eingeräumt wird uns Jesu Christi Zukunft, indem wir seiner Vergangenheit eingeräumt werden (2 Kor 5,17; Röm 6,3 ff.).

15. Im Ereignis des Abendmahls ist Jesus Christus als das selbe Sakrament wirksam in der Weise der Zeitigung: gezeitigt wird Jesu Christi Vergangenheit als seine uns an seiner ewigen Zukunft *schon jetzt* teilgebende zeitliche Gegenwart *innerhalb* der ein für allemal durchbrochenen Grenzen der Welt (finitum capax infiniti non per se, sed per infinitum[c]).

16. Taufe und Abendmahl sind als signa sacramentalia die eschatologischen Zeichen der Zeit. Sie weisen als eschatologische Wegweiser auf das in der Taufe wirksam in die Welt eines einzelnen Menschen einbrechende und im Abendmahl sich wirksam in der Welt bahnbrechende Sakrament Jesus Christus hin und eben so von der Welt weg.

141 B

17. In den beiden Feiern des einen Sakraments ist sich die Kirche selbst verständlich.

18. In der Feier der Taufe *wird* sich die Kirche *glaubend* selbst verständlich, insofern sie sich als die von Jesus Christus in die Kehre gerufene und gebrachte Welt versteht.

19. In der Feier des Abendmahls *bleibt* sich die Kirche *hoffend* selbst verständlich, insofern sie sich als das wandernde Gottesvolk und Jesus Christus als den Anfänger und Vollender des Glaubens versteht.

20. Die Kirche *glaubt* an ihre *Herkunft,* indem sie in der *Taufe* das eine Sakrament Jesus Christus als das ex opere operato[d] wirksame *Sakrament des Aufbruchs* feiert.

21. Die Kirche *hofft* auf ihre *Zukunft,* indem sie im *Abendmahl* das eine Sakrament Jesus Christus als das ex opere operato wirksame *Sakrament der Wegzehrung* feiert.

22. In den beiden Feiern des einen Sakraments gibt die Kirche sich selbst und der Welt zu verstehen, daß sie nicht mit der Zeit geht und nicht mit den Wölfen heult, sondern in einer schon beendeten Zeit ihrem Herrn als ihrem gnädigen Ende entgegengeht.

[a] Es handelt sich um Vorträge an der Universität Mainz.
[b] endzeitlich, letztzeitlich.
[c] das Begrenzte, das für das Unbegrenzte aufnahmefähig ist, nicht aus sich selbst, sondern durch das Unbegrenzte (dazu befähigt).
[d] kraft des vollzogenen Werkes.

Paul-Werner Scheele (geb. 1928)

Das Wirken der Kirche in den Sakramenten – Taufe und Eucharistie (1971)

142 Welt und Geschichte – aufgenommen in die Sakramente

Theologie im Fernkurs GK LB 19 (erste Fassung), Würzburg 1971, 18–20.

Der Text Scheeles (Prof. für Dogmatik u. a. in Würzburg und Paderborn, Bischof von Würzburg seit 1979) kann einen wichtigen Aspekt der Sakramentenlehre verdeutlichen, der beispielsweise auch in ostkirchlichen Liturgien zum Ausdruck kommt: Die Sakramente, deren Zeichenhandlungen aus der Natur wie auch aus der Welt und Geschichte des Menschen genommen sind, zielen auf die Erlösung der gesamten Wirklichkeit der Schöpfung.

18 2.3

Die Sakramente als Heilszeichen in der Welt und für die Welt
Wie Jesus Christus und die Kirche für das Heil der Welt da sind,
so sind auch die Einzelsakramente für das Heil der Welt bestimmt.
Sie stellen nicht religiöse „Sonderübungen" dar, die allein die Innerlichkeit der frommen Seele betreffen. Sie gehen den ganzen
Menschen an und sind letztlich auf das Ganze der Welt hingeordnet. In ihren verschiedenen Elementen (2.31) und Zeichenhandlungen (2.32) können sie anzeigen, daß alle Bereiche und Situationen
der Welt mit Gott und dem Heil der Menschen zu tun haben
können. Das wird zudem deutlich in den Handlungen der Kirche,
die man Sakramentalien nennt. Daß in den Sakramenten auch Formen aufgenommen worden sind, die im nichtbiblischen Raum ihr
Gepräge fanden, weist darauf hin: Auch die konkrete Menschheitsgeschichte ist in das Christusereignis einbezogen (2.33).

143 2.31

Es ist durchaus nicht selbstverständlich, daß materielle Dinge unserer Welt wie Wasser und Öl, Brot und Wein Elemente eines
Heilsgeschehens sein sollen. Manche Weltanschauungen und Religionen lassen die stofflichen Gegebenheiten außer acht: Für sie
haben diese nichts mit dem Eigentlichen des Menschen zu tun.
Andere zielen geradezu darauf ab, den Menschen möglichst vom
Materiellen zu trennen. Je mehr er von ihm befreit ist, je „geistiger" er wird, um so mehr erscheint er ihnen erlöst.
Hinter diesen Einstellungen steht wohl die Erfahrung, daß Stoffliches und Leibliches dem Menschen Grenzen setzen, daß sie ihm
oft hemmend erscheinen. Zum Teil ist daraus die Überzeugung
erwachsen, Stoffliches und Leibliches seien in sich schlecht und
schädlich.
Auch unter Christen taucht eine Abwertung des Materiellen und
Leiblichen immer wieder auf, selbst wenn sie zumeist nicht unmittelbar bewußt und ausdrücklich bekundet wird.
Alle Sakramente widerlegen diese Einstellungen und können helfen, sie zu überwinden. Wenn die Kirche sagt, daß der Geist Gottes in sinnenhaften Zeichen wirkt, dann bejaht sie den Wert der
Materie und ihre Hinordnung auf Gott und das Heil.

144 2.32

19 Die Beziehung der Sakramente zur Welt zeichnet sich noch deutlicher ab, wenn man beachtet, daß als Zeichen des Sakramentes
nicht nur materielle *Dinge* dienen, sondern daß die Sakramente

auch äußerliche, zeichenhafte *Geschehnisse und Handlungen* sind. Diese haben – schon von ihrem Erscheinungsbild her gesehen – ein doppeltes Gepräge: Einerseits werden sie vom menschlichen Alltag bestimmt, andererseits haben sie festlichen Charakter.
1. Was ist alltäglicher als das Waschen, das Essen und Trinken, die Tat der Liebe, das Bestellen zum Dienst, die Krankenhilfe? Diese schlichten „gewöhnlichen" Erfahrungen und Taten werden vom sakramentalen Geschehen aufgegriffen. Wiederum soll deutlich werden: Das Heil wird nicht im luftleeren Raum gewirkt. Gott liebt die Erde. Gott geht zum Menschen, wo er ist. Im Alltag der Welt soll der All-Tag der Erlösung anbrechen.
2. Die Alltäglichkeit der in den Sakramenten aufgenommenen Ereignisse schließt deren Festlichkeit nicht aus. Die wirklichen Feste des Menschen stehen ja auch in Verbindung mit dem normalen Leben, so sehr sie äußerlich von ihm unterschieden sind. Sie bedeuten doch nicht einfach, daß man von allem absieht, was einen sonst beschäftigt, und erst recht nicht, daß man diesem zuwider handelt. Das rechte Fest soll mit dazu beitragen, das Wichtigste des täglichen Lebens nicht aus dem Auge zu verlieren; es soll den Sinn dieses Lebens erkennen und vollziehen helfen. Immer wieder hat der Mensch besondere Höhe- und Wendepunkte seines Lebens feierlich begangen. Heirat und Geburt, Erwachsenwerden und Tod sind für ihn nicht lediglich beliebige Augenblicke seines Daseins. In ihnen kann das Ganze bewußt werden und nicht selten auch zur Entscheidung kommen. So lag es nahe, diese Zusammenhänge sich und andern mit besonderen Gesten und Worten zu vergegenwärtigen.
Eben das tun auch die Sakramente. Sie sind Feiern unseres Lebens, in denen zusammen mit wichtigen Grundsituationen Sinn und Ziel des Ganzen erkannt und bejaht werden soll.
Die Tatsache, daß das Heil alle Bereiche des Menschen und seiner Welt ergreifen will, und die Weltverantwortung des Christen werden auf eine den Sakramenten ähnliche und mit ihnen zuammenhängende Weise auch in den sogenannten „Sakramentalien" angezeigt. „Diese sind heilige Zeichen, durch die in einer gewissen Nachahmung der Sakramente Wirkungen, besonders geistlicher Art, bezeichnet
und kraft der Fürbitte der Kirche erlangt werden. Durch diese Zeichen werden die Menschen bereitet, die eigentliche Wirkung der Sakramente aufzunehmen; zugleich wird durch solche Zeichen das Leben in seinen verschiedenen Gegebenheiten geheiligt."[1]

[1] 2. Vatikanisches Konzil, Konstitution über die heilige Liturgie, Nr. 60.

145 2.33

Zum großen Teil ungeklärt und umstritten ist die geschichtliche Frage, wie weit das Äußere des sakramentalen Geschehens mit ähnlichen Vorgängen im Heidentum verknüpft ist, z. B. mit religiösen Waschungen, Mählern, Salbungen. Die nüchterne Feststellung des Tatbestandes wurde dadurch erschwert, daß viele — Verteidiger wie Gegner des christlichen Glaubens — meinten, der Nachweis eines direkten Zusammenhangs zwischen den christlichen Sakramenten und außerchristlichen religiösen Handlungen würde Wert und Bedeutung der Sakramente beeinflussen. So kam es, daß die einen der Überzeugung waren, Glaube und Sakrament dadurch verteidigen zu müssen, daß sie jeglichen derartigen Zusammenhang bestritten. Andere dachten, mit dem Aufzeigen einer Abhängigkeit die christliche Überzeugung entscheidend widerlegen zu können.

Nimmt man ernst, daß Christus Mensch geworden ist für das Heil der *ganzen* Welt, dann hindert nichts, sich vorzustellen, daß die Kirche bei der Gestaltung der Sakramente und anderer Zeichenhandlungen auch an außerchristliche religiöse Formen und Vollzüge angeknüpft hat. Gerade das könnte nochmals verdeutlichen, daß der Herr dem menschlichen Suchen, wie es sich auch in heidnischen Religionen ausprägt, entgegengeht.

Franz Schupp (geb. 1936)
Glaube — Kultur — Symbol (1974)

146 Die Sakramente: Provokation zu gesellschaftsveränderndem Handeln

Düsseldorf 1974, 7 f.

In zugespitzter Weise betont Schupp (Prof. für Dogmatik in Innsbruck bzw. für Philosophie in Paderborn) im Rahmen einer umfassenden Kultur- und Symboltheorie die wichtige soziale Dimension der Sakramente: Nach seiner Grundthese muß alles christliche Symbolhandeln dem ethisch-gesellschaftlichen Handeln zu- und untergeordnet sein.

7 Die zentralen christlichen Symbole und Symbolhandlungen sind antizipierend[a] vermittelnde Zeichen „wahren", „heilen" Lebens, die so zugleich die kritische Funktion haben, das Unwahre und Nicht-Heile

8 am konkreten geschichtlichen Leben aufzuzeigen. Sie wirken, indem sie in solchem Aufzeigen im Menschen eine Umkehr, eine Umwandlung hervorrufen. Sie sind so selbst praktische Zeichen

als Zeichen geforderter Praxis, deren Bedingung sie selbst vermitteln. Sie begründen und wirken solche Praxis, indem sie den Transitus[b], die Umwandlung des Menschen vermitteln. Als solche sind sie wirkende Zeichen des Grundsymbols des christlichen Glaubens: des Kreuzes Jesu als der symbolisch-konkreten Konsequenz des Wortes vom „Reich Gottes", vom „wahren Leben". Daß solche Sprache, solche Praxis und solches Leiden die Bedingung des Sich-Einstellens „wahren Lebens" ist, ist selbst symbolisch vermittelt im Symbol der Auferstehung.

147 Dieser Begriff könnte „einfach" erscheinen. Die komplexe und vielschichtige Struktur der geschichtlichen Formen der christlichen Sprach- und Handlungssymbole stellte jedoch den Reflexionsbegriff seit jeher vor beinahe unlösbare Aufgaben. Deshalb ist es auch unvermeidlich, sich einer ausführlichen Diskussion der Geschichte des christlichen Symbolbegriffs zu stellen. Die besondere Schwierigkeit liegt nun darin, daß sich im Symbolverständnis jeweils ein gesamtes Kulturbewußtsein konkretisiert und deshalb diese Voraussetzungen ausdrücklich gemacht werden müssen. Dies kann selbstverständlich nur in sehr beschränkter, skizzenhafter Weise geschehen. Dabei geht es dann nicht bloß um die Deskription[c] bestimmter Symbolbegriffe, sondern um die Entschlüsselung der in ihnen zur Sprache kommenden Ästhetik.[d] Solche theologische Ästhetik versucht, den im Symbol eröffneten Wahrnehmungs- und Lebensraum zu dechiffrieren, ohne jedoch der im Symbol selbst geschehenden ästhetischen Transzendenz[e] im Begriff je Herr werden zu können.

148 Am christlichen Symbolhandeln kann und soll abgelesen werden, daß der Mut zum fragmentarischen Leben dort sinnvoll ist, wo dieses Fragment-Sein in den Dienst der Aufhebung von Leiden der anderen gestellt ist. Die Reflexion auf diese symbolische Prägnanz kann selbst nicht anders geleistet werden denn als fragmentarische. Die Kritik an der Unzulänglichkeit der vorgelegten Reflexionsform dient so selbst der weiterhin ausständigen angemesseneren und wirksameren Sprache von den Bedingungen „wahren Lebens", jenen, auf die auch das symbolische Handeln fragmentarisch, aber antizipierend wirksam vorzugreifen versucht.

[a] Vorwegnehmend.
[b] Übergang, Hindurchgang.
[c] Beschreibung.
[d] Die Lehre vom Schönen, von der sinnlich-geistigen Wahrnehmung.
[e] Das Überschreiten, der Überstieg in ein Höherliegendes, Jenseitiges.

Leonardo Boff (geb. 1938)
Kleine Sakramentenlehre (1976)

149 Sakramente als Ausdruck der Umkehr zu Gottes Gegenwart in dieser Welt

Düsseldorf ³1979, 114–118.

Boff (brasilianischer Theologe, Vertreter der sog. Befreiungstheologie) stellt seine Sakramentenlehre in den Rahmen eines sakramentalen Gesamtverständnisses der Wirklichkeit: Natur und Geschichte können die heilvolle Gegenwart Gottes vermitteln. In den sieben Sakramenten, die die Gesamtheit menschlichen Lebens symbolisieren, wird dies für die Glaubenden bewußtgemacht und kraft der Wirkmächtigkeit Christi auf neue Weise wirksam. Dabei ist Umkehr gefordert: „Sakrament im Verbund mit Umkehr ist Erlösung."

Wenn wir nun abschließend die Struktur des Universums der Sakramente in einigen Thesen zusammenfassen wollen, ergibt sich folgendes Bild:

1. Sakrament ist vor allem eine bestimmte Art zu denken. Sakramentales Denken versteht die Wirklichkeit nicht als Sache, sondern als Symbol. Das Symbol entsteht dabei aus der Begegnung des Menschen mit der Welt. In dieser Begegnung erfahren sowohl der Mensch als auch die Welt einen Wandel.

150

2. Sakramentales Denken als eine ganz spezifische Art zu denken ist universal, will sagen: alles und nicht nur einige wenige Dinge können zu einem Sakrament werden.

151

5. Für die jüdisch-christliche Überlieferung ist die Geschichte der vorrangige Ort der Begegnung mit Gott. Sie ist Geschichte des Heils oder des Verderbens. Die Heilsgeschichte, die sich von Adam bis zum letzten Heiligen erstreckt, gilt als Sakrament oder auch als Geheimnis.

7. Jesus Christus, Höhepunkt der Heilsgeschichte, wird vor allem anderen und vor allen anderen das Ursakrament Gottes genannt.

152

9. Da die Kirche der fortlebende Christus ist, heißt auch sie universales Heilssakrament.

153

12. Innerhalb des gesamten sakramentalen Komplexes Kirche sind die sieben Sakramente hervorzuheben. Sie symbolisieren die Gesamtheit des menschlichen Lebens, insofern es auf sieben fundamentalen Achsen ruht. An diesen Knotenpunkten des Lebens fühlt sich der Mensch einer Kraft verbunden, die ihn transzendiert und

zugleich aber auch trägt. In ihnen erkennt er Gott, so daß er sie als Höhepunkt seiner Existenz ritualisiert.

154

13. Jesus Christus ist Urheber der Sakramente, da er die Wirkmächtigkeit aller christlichen und heidnischen Sakramente ist. Und wenn man es schärfer formuliert: Indem er die Kirche wollte, wollte er auch die Sakramente, die die Kirche im Blick auf die verschiedenen Situationen des Lebens auffächern und konkretisieren.

155

14. Die Formulierung *ex opere operato* will besagen, daß die unfehlbare Gegenwart der Gnade in der Welt nicht abhängt von der subjektiven Verfassung, sei es dessen, der das Sakrament spendet, sei es dessen, der es empfängt. Die Gnade wird im Ritus selbst präsent und bekundet die Glaubenswahrheit, daß Gott in Jesus Christus ein definitives Ja zu den Menschen gesprochen hat. Menschliche Unwürdigkeit kann das Ja Gottes nicht in Gefahr bringen. Es ist unwiderruflich siegreich.

156

18. Sakrament ist nur Sakrament im Horizont des Glaubens. Der Glaube, der lebendige Begegnung mit Gott und Annahme seiner im Leben des Menschen beinhaltet, stellt diese Begegnung vermittels von Gegenständen, Gesten, Worten und Personen dar. Diese Ausdrucksformen sind die Sakramente. Sie setzen den Glauben voraus, bringen ihn zum Ausdruck und nähren ihn. Da der Glaube Umkehr mit einschließt, ist das Sakrament nur wirksam und kommt nur zu seiner vollen Verwirklichung in der Welt, wenn es auch Umkehr ausdrückt und unentwegt zur Umkehr führt. Sakrament ohne Umkehr beschwört Verdammung herauf. Sakrament im Verbund mit Umkehr ist Erlösung.

Günter Koch (geb. 1931)
Wort und Sakrament als Wirkweisen der Kirche (1976)

157 Wie sich Wort und Sakrament ergänzen

In: G. Koch u. a., Gegenwärtig in Wort und Sakrament, Freiburg/Basel/Wien 1976, 82 f.

In der Diskussion über das Verhältnis von Wort und Sakrament und die Bestimmung ihres jeweiligen Propriums versucht der Beitrag im Ausgang von Überlegungen Walter Kaspers (vgl. 128 ff.) eine Weiterführung: Schwerpunktmäßig bewirkt das Wort eine Erhellung, das Sakrament eine Heilung menschlicher Grundsituationen.

82 Es ist sicher richtig zu sagen, daß menschliche Situationen immer schon vom Wort bestimmt sind und daß das Wort immer schon auf Situationen bezogen ist. Andererseits wird man feststellen müssen: Das Wort hat zunächst einmal eine besondere Hinordnung auf Verstehen, Einsicht, auf die Helle und Gelichtetheit vernünftiger Erkenntnis, auf die freie Verfügung geistigen Selbstbesitzes und Weltverhaltens. Was Situation meint, wird vom Menschen dagegen zunächst einmal als gegeben erfahren, als nicht selbstgemacht, als nicht von der eigenen Freiheit bestimmt, als nicht von der eigenen Erkenntnis gelichtet und durchschaubar. Menschen finden sich grundlegend mit ihrer Geburt und dann immer wieder in eine Welt gestellt, in eine Zeit geworfen, in mitmenschliche Beziehungen verfügt, einer Leiblichkeit und einem Erbstrom ausgeliefert, die sie sich nicht selber ausgesucht haben, die sie mit ihrem Erkennen und freien Wollen nicht einfach beherrschen können. Situation und Situationen in diesem Sinn greifen die Sakramente auf, und darin darf man wohl die Besonderheit sakramentalen Heilswirkens sehen.

158 Nach kirchlichem Glaubensverständnis enthalten und wirken die Sakramente, was sie bezeichnen. Umgreifend gesagt ist dies das Heil des Menschen in allen Dimensionen menschlichen Lebens. Zu diesem Heil, dessen innerster Charakter Gottes Herrschaft, Gottes Nähe, die Begegnung mit Gott ist, gehört aber auch wesentlich, daß das mit einbezogen wird, was dem Menschen zunächst einfach vorgegeben ist: die Materialität seines Leibes, die Vorprägung seines Geistes durch Umwelt und Vorwelt, kurz,
83 Chancen und Grenzen seiner Lebensbedingungen. Diese situativen Gegebenheiten und Widerständigkeiten werden in den verschiedenen Sakramenten je konkret und spezifisch in die heilbringende Begegnung mit Gott gebracht. Dies geschieht gewiß nicht ohne die bewußte, gläubige Zustimmung des Menschen, der ein Sakrament empfängt (etwas anderes anzunehmen wäre eine magische Verkennung der Sakramente); aber es geschieht doch in solcher gläubigen Begegnung weit über die bewußten Akte des Menschen hinaus (anderes anzunehmen wäre ein Zweifel an der schöpferischen Macht und Treue Gottes, dessen wirkendes Wort im Sakrament noch das Widerständige im glaubenden Menschen und seiner Welt annimmt, umfängt und heilvoll macht). Man kann es auch so sagen: Im Sakrament erfaßt und umfängt Gottes wirkendes Wort auch noch die widerständigsten Situationen menschlichen Lebens; diese werden, indem sie im Zeichen vorkommen,

gleichsam aktiv in Gottes Heil hineingestellt, bzw. es wird vollmächtig und wirksam deklariert, daß auch diese Situationen heilvoll sind und sein können, daß sie geradezu heilsmittlerisch zu sein vermögen. Möglich ist das, weil Jesus, das Wort des Vaters, alle Situationen des menschlichen Lebens in seinem gehorsamen Leben und Sterben aktiv zu Gott hin und in Gottes heilvolle Nähe getragen hat, weil sie in ihm von Gottes erhellendem schöpferischem Wort erfaßt worden sind.

159 So läßt sich vielleicht doch eine grundlegende Besonderheit sakramentalen Heilswirkens angeben, die die Unersetzlichkeit der Sakramente erhärtet und doch die Bedeutung der Wortverkündigung nicht schmälert. Die Wortverkündigung spricht dem Menschen Heil so zu, daß er es in seiner jeweiligen Situation in Freiheit ergreifen und verwirklichen kann, daß er im Glauben daraus zu leben vermag. Die Sakramente bringen für den, der sie gläubig empfängt und mitvollzieht, die guten und die schlimmen Situationen des Lebens, das Bewußte und das Unbewußte, das Verfügbare und das Unverfügbare, *wirksam* mit Gottes neuschaffendem Wort in Verbindung, das nun bei jedem tut, was Jesus für alle getan hat.[1]

[1] Es sei noch betont, daß auch in dieser Sicht Wort und Sakrament eng miteinander verbunden, eng aufeinander bezogen sind. Und es sei betont, daß die je besondere Heilswirksamkeit von Wort und Sakrament nicht exklusiv zu verstehen ist: Es kann sich dabei nur um die Angabe einer Sinnrichtung, eines Sinngefälles handeln.

160 **Die Sakramente als Antworten**
auf menschliche Heilserwartungen

G. Koch, Sakramente, die zum Christsein befähigen, Theologie im Fernkurs GK LB 20, Würzburg 1985, 14–15.

Die folgenden Überlegungen suchen zu erhellen, wie in den Sakramenten das Heilsverlangen der Menschen von Gott her eine – freilich kritische – Antwort findet: Sie entsprechen in einem tieferen Sinn den vielfach aufgefächerten Wünschen des Menschen nach wahrem, geglücktem Leben.

14 Wie lassen sich nun die Sakramente solchen Sehnsüchten nach geglücktem Leben, nach Heil zuordnen?
Sie bezeichnen und bewirken zunächst einmal allesamt die Begegnung mit Jesus Christus und seinem Heilswirken damals, heute und bei der Vollendung. Damit bezeichnen und bewirken sie eine neue oder vertiefte Einheit mit Gott, dem Vater Jesu Christi, und

seinem Heil. Zugleich bezeichnen und bewirken sie allesamt eine neue Einheit der Menschen miteinander, den Frieden (auch für die ganze Schöpfung); sie bezeichnen und schenken Liebe und Annahme (auch als vergebende Liebe), Sinn, Trost und Hoffnung auch noch über den Tod hinaus. Das läßt sich mehr oder weniger deutlich an allen Sakramenten, manchmal unmittelbar an ihrer sakramentalen Zeichenhandlung, aufzeigen.

161 Es läßt sich aber auch aufzeigen, daß einzelne Sakramente besonderen Aspekten des Heiles speziell zugeordnet werden können, ohne daß dies freilich zu pressen ist.
Sicher, auch die Taufe beispielsweise, die Priesterweihe und das Ehesakrament haben es mit Einheit und Frieden zu tun. Aber das eigentliche Sakrament der Einheit und des Friedens ist die Eucharistie. – Die Taufe und besonders das Ehesakrament darf man wohl besonders der
15 Heilswirklichkeit der Liebe zugeordnet sehen. Für die Ehe ist das deutlich. Die Taufe reinigt, schafft neu, Gott sagt unverbrüchlich „ja" zum Getauften. Der Getaufte wird eingegründet in den Dreifaltigen Gott, der die Liebe ist, und zugleich in die brüderliche und schwesterliche Gemeinschaft der Kirche, wo man sich gegenseitig bejahen soll und darf. – Möglicherweise darf man dem Heilsgut Sinn besonders die Firmung zuordnen. Die Firmung nimmt den Menschen in der Kraft des Heiligen Geistes in Dienst für ein Ziel, um dessentwillen zu leben es sich lohnt: den Dienst für andere in der Liebe Christi. Ähnliches läßt sich wohl auch vom Weihesakrament sagen. – Trost und Hoffnung symbolisieren und bewirken wohl vor allem das Bußsakrament und die Krankensalbung: In Situationen des Scheiterns und der Schwäche ermöglichen sie den neuen Anfang zugleich mit der Hoffnung, daß Gott es am Ende end-gültig gut machen wird.

Peter Hünermann (geb. 1929)
Sakrament – Figur des Lebens (1977)

**162 Die Sakramente: Wirken Gottes
in kommunikativen Handlungen der Menschen**

> In: R. Schaeffler/P. Hünermann, Ankunft Gottes und Handeln des Menschen. Thesen über Kult und Sakrament, Freiburg, Basel, Wien 1977, QD 77, 55 f., 64 f.
>
> Aufgrund anthropologischer Überlegungen zur Bedeutung von symbolischen Handlungen im Leben und Zusammenleben der Menschen deutet

Hünermann (Prof. für Dogmatik in Münster, dann in Tübingen) das Wirken der Sakramente: Sie sind kommunikative Handlungen oder Figuren des Lebens, die – kraft der Ermächtigung durch Christus in seiner Kirche – Gemeinschaft mit Gott und den Menschen schaffen und so auf die Frage nach dem Sinn des Lebens antworten.

55 1.1 Annäherung an die Sachproblematik
Beobachtungen des gesellschaftlichen Lebens führen auf einen eigenartigen Sachverhalt: Jede gesellschaftliche Gruppe – das Wort hier im weitesten Sinn genommen – bedarf gewisser kommunikativer Handlungen. Kommunikative Handlungen unterscheiden sich dadurch von anderen Tätigkeiten, daß sie auf andere Menschen ausgerichtet sind und sie mit ihrer geschichtlichen Freiheit in die Handlung einbeziehen. Unter den vielfältigen kommunikativen Handlungen gibt es einige, die für eine bestimmte Gruppe konstitutiv[a] sind. In und durch ihren Vollzug entsteht und erhält sich die Gruppe. Ohne diese kommunikativen Handlungen gäbe es auch die Gruppe nicht. Bei diesen konstitutiven Handlungen handelt es sich um Figuren gemeinsamen Lebens. Nur vermittels dieser Figuren erbildet sich ein solches Leben. Nur im immer erneuten Vollzug dieser Figur des Lebens bleibt es bestehen.
Ein Beispiel mag dieses Beobachtungsergebnis erläutern und zugleich einsichtig machen. Eine Partei bedarf der regelmäßig stattfindenden Parteitage.[1] Ohne solche Treffen der Delegierten mit den entsprechenden Diskussionen über Programm und langfristige Orientierung würde eine Partei schnell degenerieren...

163
56 Formalisiert man die in diesem Beispiel auftauchenden Bezüge, dann ergibt sich, daß die kommunikative Handlung der Ort ist, an dem ein vielschichtig geordnetes Gefüge, eine Figur des Lebens, entsteht.

64 2.1 Sakramente als kommunikative Handlungen
Paßt der Begriff der kommunikativen Handlung und der Figur des Lebens auf die Sakramente?...

164 Eine erste Feststellung ist schnell getroffen und begründet. Sakramente sind von ihrem Erscheinungsbild her kommunikative Handlungen. Man braucht nur an eine Tauflliturgie oder eine Eucharistiefeier zu denken. Es geht jeweils um eine Handlung, die sich an Menschen wendet und sie in ihrer geschichtlichen Freiheit einbezieht. Dies gilt auch von der Kindertaufe! Von der Verpflichtung des langsam heranwachsenden Täuflings, diese Taufhandlung zu ratifizieren, von der Verantwortung der Eltern und Paten, bei diesem Prozeß mitzuwirken, ist ausdrücklich die Rede.

165 Aber nicht nur dem Phänotyp[b] nach geht es in den Sakramenten um eine kommunikative Handlung. Das Konzil von Trient lehrt – gestützt auf die Sakramententheologie des Mittelalters – in seinen Canones über die Sakramente im allgemeinen, die Gnade werde durch diese Sakramente, soweit es auf Gott ankomme, immer und allen gegeben (D 1607).[c] Damit werden die Sakramente nicht nur als Handlungen im bezug auf den menschlichen Spender und Empfänger bezeichnet. Was sich vielmehr in ihnen vollzieht, ist ein Handeln Gottes, der den Menschen damit seine Huld und sein Leben gewährt.

[1] Es ist bewußt ein Beispiel aus der profanen, alltäglichen Sphäre genommen, um durch die Distanz zur religiösen Welt und Sprache eine stärkere Objektivität in der Erarbeitung des Zugangs zu der neuen Begrifflichkeit zu erzielen; unübersehbar zu dokumentieren, daß Sakramente, versteht man sie recht, vielfältige Analogien in der alltäglichen Wirklichkeit besitzen.
[a] für die Existenz grundlegend.
[b] Erscheinungsbild.
[c] D = DS.

Alexandre Ganoczy (geb. 1928)
Einführung in die katholische Sakramentenlehre (1979)

166 **Die Sakramente als von Christus gestiftetes Kommunikationsgeschehen**
Darmstadt ²1984, 108 f., 46 f., 36 f.

Der Würzburger Dogmatiker vertritt ein Sakramentenverständnis, das mit Verstehensmustern heutiger Kommunikationswissenschaften arbeitet. Im vorgelegten Haupttext geht es um seinen theologischen Ansatz. Zwei weitere Textauszüge kennzeichnen in wichtigen Aspekten die theologische Forschungslage im Blick auf den Sakramentenspender und die Einsetzung der Sakramente.

108 Gottes Sein selbst besitzt Kommunikationsstruktur; es ist wesentlich „worthaft" und tätig, sich mitteilend und bindend; es kommt in *Wechselbeziehungen* zu sich selbst.
Aufgrund dieser letzten Aussage dürfte wohl behauptet werden, daß die „Sache" der Sakramente, die Wirklichkeit, um die es bei ihnen letztlich geht, also Gott in seiner „gnadenhaften" Offenheit auf die Menschen, durchaus kommunikativer Natur ist. Dasselbe gilt aber auch von der „*Zeichen*"- bzw. „Symbolseite", zumal das Hinweisen-

109 de auf der Höhe dessen sein soll, worauf es hinweist. Weil die tragende Realität aller Sakramente Gott in seiner angebotenen Selbstmitteilung ist, dient seiner wirksamen Gegenwart in *angemessener* Weise nur jenes Wort, das mitteilungsfähig ist, und nur jene Handlung, die gebend-nehmenden Austauschcharakter besitzt. Gerade auf eine solche Angemessenheit zwischen der Gnade in Person und ihren „Media"[a] im Hinblick auf die aktiv-empfangenden Adressaten kommt es an.

167 Freilich würden, von Gott her gesehen, *kommunikationsfremde* oder gar -widrige Worte und Handlungen (z. B. teilnahmslos hingemurmelte Konsekrationsworte oder aus bloßer Gewohnheit erfüllte eheliche „Liebespflicht") der göttlichen Selbstmitteilung nicht notwendigerweise alle Kraft nehmen. Doch solche Ausnahmefälle der im einzelnen gar nicht erkennbaren und meßbaren „Hartnäckigkeit" der Liebe Gottes zu den fehlbaren Menschen dürften nicht gleichsam kodifiziert werden, geschweige denn eine zentrale Stelle in der theologischen Reflexion bekommen. Dies um so weniger, als Gott erstens seine Gnade nicht nur durch Sakramente vermittelt und, zweitens, in jedem Fall die Freiheit hat, menschlicher Ablehnung und Gleichgültigkeit entschieden Rechnung zu tragen. Anstatt über Grenzfälle zu spekulieren, tut man gut daran, „Sollwerte" des Sakramentsvollzugs in den Vordergrund zu stellen und der dogmatischen Lehre ein *Ethos* der sakramentalen Austauschökonomie beizugeben. Was aufgrund dieses Ethos verlangt wird, was geschehen *soll,* ist nichts anderes, als daß erfolgversprechende zwischenmenschliche Kommunikationsvorgänge sich durch den göttlichen Kommunikationswillen in Dienst nehmen lassen; oder, augustinischer gewendet: daß das „Zeichen" an der Dynamik der „Sache", die es bezeichnet, in irgendeiner realen Weise teilhat.

168 Wollte man diesen Ansatz auf seine biblischen Wurzeln zurückführen, so böte sich eine ganze Reihe von Möglichkeiten an, die hier nur exemplarisch und stichwortartig angesprochen werden können: der Schöpfergott, der sein Ebenbild im kreativen Menschen haben will; die Liebe Christi zu Freund und Feind, die sich in der Nächstenliebe bleibend anzeigt und auswirkt; die Christusgemeinschaft des Herrenmahls, deren zeugnishafte Entsprechung die gegenseitige Annahme unter den Christen sein soll; die Nachfolge Jesu durch Jünger, die *seine* Worte sagen und *seine* Taten zeugnishaft vorleben ... Gewiß werden solche Verhaltensweisen biblisch

eher personbezogen als sachbezogen gedacht und deshalb auch eher mit Begriffen wie „Zeugnis" und „Dienst" als mit Vokabeln wie „Zeichen", „Symbol" oder „Sakrament" bezeichnet. Doch gilt hier ebenso sicher das a-fortiori-Argument: wenn der verhaltensregelnde Soll-Wert für das Verhältnis zwischen Gott und seinen Gläubigen Entsprechung oder Nachfolge heißt, um so mehr besteht dann auch die Forderung nach höchstmöglicher Angemessenheit für die Werte, welche die sachgebundenen Vermittlungsfunktionen zwischen Gott und den Menschen regeln sollen.

169
46 Der Maßstab für eine sakramentale Feier, die nicht nur gerade noch „gültig", sondern eine echte Antwort auf den göttlichen Anruf sein will, liegt in einem Bewußtseinszustand des Feierführenden, der seinen persönlichen Glauben aktiviert, ihn existentiell engagiert und in einer wahrhaften Zeugnishaltung
47 äußert. In diesem Bewußtseinszustand soll das „objektive" Zeugnis der Kirche und ihre Grundintention mit dem subjektiven Zeugnis und der aktuellen Intention des Spenders zusammenfallen, was freilich nur dort möglich wird, wo die gesamte Lebensführung dieses Menschen in der Logik seiner kirchlichen Funktion steht (KuS 91 bis 93).[b] Das bedeutet nicht nur Frömmigkeit, Gewissenhaftigkeit und ernsthafte Aufmerksamkeit für die Interessenlage der Empfänger. Vielmehr schließt dieses Ethos der Sakramentenspendung m. E. auch sachliche und fachliche (z. B. psychologische und didaktische) Fertigkeiten ein, zumindest den dauernden Willen, sich diese optimal anzueignen. Sonst mag es vorkommen, daß der Ritus zwar von einem frommen Menschen vollzogen wird und unter der nie aussetzenden Bürgschaft der göttlichen Heilszusage steht, die Adressaten jedoch kaum anspricht: es entsteht eine Kluft zwischen der Intention des Sakramentes und der konkreten Erfahrung der Zielgruppe bzw. Zielperson. Das auf sachgerechte Verkündigungspraxis bedachte Spenderethos kann den Einsatz von persönlicher Vernunft, Intelligenz, Kompetenz und Kultur nie stark genug fordern.
Und noch eines: Die Ansicht des II. Vaticanum, eine sakramentale Feier gehe direkt oder indirekt immer die gesamte konkrete Gemeinde an, darf wohl u. a. dahingehend interpretiert werden, daß sie in ihrer Gesamtheit unter dem genannten Soll steht und so, wenn nicht gerade Mitspenderin, auf jeden Fall aber Mitträgerin der in ihr verlaufenden sakramentalen Heilsgeschichte wird.

170
36 In diesem kritischen Denkzusammenhang ist die Lehre der sog. Modernisten[c] um die letzte Jahrhundertwende verständlich, die

meinten, der Ursprung der Sakramente sei faktisch bei den Aposteln und ihren Nachfolgern zu suchen. Diese hätten bestimmte Ideen und Absichten Jesu unter dem Einfluß der kirchlichen Situation und gleichsam in Antwort auf allgemein menschliche Bedürfnisse kreativ interpretiert und auf diese Weise das christliche Kultwesen ausgebaut (vgl. DS 3439 f.). Wie man sieht, richtet sich der Gedanke hier nicht mehr nach mystischen, christologischen, juridischen oder gar im reformatorischen Sinn biblischen Gesichtspunkten. Nur das historisch Faßbare zählt noch. Theologisch läuft daher die modernistische These (sie wurde 1907 durch Pius X. verworfen) auf eine Sakramentenentwicklung durch die Kirche in ihrer apostolischen und nachapostolischen Konsolidierungsperiode hinaus.

171 Bei den neuesten Versuchen wird das modernistische Anliegen, aus der kirchlichen Interpretations- und Strukturierungsarbeit auf ursprüngliche Gedanken und Intentionen Jesu zurückzuschließen, wieder aufgegriffen, wobei es von seiner historizistischen[d] Tendenz befreit wird. Man versucht, jene Willensrichtungen Jesu zu erfassen, denen die einzelnen Sakramente mit ihren Zielen möglicherweise entsprechen. Es seien nur einige Beispiele genannt. Die historisch wohl kaum anzweifelbare Tatsache, daß Jesus sich der Johannestaufe freiwillig unterwarf, erscheint als Indiz für seinen Willen zur Taufe, als Eingangsritus in das Reich Gottes. Die in den Evangelien einhellig belegte Gewohnheit Jesu, mit Jüngern und Nichtjüngern unter dem Zeichen der kommenden Basileia[e] Tischgemeinschaft zu pflegen, wird als der Kontext erkannt, in dem dann auch das „Letzte Abendmahl" bzw. „Abschiedsmahl" Jesu und später die „Herrenmahlfeiern" der Urgemeinden als Zeichen eschatologischer Brüderlichkeit vollzogen wurden. Die zahlreichen Äußerungen Jesu über sein eigenes prophetisches Verhältnis zum Gottesgeist sowie über seine Absicht, den Geist zu verleihen, liefern die Grundlage dafür, daß die Gabe der Taufe und der Firmung ursprungsgerecht verständlich gemacht werden. Die verschiedenen Krankenheilungen Jesu werden als „Andeutungen" im Hinblick auf das spätere Sakrament der Krankensalbung gesehen.

[a] „Kommunikationsmittel".
[b] K. Rahner, Kirche und Sakramente, QD 10, Freiburg/Basel/Wien 1950.
[c] Modernisten nennt man jene Theologen um die letzte Jahrhundertwende, die durch ihre denkerischen Neuansätze mit dem kirchlichen Lehramt in Konflikt gerieten.
[d] einseitig das historisch Nachweisbare betonend.
[e] Königsherrschaft (Gottes).

Robert Hotz (geb. 1935)
Sakramente – im Wechselspiel zwischen Ost und West (1979)

**172 Ostkirchliches Sakramentenverständnis:
Erneuerung der Mysterientradition**

Zürich–Köln und Gütersloh 1979 (Ökumenische Theologie, Bd. 2), 176 ff.

Auf dem Hintergrund der Geschichte wechselseitiger Beeinflussung von ostkirchlichem und westkirchlichem Sakramentenverständnis arbeitet der Autor ein wichtiges Proprium der seit dem 19. Jahrhundert erneuerten ostkirchlich-slawischen Tradition heraus: Unter sichtbaren Handlungen wirkt in den Sakramenten auf das Gebet der Kirche hin in geheimnisvoller Weise die Kraft des Heiligen Geistes. Die Sakramente haben damit eine „epikletische Struktur", d. h., die Epiklese, die Herabrufung des Heiligen Geistes in der Vollmacht der Kirche, ist für sie entscheidend.

176 Nach Chomjakovs[a] Ansicht waren auch Katholizismus und Protestantismus in den Rationalismus verfallen. Deshalb stellte er in seiner Lehre von der „Sobornost" (d. h. von der „Gemeinschaftlichkeit" der Kirche) den „auf die brüderliche Liebesgemeinschaft der Gesamtheit gegründeten Glauben dem protestantischen Subjektivismus und dem römisch-katholischen Dogmatismus gegenüber". Er sah in einer höchst idealistischen Weise „das Charakteristikum orthodoxer, d. h. christlicher Glaubensweise darin, daß sich hier der Glaube jedes einzelnen nicht, wie im ‚Lateinertum', einer äußeren autoritären Entscheidung unterwirft, und auch nicht, in protestantischer Weise, der ungehemmten Freiheit der individuellen Inspiration nachgebend, sich von der Gemeinschaft zumindest innerlich absondert, sondern aus dem freien Antrieb der brüderlichen Liebe heraus, die die Gemeinschaft beseelt und zur Gemeinschaft macht, den Glauben bekennt, der als ihr einigender Geist die Gemeinschaft durchdringt".[1]

[1] E. von Ivanka, Die Aufgliederung der Orthodoxie, in Handbuch der Ostkirchenkunde, Düsseldorf 1971, S. 92 f. In einer recht dialektischen Weise umschrieb Chomjakov den Katholizismus als Einheit ohne Freiheit, den Protestantismus als Freiheit ohne Einheit, die orthodoxe Kirche aber als Verbindung von Einheit und Freiheit in der Liebe (vgl. A. S. Khomiakoff, L'Eglise latine et le protestantisme au point de vue de l'Eglise d'Orient, S. 59 ff., 64 ff., 300 ff.).
[a] Russischer Laientheologe, 1804–1860.

173
177 Obwohl A. S. Chomjakov seine theologischen Schriften nur im Ausland veröffentlichen konnte und seine Theologie bis zum Beginn des 20. Jahrhunderts in Rußland der kirchlichen Zensur unterworfen blieb[1], setzten sich seine ekklesiologischen Auffassungen

innerhalb der Orthodoxie immer mehr durch. Ein Großteil der bedeutenden russisch-orthodoxen Theologen des anbrechenden 20. Jahrhunderts (und insbesondere diejenigen, die sich nach der Oktoberrevolution um das orthodoxe Institut Saint Serge in Paris sammelten) nahmen Chomjakovs Ideen auf und führten sie weiter.[2] Anstelle einer rationalistischen Theologie brach unter dem dominierenden Einfluß Chomjakovs eine mehr mystische Betrachtungsweise der Ekklesiologie an.
Diese Betrachtungsweise, die in mancher Hinsicht wieder an genuin östliche und in der neuplatonischen Denkstruktur verankerte Traditionen anschloß, hob auch wieder die innere Beziehung zwischen Kirche und „mustēria"[a] hervor, wobei diese im Kontext der Ekklesiologie und nicht mehr als eigenständiges Traktat – wie dies seit der Scholastik im Westen üblich ist – behandelt wurde. Die Autorität der „symbolischen Bücher"[3], die bis anhin das Rückgrat der orthodoxen Lehre von den „mustēria" im allgemeinen gebildet hatte, geriet durch die Ablehnung katholischer Einflüsse ebenso ins Wanken wie durch die Rückbesinnung auf die eigene Überlieferung.

174 Selbst in einigen Katechismen begannen rund hundert Jahre nach Chomjakovs Tod neue Definitionen der „mustēria" aufzutauchen, welche diese aus ihrem Zusammenhang mit der Kirche zu definieren suchen:

178 „Solche kirchlichen Gebete und heilige Handlungen nennt man mustēria, wenn unter einem sichtbaren Handeln des Priesters am Menschen auf das Gebet der Kirche hin geheimnisvoll die Kraft des Heiligen Geistes wirkt."[4]
„Jedes mustērion bewirkt eine eigene Gabe, aber das menschliche Leben als Ganzes empfängt die Gnade durch alle mustēria. Das gesamte Leben der Kirche ist ein sakramentales Leben."[5]

---

[1] Chomjakovs Schrift von der „Einheit der Kirche" (Cerkov' odna) konnte, obwohl bereits um 1840 verfaßt, erst 1867 erstmals in Berlin erscheinen. In Rußland selbst wurde „Cerkov' odna" 1879 publiziert, d. h. volle 19 Jahre nach Chomjakovs Tod.
[2] Seit 1894 der russische Theologe E. Akvilonov den Versuch unternahm, Chomjakovs Ekklesiologie in die offizielle Theologie einzuführen, sind viele der bekanntesten russischen Theologen Anhänger Chomjakovs: so zum Beispiel die Geistlichen P. Svetlov, P. Florenskij, S. Bulgakov, G. Florovskij, V. Cenkovskij, J. Grabbe und die Laientheologen N. Berdjaev, L. Karsavin, A. V. Kartašev und N. Arsen'ev.
[3] Die sogenannten „symbolischen Bücher" umfassen: 1. Die „Confessio orthodoxa" des Petrus Mogila. 2. Die „Confessio Dosithei". 3. Das Sendschrei-

ben der griechisch-orthodoxen Patriarchen von 1721 (welches die Übersendung der „Confessio Dosithei" nach Rußland begleitete), die sog. „Grammata". 4. Eine Sammlung von Sätzen aus den Schriften des Kyrillos Loukaris – „Aspis tēs pisteōs" –, welche auf dem Konzil von Jerusalem (1672) verworfen worden waren. 5. Die „Confessio", welche Patriarch Gennadios nach der Eroberung von Konstantinopel dem Sultan Muhammed II. überreichte. 6. Die „Confessio" des Mētrofanēs Kritopoulos aus dem Jahre 1625. 7. Die Antwortschreiben des Patriarchen Jeremias II. an die Tübinger Theologen aus den Jahren 1576–81. (Vgl. F. Heiler, Urkirche und Ostkirche, München 1937, S. 191 f.; cf. E. I. Kimmel, Libri symbolici Ecclesiae Orientalis, Jena 1843.)
[4] Zakon Božij (Pervaja kniga o pravoslavnoj vere), S. 252.
[5] A. Semenoff-Tian-Chansky, Catéchisme orthodoxe, S. 60.
[a] Mysterien, Sakramente.

Jürgen Thomassen (geb. 1946)
Überlegungen zur Heilswirksamkeit der Verkündigung (1984)

175 Das Wort Gottes – wirksam über das Verstehen seiner Inhalte

In: L. Lies (Hrsg.), Praesentia Christi. Studien Johannes Betz zu Ehren, Düsseldorf 1984, 311–320.

Der Autor, in Würzburg tätiger Dogmatiker, setzt sich kritisch mit vorausgehenden Versuchen auseinander, das Wirken des Verkündigungswortes allzusehr in Analogie zum Wirken der Sakramente zu deuten. Das Wort der Verkündigung wirke demgegenüber über das Verstehen seiner Inhalte.

315 Jedes wahrhaft menschliche Sprechen (Sprechen als *actus humanus*) weist – freilich in wechselnder Intensität – drei „Funktionen" oder „Leistungen" auf, nämlich Darstellung, Ausdruck und Appell.[1]

[1] K. *Bühler*, Sprachtheorie. Die Darstellungsfunktion der Sprache, Stuttgart ²1965 (= Jena 1934), 35, vgl. 28; B. *Liebrucks*, Sprache und Bewußtsein I, Frankfurt 1964, 215–221.

176
316 4. Aufgrund der Besonderheit, ja Analogielosigkeit des Inhalts der christlichen Verkündigung realisiert sich die bei jedem Sprechen gegebene Ausdrucksfunktion beim Sprechen der Verkündigung als *Zeugnis* im theologischen Sinn. Ganz besonders gilt das für die Verkündigung Jesu: Indem er den Vater und seine βασιλεία[a] verkündigt, bezeugt und offenbart er sich selbst als Sohn und Bringer der βασιλεία.

Auch die Appellhaftigkeit des Sprechens erhält aufgrund des besonderen Inhalts der Verkündigung eine ganz neue Dimension; sie erschöpft sich nicht länger darin, vom Hörer Aufmerksamkeit und erkenntnismäßige Zustimmung zu erbitten. Der Glaube besteht ja nicht nur in Zustimmung zu inhaltlich wahren Aussagen; er umfaßt gleichermaßen Vertrauen auf Gott, tätige Nachfolge Jesu, Danksagen. Die Verkündigung ist Appell zu solchem Verhalten. Es wird appelliert an die Einsicht des Menschen, mehr noch: an seine Glaubensbereitschaft, an seine immer unerfüllte Hoffnung, an sein Liebesverlangen und seine Liebesfähigkeit, an seine Erfahrung des Sinnes dieser Welt und der Sinnlosigkeit derselben Welt. Niemand kann ihn zwingen, sein Verlangen nach Glaube, Hoffnung und Liebe mit den ihm nahegebrachten Inhalten nun wirklich zu füllen. Es bleibt beim Appell, beim die Freiheit herausfordernden objektiven Sinnangebot, bei der Einladung zum Glauben an Christus, beim *Umkehrruf.* Wie das Zeugnis nicht nur das Existenzverständnis des Predigers oder auch der frühen Christen bezeugt, sondern die Heilstat Christi, so ruft der Anspruch nicht nur zur Eigentlichkeit der Existenz auf, sondern in die gläubige Nachfolge.

177 Hochschätzung der Verkündigung geschieht nicht unbedingt dort, wo man alle möglichen Heilsgüter in ihr vergegenwärtigt sieht, sondern dort, wo erkannt und anerkannt wird, daß die durch ihren besonderen Inhalt von allem anderen Sprechen abgehobene Verkündigung auf Glauben, auf die Ermöglichung von Umkehr und Nachfolge zielt und eben darin ihre Heilswirksamkeit liegt; denn „der Glaube kommt aus dem Hören".[1] Dabei ist wichtig, daß der gesamte Vorgang des Verkündigens und Zum-Glauben-Kommens (und nicht nur einzelne Momente daran oder etwa der Umstand, daß auch eine unerleuchtete Predigt Glauben wecken und stärken kann) als gnadengewirkt verstanden wird.

[1] Röm 10,17: ἡ πίστις ἐξ ἀκοῆς. Die „Einheitsübersetzung der Heiligen Schrift" von 1982 übersetzt hier: „So gründet der Glaube in der Botschaft" und betont so (mehr, als an dieser Stelle erforderlich) die Inhaltsbezogenheit des Glaubens: „Botschaft" bezeichnet – wie κήρυγμα, aber eigentlich anders als ἀκοή – sowohl den übermittelnden Vorgang wie auch den übermittelten Inhalt.
[a] Basileia: Königsherrschaft (Gottes).

178
Der *Appell,* der an die Hörer gerichtet wird, ist kein anderer als der des objektiven Heilsereignisses selbst. Und nicht nur aus dem Damals Jesu kommt dieser Appell: Der auferstandene, erhöhte, heute lebende Christus richtet sich durch die Verkündigung an die Menschen der jeweiligen Zeit:

320 beschwörend, in Liebe einladend, in die Nachfolge rufend, appellierend. Und ihm, dem Appellierenden, ist es zu verdanken, wenn der Appell Erfolg hat und zum Glauben führt oder Glauben vertieft. Zeugnis und Appell der christlichen Predigt geschehen immer in der Gnade Christi und werden so den Menschen zum Heil.

179 6. Schon für die alltäglichsten Lebensbereiche gilt, für große Probleme gleichermaßen wie für fast unbemerkte Kleinigkeiten: Wo der Mensch zur *Wahrheit* kommt, dort kommt er zum *Heil,* zu neuem *Leben.* Um wieviel mehr trifft das zu für den Bereich der letzten Sinndeutung des Lebens, um wieviel mehr trifft das zu, wenn Sinn und Ziel des Menschen keine bloße Idee sind, sondern eine Person: Jesus Christus!

Wolfgang Beinert (geb. 1933)
Heil und Heilung durch den Glauben der Kirche (1985)
180 Die Heilkraft der Sakramente
In: W. Beinert (Hrsg.), Hilft Glaube heilen?, Düsseldorf 1985, 78 f.

Daß die Sakramente im Dienst eines ganzheitlichen Heiles stehen, das auch den Leib des Menschen und seine Welt umfaßt, ist ein Gedanke, der in der Tradition der Kirche deutliche Anhaltspunkte hat: Die Sakramente können und sollen je auf ihre Weise zerbrochene oder gestörte Ganzheit heilen. W. Beinert, der in Bochum und Regensburg wirkende Dogmatiker, hat diese „therapeutische" Dimension sakramentalen Handelns der Kirche neu ins Bewußtsein gehoben.

78 In den sieben Heilszeichen der Kirche erreicht die Sakramentalität Christi und der Kirche ihren konkreten Bezugspunkt. Denn wenigstens sechs von ihnen sind unmittelbar personalen und biologischen Grundsituationen zugeordnet, Situationen also, die in besonderem Maß auch störungsanfällig sind: Geburt und Reifung, Nahrung und Frieden, Sexualität und Krankheit. Alle diese Knotenpunkte der menschli-

79 chen Existenz sind Befindlichkeiten, die den ganzen Menschen und die ihn ganzheitlich betreffen. Es darf dann von den Ansätzen der neutestamentlichen Soteriologie[a] her erwartet werden, daß sich gerade hier auch Heil und Heilung besonders deutlich erweisen.

181 Das mag eine überraschende These für manche sein. Sie ist aber alles andere als neu. Wir haben nur die Reichtümer der Tradition

der Kirche weithin vergessen. Wer sich etwa bei den Kirchenvätern umschaut, dem begegnet eine geradezu überbordende Menge von Belegstellen, die die psychosomatischen Effekte der Sakramente bezeugen. Die Alte Kirche lebte aus der sicheren Überzeugung, daß sie das Leben des Leibes wie der Seele gewinnen, fördern oder erhalten. Sie war so nachhaltig, daß sie sich über die Zeiten und ihre Verkürzungen bis heute in der Liturgie erhalten hat.

[a] Lehre von der Erlösung.

Francisco Taborda
Sakramente: Praxis und Fest (1988)
182 Sakramente als Fest – Antrieb zum Handeln
Düsseldorf 1988, 170 f. (Bibliothek Theologie der Befreiung).

Der seit 1982 in Belo Horizonte lehrende südamerikanische Theologe zeigt den Zusammenhang zwischen Feier und Praxis, wie er gerade für die Sakramente charakteristisch ist oder doch sein sollte: Das Handeln Gottes wird in der sakramentalen Feier entgegengenommen; gerade so treibt es den Christen zum Handeln.

170 Zusammenfassend können wir sagen: Die Formel, die Sakramente wirkten „ex opere operato"[a], bedeutet *negativ*, daß ihre Kraft nicht vom Menschen abhängt; und sie bedeutet *positiv*, daß sie der Ertrag des Werkes Christi, seines Lebens, seines Todes und seiner Auferstehung ist, deren „Gedächtnis" wir begehen, und daß der Akt des Gedenkens ein bleibendes Angebot von seiten Gottes an den Menschen ist, ob dieser es nun annimmt oder nicht. Damit gibt der Ausdruck der sakramentalen Handlung als solcher den absoluten Vorrang, wobei wir in dieser ein Fest sehen, das die Gemeinde aufgrund eines Kairos[b] feiert, den ein Christ erlebt hat und den sie im Lichte des Geheimnisses Christi betrachtet. Das Fest wirkt in die Praxis hinein, nicht weil da dieser oder jener etwas zu feiern hätte, sondern weil das Geheimnis Christi, sein gefährliches und subversives Gedächtnis (opus operatum), gefeiert und so diesem konkreten Mitglied der Gemeinschaft (opus operantis)[c] wie auch in ihm und durch es dieser konkreten Gemeinde als Möglichkeit zu leben angeboten wird. Wie das Fest ein Moment ist, die Praxis samt deren Spiritualität und Triebkraft zu vertiefen, so bewegt das Sakrament – kraft des Gedächtnisses Christi – die Menschen, sich noch tiefer auf ein Leben in der Nachfolge Jesu einzulassen.

So stehen die Sakramente zwischen Praxis und Praxis. Gott handelt im Leben des Christen, weckt christliche Spiritualität in ihm und treibt ihn damit zum Handeln – zu einem Handeln, das Gnade ist. Weil dieses Handeln aber unverdient ist, will es gefeiert werden, im Licht des in Erinnerung gerufenen Geheimnisses Christi, der im Leben wie in der Feier wirkend gegenwärtig ist. Ihrerseits vertieft und intensiviert die Feier auf affektiver und emotionaler Ebene die Nachfolge Jesu. Sie bewegt den Menschen zum Handeln, auch wenn dieses Sich-Bewegen-Lassen vorwegnehmende Wirkung (votum sacramenti)[d] hat, wie es den Mann nach Hause treibt, wenn er an den Kuß und an die Umarmung von seiner Frau denkt, obwohl er den Kuß ja noch gar nicht bekommen hat, sondern nur weiß, daß er ihn bekommen wird, wie einen die Vorfreude schon bei den Vorbereitungen die Feier genießen läßt, obwohl das Fest doch noch gar nicht angefangen hat. Die symbolische Geste tut ihre Wirkung, noch ehe sie gemacht worden ist, allein aus dem Wunsch, sie zu machen. Wir spüren schon das Fest, noch ehe es beginnt, in der Erwartung dessen, was da kommen wird.

Doch darf das Handeln Gottes im Sakrament nicht von den sonstigen vielfältigen Formen seines Eingreifens in unser Leben getrennt werden. Gott handelt in den Sakramenten, nicht weil er an sie gefesselt wäre oder weil er mit dem Leben nichts zu tun hätte (Praxis), sondern gerade weil er mit seiner Gnade fortwährend im Leben am Werk ist. Leben in der Nachfolge Jesu (geschichtliche Praxis „im Herrn"), das ist die *Wahrheit* der Sakramente. Darin be-wahrheitet sich (erweist sich als wahr und wird wahr gemacht), was in den Sakramenten geschieht.

Und umgekehrt bekräftigen, vereinheitlichen, veranlassen, verdichten und vervollkommnen die Sakramente, was in der geschichtlichen Nachfolge Jesu passiert. So gibt es kein Sakrament ohne Glauben und keinen Glauben ohne Sakrament.

[a] „Aus dem gewirkten Werk", „kraft der recht vollzogenen sakramentalen Handlung".
[b] Der rechte Augenblick, die richtige und entscheidende Stunde.
[c] „Werk des wirkenden" Spenders bzw. Empfängers.
[d] Das Verlangen nach dem Sakrament.

Dialogtexte der Ökumene

Gemeinsame Kommission der Katholischen Kirche
und der Koptisch-Orthodoxen Kirche
Gemeinsamer Bericht des ersten Treffens (1974)

183 Die sieben Sakramente als Quellen göttlichen Lebens
Original englisch: The Secretariat for Promoting Christian Unity, Information Service no. 24 (1974/II) 14–16, franz. Übersetzung Proche-Orient chrétien 24 (1974) 347–351.
Dt.: DWÜ 537.
Wohl der erste Dialogtext der Ökumene, der auf alle Sakramente zu sprechen kommt, entstammt dem Gespräch zwischen der Römisch-Katholischen und der Koptisch-Orthodoxen Kirche: Die sieben Sakramente Christi schenken und nähren das göttliche Leben im Menschen.

537 10. Als Hilfe zur Bewältigung einiger praktischer Probleme, die sich auf örtlicher Ebene ergeben können, möchte die Gemeinsame Kommission die Worte der Gemeinsamen Erklärung von Papst Paul VI. und Papst Shenuda III.[a] ins Gedächtnis rufen: „Das göttliche Leben ist uns geschenkt und wird in uns genährt durch die *sieben Sakramente Christi in seiner Kirche:* Taufe, Salbung (Firmung), die heilige Eucharistie, Buße, Krankensalbung, Ehe und Weihe." Hinweisen möchten wir darauf, daß diese Aussage die gemeinsame Hochschätzung und die gegenseitige Achtung unterstreicht, die wir den Sakramenten der jeweils anderen Kirche schulden. Dies muß sich in unseren pastoralen Verhaltensweisen und unserer Achtung für das Gewissen eines jeden auswirken.

[a] Vom 10. Mai 1973, vgl. DWÜ 529–531.

*Reformierter Weltbund und Sekretariat
für die Einheit der Christen*
Die Gegenwart Christi in Kirche und Welt – Schlußbericht des Dialogs (1977)

184 Christus – gegenwärtig in Gotteswort und Sakrament

Ursprüngliche Fassung in englisch, veröffentlicht in: The Secretariat for Promoting Christian Unity. Information Service, No. 35, 1977/III–IV, 18–34.
Dt.: DWÜ 487–517, hier 500.

Frucht einer Reihe von Gesprächen zum Thema „Die Gegenwart Christi in Kirche und Welt" innerhalb des Reformiert/Römisch-Katholischen Dialogs ist auch das gemeinsame Bekenntnis zur Gegenwart Christi, wie sie im Sakrament gefeiert wird, und das gemeinsame Bekenntnis zum Beistand des Heiligen Geistes beim Dienst der Kirche am Gotteswort und an den Sakramenten.

500 (54) Die Kirche ist von Christus aufgerichtet worden, um Gemeinschaft zu haben an dem Leben, das vom Vater kommt, und sie ist gesandt, die Welt in Jesus Christus zu ihrer vollen Reife zu führen, zum Ruhm und zum Lob des Vaters. Daher ist sie berufen, das sichtbare Zeugnis und Zeichen des Befreiungswillens Gottes, der in Jesus Christus geschenkten Erlösung und des kommenden Reiches des Friedens zu sein. Die Kirche erfüllt diese Aufgabe durch das, was sie tut, und das, was sie sagt, aber auch einfachhin, indem sie ist, was sie ist, da es zum Wesen der Kirche gehört, das Wort des Gerichtes und der Gnade zu verkünden und Christus in den Armen, Unterdrückten und Verzweifelten zu dienen (vgl. Mt 25,31–40). Insbesondere kommt indes die Kirche zusammen zum Zweck der Anbetung und des Gebetes, um immer neue Weisung und neue Tröstung zu empfangen und um Christi Gegenwart im Sakrament zu feiern. Um diese Mitte lebt sie, ausgerüstet mit der Vielzahl der vom Geist geschenkten Gaben (vgl. 1 Kor 12,4–11; 28–30; Röm 12,6; Eph 4,11) als eine „Koinonia"[a] derer, die einander nötig haben und einander helfen. Dadurch halten wir daran fest, daß es eine besondere Gegenwart Christi in der Kirche gibt, durch die sie in einer ganz besonderen Situation der Welt gegenübersteht, und daß die Kirche unter dem besonderen Beistand des Heiligen Geistes steht, vor allem in ihrem Dienst am Gotteswort und an den Sakramenten (vgl. Joh 14,16.25 f.; 15,26; 16,7–14).

[a] Gemeinschaft (communio).

Gemeinsame Römisch-katholische/Evangelisch-lutherische Kommission
Wege zur Gemeinschaft (1980) 16−19 und 66

185 Die zentrale Bedeutung sakramentalen Lebens
DWÜ 300f., 311.
Ursprüngliche Fassung in deutsch, veröffentlicht in: Gemeinsame Römisch-katholische/Evangelisch-lutherische Kommission: Wege zur Gemeinschaft. Paderborn/Frankfurt 1980, 7−50.

In dem Dokument, in dem es um die Suche nach einem „Weg sukzessiver Annäherung" geht, werden auch Verständnis und Praxis der Sakramente angesprochen: Bei der Wertung von Taufe und Eucharistie tritt dabei eine weitgehende Übereinstimmung zutage, aber auch die meisten der übrigen katholischen Sakramente können von lutherischer Seite als Handlungen verstanden werden, „in denen Menschen die Gnade verheißen und zugesprochen wird". Da durch die Sakramente „die geistliche Gemeinschaft in Christus" vermittelt wird, ist in der Verlebendigung der jeweiligen Sakramentenpraxis auch ein wesentlicher Schritt zur Einheit zu sehen.

300 *Sakrament*
16. Derselbe Galaterbrief, der vom einen Evangelium her den einen Glauben betont, stellt ebenso die eine *Taufe* als Quelle der Einheit heraus. Es heißt: „Denn alle seid ihr Kinder Gottes durch den Glauben in Christus Jesus. Denn ihr alle, die ihr auf Christus getauft wurdet, habt Christus angezogen. Da gilt nicht mehr Jude und Hellene, nicht Sklave und Freier, nicht Mann und Frau, ihr alle seid einer in Christus Jesus" (Gal 3,26−28). „Im Bade des Wassers durch das Wort" (Eph 5,26) formt Christus seine Kirche.

186 17. Überdies nährt er sie mit seinem Fleisch und Blut. In diesem Geschehen wird nicht nur dem einzelnen Empfänger Hilfe gewährt; die ganze Kirche wird aufgebaut. Den einen *Leib des Herrn* empfangend, werden die Gläubigen zum einen Leib. „Weil es ein Brot ist, sind die vielen ein Leib; denn wir nehmen alle teil an dem einen Brot" (1 Kor 10,17).[1] Wo „Taufe und Abendmahl dem neutestamentlichen Auftrag gemäß gespendet werden, da ist Christus wahrhaftig gegenwärtig, schenkt Versöhnung und sammelt seine Gemeinde".[2]

187 18. *Nach katholischer Überzeugung* sind mit den Grund- und Hauptsakramenten Taufe und Eucharistie[3] fünf *weitere Sakramente* verbunden: Firmung, Buße, Krankensalbung, Ordination und Ehe. In jedem sieht der katholische Glaube den Herrn gnadenvermittelnd und einheitstiftend am Werk. In jedem geht es zusammen mit dem einzelnen Empfänger immer auch um die gesamte Kirche[4], die selber als „Sakrament der Einheit" verstanden wird[5], als „Zeichen und Werkzeug für die innigste Vereinigung mit Gott wie für die Einheit der ganzen Menschheit".[6]

188

301 19. Auch nach *lutherischer Überzeugung* vollzieht sich das gnadenvermittelnde Handeln des Herrn nicht ausschließlich durch das gepredigte Wort und durch die Spendung von Taufe und Abendmahl. Beichte und seelsorgerliches Gespräch, auch Ordination, Konfirmation und kirchliche Trauung werden als Handlungen verstanden, in denen Menschen die Gnade verheißen und zugesprochen wird, auch wenn man zumeist der Ansicht ist, daß diese Handlungen nicht in vollem Sinne als Sakramente zu betrachten sind.[7]

[1] Vgl. Gemeinsame Römisch-katholische/Evangelisch-lutherische Kommission, Das Herrenmahl, Rom und Genf 1978, Nr. 25–28.
[2] Lutherische Identität, Nr. 26.
[3] Vgl. Vatikanum II, Kirchenkonstitution Nr. 7.
[4] Vgl. Vatikanum II, Kirchenkonstitution Nr. 11.
[5] Vatikanum II, Liturgiekonstitution Nr. 26.
[6] Vatikanum II, Kirchenkonstitution Nr. 1.
[7] Vgl. Apologie der Confessio Augustana, XIII, 3–17; Schmalkaldische Artikel, III. Teil, und: Das Evangelium und die Kirche, Bericht der Evangelisch-lutherischen/Römisch-katholischen Studienkommission, 1972 (zit. Malta-Bericht), Nr. 59.

189

311 *Sakrament*

66. Die geistliche Gemeinschaft in Christus wird durch Sakramente vermittelt. Es wäre deshalb ein entscheidender Schritt auf dem Wege zur Einheit der Kirchen, wenn in jeder der beiden Kirchen das sakramentale Leben eine *zentrale Bedeutung* einnähme und die Sakramente mit besonderem Ernst und unter aktiver Beteiligung der Glaubenden vollzogen würden.

Bilaterale Arbeitsgruppe der Deutschen Bischofskonferenz und und der Kirchenleitung der Vereinigten Evangelisch-lutherischen Kirche Deutschlands
Kirchengemeinschaft in Wort und Sakrament (1984)

**190 Die Kirche Christi:
Kirche des Wortes und Kirche der Sakramente**
Paderborn/Hannover 1984, 30 f.

Hatte man lange Zeit die evangelische Kirche als Kirche des Wortes und die katholische Kirche als Kirche der Sakramente charakterisiert – und hatte auch das Selbstverständnis der Kirchen dieser Charakterisierung weitgehend entsprochen –, so sagt der vorgelegte Dialogtext eindeutig, daß zur Kirche Christi beides wesensnotwendig gehört: Wort und Sakrament. Der Text bietet zugleich eine von beiden Seiten getragene Beschreibung dessen, was ein Sakrament eigentlich ist (während die Anwendung dieses Begriffes nicht gleichsinnig erfolgen kann).

30 Wort und Sakrament
(20) Die Kirche als Gemeinschaft durch, mit und in Jesus Christus ist die *Kirche des Wortes und der Sakramente.* Das gilt im Blick auf die universale Kirche und beschreibt zugleich das gottesdienstliche Leben unserer lokalen Gemeinden und Gemeinschaften.
Christus trägt und leitet die Kirche durch sein Wort und die Sakramente. „Wort" ist dabei vor allem die Verkündigung des Evangeliums. Durch die Predigt sammelt und erneuert Gott seine Kirche. Diese Gewißheit trug die Reformation, und sie hat ihren Niederschlag in neueren Lehrdokumenten der römisch-katholischen Kirche gefunden (bes. das Apost. Schreiben „Evangelii nuntiandi" Pauls VI. vom 8. 12. 1975). Gemeinsame Tradition ist es ferner, auch die Sakramente, insbesondere Taufe, Buße, Herrenmahl, vom wirkenden Wort Christi her zu verstehen. Wir lehren in unseren Kirchen, daß es das Wort ist, welches das Sakrament konstituiert. Es ist nach der Formulierung Augustins „sichtbares Wort", wie auch das Wort „hörbares Sakrament" ist. Es ist deshalb unmöglich, Wort und Sakrament auseinanderzureißen.

191 (21) Zu den Gemeinsamkeiten unserer dogmatischen und katechetischen Definitionen gehört es, daß die *Sakramente* von Jesus Christus gestiftete Gnadenmittel sind, d. h. sichtbare Zeichen, durch die Gott seine Gnade wirksam gibt, also rettet und Leben in der Gemeinschaft mit seinem Sohne Jesus Christus schenkt, wenn sie im Glauben empfangen werden.
Allerdings wird das Wort „Sakrament" in unseren Kirchen nicht in der gleichen Weise gebraucht. In der mittelalterlichen Theologie

hatte sich die Zählung von sieben kirchlichen Handlungen als Sakramente durchgesetzt; das Konzil von Trient hat, mittelalterliche Konzilsentscheidungen aufnehmend, diese Lehre dann dogmatisiert. Die Bekenntnisschriften der Evangelisch-lutherischen Kirche definieren an sich keine feste Zahl, rechnen faktisch aber nur Taufe und Abendmahl, daneben Beichte und

31 Absolution zu den Sakramenten; die Apologie des Augsburgischen Bekenntnisses ist bereit, auch die Ordination einzubeziehen (Apol XIII, 11). Heute werden in der Regel nur Taufe und Abendmahl Sakrament genannt. Dieser Unterschied im Sprachgebrauch spiegelt Differenzen in Frömmigkeit und Theologie wider, deren Gewicht noch zu prüfen ist; auch auf das Wort Sakrament ist zurückzukommen. Da aber unter uns Übereinstimmung darin besteht, daß die hl. Taufe wie das Mahl des Herrn für die Begründung und das Leben der Kirche in Christus unter dem Evangelium eine ganz einzigartige Bedeutung besitzen, können wir uns zunächst auf diese gottesdienstlichen Handlungen konzentrieren, die in unseren beiden Kirchen als Sakramente gelten.

Ökumenischer Arbeitskreis evangelischer und katholischer Theologen

Lehrverurteilungen – kirchentrennend? (I)
Rechtfertigung, Sakramente und Amt im Zeitalter der Reformation und heute, allgemeine Sakramentenlehre (1986)

192 Weitreichende Übereinstimmungen im Sakramentenverständnis bei beträchtlichen Differenzen

Hrsg. von K. Lehmann und W. Pannenberg, Freiburg/Göttingen 1986, 87 f.

In eingehender theologischer Auseinandersetzung beschäftigt sich der Ergebnisbericht des Ökumenischen Arbeitskreises evangelischer und katholischer Theologen mit den wechselseitigen Lehrverurteilungen der Kirchen im 16. Jahrhundert. Diese Lehrverwerfungen, die nicht zuletzt auch das Sakramentenverständnis betreffen, sind – so wird im einzelnen nachgewiesen – in wesentlichen Punkten sachlich nicht mehr aufrechtzuerhalten.

87 6.1 Die gegenseitigen Verwerfungen zur Sakramentenlehre haben – rückblickend geurteilt – zum Teil die gegnerische Position der Sache nach schon im 16. Jahrhundert nicht exakt getroffen . . .

6.2 Ein weiterer Teil ist angesichts der neueren Entwicklung auf beiden Seiten insofern relativiert oder sogar überholt, als sie den heutigen Partner nicht mehr oder nicht genau genug treffen, weil sich in der Lehre erhebliche Annäherungen ergeben haben.

6.3 Es bleiben jedoch aufgrund der unterschiedlichen Sprachgestalt und Praxis innerhalb dieser Komplexe beträchtliche Differenzen ...

88 Beide Seiten gehen grundsätzlich von folgenden Wesensmerkmalen des Sakraments aus: Einsetzung durch Christus, äußeres Zeichen, spezifische Verheißung bzw. Gnadenmitteilung. Sie ziehen aber im Konkreten daraus unterschiedliche Folgerungen. So kommt es zu zwei verschiedenen „Systemen", wo gleiche Aussagen unterschiedliche Bedeutung annehmen und scheinbar differente Aussagen Analoges meinen.

6.4 Einer Klärung durch weitere Diskussion bedürfen vor allem die offenen Sachfragen, welche mit den unterschiedlichen Ansätzen evangelischer und katholischer Lehre und Frömmigkeit zusammenhängen. Die fundamentale Bedeutung der Sakramente für die kirchliche Praxis erfordert eine gründliche Erörterung des Kirchenverständnisses hinsichtlich des Zusammenhangs von Wort Gottes – Sakrament – Kirche.

6.5 Insgesamt geurteilt sind die beiderseitigen Verwerfungen ekklesial nicht unbedeutsam, aber die durch sie markierten Trennungslinien bestehen in der herkömmlichen Schärfe weithin nur dann, wenn man ihre Formulierungen äußerlich betrachtet. Sobald man auf das Verständnis der Vollzüge sowie auf die theologische Begründung der Wirkweisen sieht, ergeben sich weitreichende Übereinstimmungen, die das ekklesiale Gewicht der noch bestehenden Verwerfungen mindern.[1]

[1] Die Sakramente der Taufe, Buße und Weihe (Ordination) werden im folgenden Text nicht eigens thematisiert, weil sie anderswo behandelt werden.

Gemischte Internationale Kommission für den theologischen Dialog zwischen der römisch-katholischen Kirche und der orthodoxen Kirche
Glaube, Sakramente und Einheit der Kirche (1987)

193 **Das Mysterium der Kirche: Gemeinschaft des Glaubens, Gemeinschaft der Sakramente**

In: Una Sancta 42 (1987), 264–270 (mit Auslassungen). Übersetzung aus dem französischen Originaltext von Prof. Dr. H.-J. Vogt, Tübingen.

Das 4. Treffen der Gemischten Internationalen Kommission untersucht den Zusammenhang von Glaube, Sakramenten und Kirchengemeinschaft: Sakramentale Gemeinschaft hat Gemeinschaft im Glauben zur Voraussetzung, kann in der Vergegenwärtigung des Geheimnisses, aus dem die Kirche lebt, aber auch den Glauben vermehren. Lehrübereinstimmungen und -unterschiede in der ost- und westkirchlichen Tradition werden speziell im Hinblick auf die Sakramente der Initiation – Taufe, Firmung oder Chrisamsalbung und Eucharistie – in den Blick genommen.

264 *Der liturgische Ausdruck des Glaubens*
(13) In der Kirche sind die Sakramente der bevorzugte Ort, wo der Glaube erlebt, weitergegeben und bekannt wird. In der byzantinischen Liturgietradition erbittet das erste Gebet, um jemanden zum Katechumenen zu machen, vom Herrn folgendes für den Taufbewerber: „Erfülle ihn mit Glaube, Hoffnung und Liebe zu dir, damit er begreift, daß du der einzige wahre Gott bist mit deinem einzigen Sohn, unserem Herrn Jesus Christus, und deinem Heiligen Geist." Entsprechend lautet die erste Frage, welche die Kirche an einen Taufbewerber richtet, in der lateinischen Liturgietradition so: „Was erbittest du von der Kirche?" Und der Bewerber antwortet: „Den Glauben!" – „Was gewährt dir der Glaube?" – „Das ewige Leben!"

(14) Unsere beiden Kirchen sprechen ihre Überzeugung auf diesem Gebiet gemäß dem Grundsatz aus: „Lex orandi lex credendi" (Richtschnur des Gebetes ist Richtschnur des Glaubens). Die liturgische Tradition ist für sie also die maßgebliche Auslegung der Offenbarung und so Maßstab für das Bekenntnis des wahren Glaubens.

Tatsächlich ist im liturgischen Ausdruck des Glaubens unserer Kirchen das Zeugnis der Väter und der gemeinsam gefeierten ökumenischen Konzilien immerfort für das gläubige Volk der sichere Führer im Glauben. Unabhängig von den verschiedenen theologischen Ausdrucksweisen wird dieses Zeugnis, welches seinerseits das Kerygma[a] der Heiligen Schriften entfaltet, in der liturgischen Feier je neu wirklich. Der verkündete Glaube seinerseits nährt das liturgische Gebet des Gottesvolkes.

194 *Der Heilige Geist und die Sakramente*
(15) Die Sakramente der Kirche sind „Sakramente des Glaubens"; in ihnen erhört Gott

265 der Vater die Epiklese[b], in welcher die Kirche durch dieses Gebet und das Kommen des Geistes ihren Glauben ausdrückt. Der Vater gibt darin seinen Heiligen Geist, welcher in die Fülle des Heiles in Christus einführt. Christus selbst bildet die Kirche als seinen Leib. Der Heilige Geist baut die Kirche auf. Es gibt in der Kirche keine

Gabe, die nicht ihm zugeschrieben werden könnte (Basilius der Große: PG 30, 239). Die Sakramente sind Gabe und Gnade des Heiligen Geistes in Jesus Christus innerhalb der Kirche.
Dies wird sehr knapp in einem orthodoxen Pfingsthymnus so ausgedrückt: „Der Heilige Geist ist Urheber jeder Gabe. Er läßt die Prophezeiungen hervorquellen und er macht die Priester vollkommen. Er lehrt die Unwissenden Weisheit. Aus Sündern macht er Gottesgelehrte, und er festigt die Einrichtung der Kirche."
(16) Jedes Sakrament der Kirche verleiht die Gnade des Heiligen Geistes und ist selbst in unauflöslicher Einheit zugleich Zeichen, das an die Taten Gottes in der Vergangenheit erinnert, Zeichen, welches sein Wirken in den Gläubigen und in der Kirche kundmacht, Zeichen, welches die endzeitliche Vollendung ankündigt und vorwegnimmt. So offenbart, erhellt und bekennt die Kirche in der Feier der Sakramente ihren Glauben an die Einheit des göttlichen Heilsplanes.
(17) Man wird beachten, daß alle Sakramente eine Wesensbeziehung zur Eucharistie haben. Sie ist in hervorragender Weise die Verkündigung des Glaubens; von ihr leitet sich jedes Glaubensbekenntnis her, und auf sie ist es hingeordnet. Sie allein tut tatsächlich in der Gegenwart des Herrn, die durch die Kraft des Geistes bewirkt ist, das Wunder des göttlichen Werkes kund. Denn der Herr läßt sein Werk sakramental in die Feier der Kirche übergehen. Die Sakramente der Kirche vermitteln die Gnade, drücken den Glauben an Jesus Christus aus und kräftigen ihn und sind so Zeugnisse des Glaubens.

195

266 *Der wahre Glaube und die Gemeinschaft in den Sakramenten*
(25) Die Identität des Glaubens ist also wesentlicher Bestandteil der Kirchengemeinschaft in der Feier der Sakramente. Aber eine gewisse Unterschiedlichkeit der Formulierung gefährdet nicht die Gemeinschaft unter den Ortskirchen, so lange jede Kirche unter den verschiedenen Formulierungen den einzigen echten von den Aposteln herkommenden Glauben erkennen kann.

196

268 *II. Die Sakramente der christlichen Initiation: ihre Beziehung zur Einheit der Kirche*
(37) Die christliche Initiation ist ein Ganzes, in dem die Firmsalbung die Taufe vollendet und die Eucharistie beide abschließt.
Die Einheit von Taufe, Firmung und Eucharistie in einer einzigen sakramentalen Wirklichkeit bestreitet aber nicht ihre jeweilige Besonderheit. So ist die Taufe im Wasser und im Heiligen Geist die

Teilnahme am Tod und an der Auferstehung Christi und die neue Geburt durch die Gnade. Die Firmung ist die Gabe des Heiligen Geistes, die als persönliches Geschenk dem Getauften verliehen wird. Die Eucharistie verleiht, wenn sie unter den erforderlichen Bedingungen empfangen wird, durch die Gemeinschaft mit Leib und Blut des Herrn Teilhabe am Reich Gottes, schließt die Sündenvergebung ein, die Gemeinschaft mit dem göttlichen Leben selbst und die Zugehörigkeit zur Gemeinde der Endzeit.

(38) Die Geschichte der Taufriten in Ost und West wie auch die Ausdeutung der Riten durch unsere Väter zeigen klar, daß die Initiationssakramente eine Einheit bilden. Diese Einheit wird von der orthodoxen Kirche sehr stark betont. Auch die katholische Kirche hält an ihr fest. So erklärt das neue römische Rituale für die Initiation, daß „die drei Sakramente der christlichen Initiation so eng miteinander verbunden sind, daß sie die Gläubigen voll dazu befähigen, durch den Heiligen Geist die Sendung zu erfüllen, die jeder Versammlung des christlichen Volkes in der Welt zukommt".

197 (39) Das Modell der Erteilung der Sakramente, das sich sehr früh in der Kirche entwickelt hat, zeigt klar, wie sie die verschiedenen Schritte der Initiation verstanden hat, daß sie nämlich theologisch und liturgisch die Eingliederung in Christus dadurch vollziehen, daß jemand in die Kirche eintritt und innerhalb dieser Kirche durch die Teilhabe an Leib und Blut Christi in ihm wächst. Dies alles wird bewirkt durch denselben Heiligen Geist, der den Gläubigen zum Glied am Leib des Herrn macht.

(40) Dieses alte Modell umschloß folgende Bestandteile:

(41) 1. für die Erwachsenen einen Zeitraum geistlicher Erprobung und Unterweisung, in dem die Katechumenen für ihre endgültige Eingliederung in die Kirche geformt wurden;

(42) 2. die Taufe durch den Bischof, der von Priestern und Diakonen umgeben war, oder Taufe

269 durch die Priester, die von den Diakonen unterstützt wurden, wobei ein Glaubensbekenntnis, verschiedene Fürbitten und liturgische Akte vorausgingen;

(43) 3. die Firmung oder Salbung, im Westen durch den Bischof, im Osten, wenn der Bischof abwesend war, durch den Priester, durch Handauflegung oder Salbung mit heiligem Crisam oder durch beides;

(44) 4. die Feier der Heiligen Eucharistie, während derer die neu Getauften und Gefirmten zur vollen Teilnahme am Leib Christi zugelassen wurden.

(45) Diese drei Sakramente wurden im Verlauf einer einzigen zusammengesetzten liturgischen Feier erteilt. Es folgte eine Zeit weiterer katechetischer und geistlicher Reifung durch Unterweisung und häufige Teilnahme an der Eucharistie.

(46) Dieses Modell bleibt das Ideal für beide Kirchen, weil es am besten der Weise entspricht, wie sich die ersten christlichen Kirchen, die in voller Gemeinschaft miteinander lebten, die biblische und apostolische Überlieferung angeeignet haben.

198 (47) Die Kindertaufe, die von Anfang an geübt wurde, wurde in der Kirche das am meisten übliche Verfahren für die Einführung neuer Christen in das volle Leben der Kirche. Andererseits traten im Blick auf die geistlichen Bedürfnisse der Gläubigen in der liturgischen Praxis gewisse örtliche Veränderungen ein. Diese Veränderungen haben aber das theologische Verständnis der tiefgreifenden Einheit des ganzen Verfahrens der christlichen Initiation im Heiligen Geist nicht betroffen.

(48) Im Osten hat man die zeitliche Einheit der liturgischen Feier der drei Sakramente beibehalten und unterstreicht so die Einheit des Wirkens des Heiligen Geistes und die Fülle der Eingliederung des Kindes in das sakramentale Leben der Kirche.

Im Westen hat man es oft vorgezogen, die Firmung aufzuschieben, um den Kontakt des Getauften mit dem Bischof aufrechtzuerhalten. So wurden die Priester üblicherweise nicht zur Firmspendung ermächtigt.

199 (49) Die wesentlichen Lehrpunkte über die Taufe, über die sich die beiden Kirchen einig sind, sind folgende:
1. die Heilsnotwendigkeit der Taufe;
2. die Wirkungen der Taufe, insbesondere das neue Leben in Christus und die Befreiung von der Erbsünde;
3. die Eingliederung in die Kirche durch die Taufe;
4. die Beziehung der Taufe zum Geheimnis der Dreieinigkeit;
5. die wesentliche Verbindung zwischen Taufe und Tod und Auferstehung des Herrn;
6. die Rolle des Heiligen Geistes bei der Taufe;
7. die Notwendigkeit des Wassers, welches die Taufe als das Bad der Wiedergeburt kennzeichnet.

200 (50) Andererseits gibt es zwischen den beiden Kirchen bezüglich der Taufe Meinungsverschiedenheiten:
1. die Tatsache, daß die katholische Kirche, obwohl sie die grund-

sätzliche Bedeutung der Taufe durch Eintauchen anerkennt, die Taufe doch üblicherweise durch Übergießen vollzieht;
2. die Tatsache, daß in der katholischen Kirche ein Diakon ordentlicher Spender der Taufe sein kann.
(51) Darüber hinaus hat sich aus seelsorgerlichen Gründen, z. B. um die Firmungskandidaten an der Schwelle zum Erwachsenwerden besser vorzubereiten, in einigen lateinischen Kirchen der Brauch ausgebreitet, zur ersten Kommunion Getaufte zuzulassen, die noch nicht die Firmung empfangen haben; trotzdem wurden die disziplinären Anweisungen, die an die traditionelle Reihenfolge der Sakramente der christlichen Initiation erinnern, niemals außer Kraft gesetzt. Diese Umstellung, die sowohl bei den Orthodoxen als auch bei den römischen Katholiken verständliche Widerstände und Bedenken hervorruft, fordert eine vertiefte theologische und pastorale Überlegung, denn die pastorale Praxis darf nie den Sinn der ursprünglichen Überlieferung und ihre Bedeutung für die Lehre vergessen. Man muß andererseits hier daran erinnern, daß auf die Taufe, wenn sie nach Beginn des Vernunftgebrauches erteilt wird, in der lateinischen Kirche jetzt immer die Firmung und die Teilnahme an der Eucharistie folgt.
(52) Zur gleichen Zeit sind beide Kirchen darum besorgt, für die Neophyten[c] die geistliche Formung im Glauben zu sichern. Deshalb legen sie Wert darauf, folgendes zu unterstreichen: einerseits gibt es ein notwendiges Band zwischen dem souveränen Handeln des Geistes, der durch die drei Sakramente die volle Eingliederung in das Leben der Kirche bewirkt, und der Antwort des Getauften und der Glaubensgemeinschaft; andererseits ist die volle Erleuchtung im Glauben erst möglich, wenn der Neophyt, welches sein Alter auch sein mag, alle drei Sakramente der christlichen Initiation empfangen hat.
(53) Zum Schluß sei in Erinnerung gerufen, daß das 879/80 gemeinsam durch die beiden Kirchen gefeierte Konzil von Konstantinopel festgesetzt hat, jeder (Patriarchal-)Sitz solle die alten Gewohnheiten seiner Überlieferung beibehalten, die Kirche von Rom ihre eigenen Gewohnheiten, die Kirche von Konstantinopel die ihrigen, ebenso die orientalischen Throne (vgl. Mansi XVII, 489 b).

[a] Botschaft.
[b] Anrufung, Herabrufung (des Heiligen Geistes in der Gemeinschaft der Kirche).
[c] die in die Kirche Aufgenommenen, die Neugetauften.

II.
Spezielle Sakramentenlehre

Die Taufe

Biblische Leittexte

201 Die Wassertaufe im Namen Jesu – nach Ostern allgemein geübt

Alle Texte, in denen sich die urgemeindliche Praxis spiegelt, zeigen, daß die Taufe im Namen oder auf den Namen Jesu von Anfang an allgemein geübt wurde, und zwar zunächst wohl durch Eintauchen in fließendes Wasser. Schon hier wird der Taufe die Stiftung einer einzigartig engen Beziehung zu Jesus Christus und seiner Gemeinde zugeschrieben, die zugleich von der Sünde befreit. Was in der Taufe geschenkt wird, ist vom Getauften in Glaube und Umkehr frei zu übernehmen.

Apostelgeschichte 2,37–42

^{37} Als sie das hörten, traf es sie mitten ins Herz, und sie sagten zu Petrus und den übrigen Aposteln: Was sollen wir tun, Brüder? ^{38} Petrus antwortete ihnen: Kehrt um, und jeder von euch lasse sich auf den Namen Jesu Christi taufen zur Vergebung seiner Sünden; dann werdet ihr die Gabe des Heiligen Geistes empfangen. ^{39} Denn euch und euren Kindern gilt die Verheißung und all *denen in der Ferne,* die der Herr, unser Gott, herbeirufen wird. ^{40} Mit noch vielen anderen Worten beschwor und ermahnte er sie: Laßt euch retten aus dieser verdorbenen Generation! ^{41} Die nun, die sein Wort annahmen, ließen sich taufen. An diesem Tag wurden (ihrer Gemeinschaft) etwa dreitausend Menschen hinzugefügt. ^{42} Sie hielten an der Lehre der Apostel fest und an der Gemeinschaft, am Brechen des Brotes und an den Gebeten.

Apostelgeschichte 8,9–13

202 ⁹Ein Mann namens Simon wohnte schon länger in der Stadt; er trieb Zauberei und verwirrte das Volk von Samarien, da er sich als etwas Großes ausgab. ¹⁰Alle hörten auf ihn, jung und alt, und sie sagten: Das ist die Kraft Gottes, die man die Große nennt. ¹¹Und sie schlossen sich ihm an, weil er sie lange Zeit mit seinen Zauberkünsten betörte. ¹²Als sie jedoch dem Philippus Glauben schenkten, der das Evangelium vom Reich Gottes und vom Namen Jesu Christi verkündete, ließen sie sich taufen, Männer und Frauen. ¹³Auch Simon wurde gläubig, ließ sich taufen und schloß sich dem Philippus an; und als er die großen Zeichen und Wunder sah, geriet er außer sich vor Staunen.

Apostelgeschichte 8,36–39

203 ³⁶Als sie nun weiterzogen, kamen sie zu einer Wasserstelle. Da sagte der Kämmerer: Hier ist Wasser. Was steht meiner Taufe noch im Weg? [³⁷] ³⁸Er ließ den Wagen halten, und beide, Philippus und der Kämmerer, stiegen in das Wasser hinab, und er taufte ihn. ³⁹Als sie aber aus dem Wasser stiegen, entführte der Geist des Herrn den Philippus. Der Kämmerer sah ihn nicht mehr, und er zog voll Freude weiter.

204 Die Taufe auf den Dreifaltigen Gott – in Jesus begründet

Der sog. Taufbefehl vom Ende des Mt führt die allgemeine nachösterliche Taufpraxis auf eine ausdrückliche Weisung des Auferstandenen zurück. Hier findet sich bereits die bis heute verbindliche trinitarische Taufformel. Historisch-kritisch läßt sich eine ausdrückliche Einsetzung der Taufe durch den irdischen Jesus nicht nachweisen. Wohl aber hatten die Jünger Jesu das Vorbild der Taufe Jesu durch Johannes. Von der mystischen Herkunft der Taufe (wie der Eucharistie) aus der geöffneten Seite Jesu spricht Joh.

Matthäus 28,18–20

¹⁸Da trat Jesus auf sie zu und sagte zu ihnen: Mir ist alle Macht gegeben im Himmel und auf der Erde. ¹⁹Darum geht zu allen Völkern, und macht alle Menschen zu meinen Jüngern; tauft sie auf den Namen des Vaters und des Sohnes und des Heiligen Geistes, ²⁰und lehrt sie, alles zu befolgen, was ich euch geboten habe. Seid gewiß: Ich bin bei euch alle Tage bis zum Ende der Welt.

Markus 1,9–11

205 ⁹ In jenen Tagen kam Jesus aus Nazaret in Galiläa und ließ sich von Johannes im Jordan taufen. ¹⁰ Und als er aus dem Wasser stieg, sah er, daß der Himmel sich öffnete und der Geist wie eine Taube auf ihn herabkam. ¹¹ Und eine Stimme aus dem Himmel sprach: *Du bist mein geliebter Sohn, an dir habe ich Gefallen gefunden.*

Johannes 19,31–35

206 ³¹ Weil Rüsttag war und die Körper während des Sabbats nicht am Kreuz bleiben sollten, baten die Juden Pilatus, man möge den Gekreuzigten die Beine zerschlagen und ihre Leichen dann abnehmen; denn dieser Sabbat war ein großer Feiertag. ³² Also kamen die Soldaten und zerschlugen dem ersten die Beine, dann dem andern, der mit ihm gekreuzigt worden war. ³³ Als sie aber zu Jesus kamen und sahen, daß er schon tot war, zerschlugen sie ihm die Beine nicht, ³⁴ sondern einer der Soldaten stieß mit der Lanze in seine Seite, und sogleich floß Blut und Wasser heraus. ³⁵ Und der, der es gesehen hat, hat es bezeugt, und sein Zeugnis ist wahr.

207 Die Taufe: Verbindung mit Jesus Christus und seinem Geschick

Nach der alten, von Paulus übernommenen Bekenntnisformel von Röm 10,9 – wohl einem Taufbekenntnis – bedeutet die Taufe Unterstellung unter die heilvolle Herrschaft des Kyrios Christus. In Röm 5,12–6,11 deutet Paulus diese Lebenswende als Verbindung des Täuflings mit dem Todesgeschick Jesu und seiner Auferstehung, die in der Taufe dargestellt bzw. sogar vergegenwärtigt werden.

Römerbrief 10,9

⁹ denn wenn du mit deinem Mund bekennst: „Jesus ist der Herr" und in deinem Herzen glaubst: „Gott hat ihn von den Toten auferweckt", so wirst du gerettet werden.

Römerbrief 5,12–21

208 ¹² Durch einen einzigen Menschen kam die Sünde in die Welt und durch die Sünde der Tod, und auf diese Weise gelangte der Tod zu allen Menschen, weil alle sündigten. ¹³ Sünde war schon vor dem Gesetz in der Welt, aber Sünde wird nicht angerechnet, wo es kein Gesetz gibt; ¹⁴ dennoch herrschte der Tod von Adam bis

Mose auch über die, welche nicht wie Adam durch Übertreten eines Gebots gesündigt hatten; Adam aber ist die Gestalt, die auf den Kommenden hinweist. ¹⁵ Doch anders als mit der Übertretung verhält es sich mit der Gnade; sind durch die Übertretung des einen die vielen dem Tod anheimgefallen, so ist erst recht die Gnade Gottes und die Gabe, die durch die Gnadentat des einen Menschen Jesus Christus bewirkt worden ist, den vielen reichlich zuteil geworden. ¹⁶ Anders als mit dem, was durch den einen Sünder verursacht wurde, verhält es sich mit dieser Gabe: Das Gericht führt wegen der Übertretung des einen zur Verurteilung, die Gnade führt aus vielen Übertretungen zur Gerechtsprechung. ¹⁷ Ist durch die Übertretung des einen der Tod zur Herrschaft gekommen, durch diesen einen, so werden erst recht alle, denen die Gnade und die Gabe der Gerechtigkeit reichlich zuteil wurde, leben und herrschen durch den einen, Jesus Christus. ¹⁸ Wie es also durch die Übertretung eines einzigen für alle Menschen zur Verurteilung kam, so wird es auch durch die gerechte Tat eines einzigen für alle Menschen zur Gerechtsprechung kommen, die Leben gibt. ¹⁹ Wie durch den Ungehorsam des einen Menschen die vielen zu Sündern wurden, so werden auch durch den Gehorsam des einen die vielen zu Gerechten gemacht werden. ²⁰ Das Gesetz aber ist hinzugekommen, damit die Übertretung mächtiger werde; wo jedoch die Sünde mächtig wurde, da ist die Gnade übergroß geworden. ²¹ Denn wie die Sünde herrschte und zum Tod führte, so soll auch die Gnade herrschen und durch Gerechtigkeit zu ewigem Leben führen, durch Jesus Christus, unseren Herrn.

Römerbrief 6,1–11

209 ¹ Heißt das nun, daß wir an der Sünde festhalten sollen, damit die Gnade mächtiger werde? ² Keineswegs! Wie können wir, die wir für die Sünde tot sind, noch in ihr leben? ³ Wißt ihr denn nicht, daß wir alle, die wir auf Christus Jesus getauft wurden, auf seinen Tod getauft worden sind? ⁴ Wir wurden mit ihm begraben durch die Taufe auf den Tod; und wie Christus durch die Herrlichkeit des Vaters von den Toten auferweckt wurde, so sollen auch wir als neue Menschen leben. ⁵ Wenn wir nämlich ihm gleich geworden sind in seinem Tod, dann werden wir mit ihm auch in seiner Auferstehung vereinigt sein. ⁶ Wir wissen doch: Unser alter Mensch wurde mitgekreuzigt, damit der von der Sünde beherrschte Leib vernichtet werde und wir nicht Sklaven der Sünde bleiben. ⁷ Denn wer gestorben ist, der ist frei geworden von der Sünde.

⁸ Sind wir nun mit Christus gestorben, so glauben wir, daß wir auch mit ihm leben werden. ⁹ Wir wissen, daß Christus, von den Toten auferweckt, nicht mehr stirbt; der Tod hat keine Macht mehr über ihn. ¹⁰ Denn durch sein Sterben ist er ein für allemal gestorben für die Sünde, sein Leben aber lebt er für Gott. ¹¹ So sollt auch ihr euch als Menschen begreifen, die für die Sünde tot sind, aber für Gott leben in Christus Jesus.

210 Die Taufe als Neugeburt und Begründung neuer Gemeinschaft

> Die Wirkung der Taufe kann eher unter individualem oder mehr unter kommunialem Gesichtspunkt gesehen werden. Sie ist einerseits Wiedergeburt, schafft für den Menschen einen neuen Anfang. Sie macht andrerseits zum Glied einer neuen Gemeinschaft, die Christus selber begründet hat, sie wirkt durch die Verbindung mit Christus Einheit und Gleichheit der Menschen.

Titusbrief 3,4–7

⁴ Als aber die Güte und Menschenliebe Gottes, unseres Retters, erschien, ⁵ hat er uns gerettet – nicht weil wir Werke vollbracht hätten, die uns gerecht machen können, sondern aufgrund seines Erbarmens – durch das Bad der Wiedergeburt und der Erneuerung im Heiligen Geist. ⁶ Ihn hat er in reichem Maß über uns ausgegossen durch Jesus Christus, unseren Retter, ⁷ damit wir durch seine Gnade gerecht gemacht werden und das ewige Leben erben, das wir erhoffen.

1. Korintherbrief 12,12–14

211 ¹² Denn wie der Leib eine Einheit ist, doch viele Glieder hat, alle Glieder des Leibes aber, obgleich es viele sind, einen einzigen Leib bilden: so ist es auch mit Christus. ¹³ Durch den einen Geist wurden wir in der Taufe alle in einen einzigen Leib aufgenommen, Juden und Griechen, Sklaven und Freie; und alle wurden wir mit dem einen Geist getränkt. ¹⁴ Auch der Leib besteht nicht nur aus *einem* Glied, sondern aus vielen Gliedern.

Galaterbrief 3,26–29

212 ²⁶ Ihr seid alle durch den Glauben Söhne Gottes in Christus Jesus. ²⁷ Denn ihr alle, die ihr auf Christus getauft seid, habt Christus (als Gewand) angelegt. ²⁸ Es gibt nicht mehr Juden und Griechen, nicht

Sklaven und Freie, nicht Mann und Frau; denn ihr alle seid „einer" in Christus Jesus. ²⁹ Wenn ihr aber zu Christus gehört, dann seid ihr Abrahams Nachkommen, Erben kraft der Verheißung.

Epheserbrief 4,1–6

213 ¹ Ich, der ich um des Herrn willen im Gefängnis bin, ermahne euch, ein Leben zu führen, das des Rufes würdig ist, der an euch erging. ² Seid demütig, friedfertig und geduldig, ertragt einander in Liebe, ³ und bemüht euch, die Einheit des Geistes zu wahren durch den Frieden, der euch zusammenhält. ⁴ *Ein* Leib und *ein* Geist, wie euch durch eure Berufung auch *eine* gemeinsame Hoffnung gegeben ist; ⁵ *ein* Herr, *ein* Glaube, *eine* Taufe, ⁶ *ein* Gott und Vater aller, der über allem und durch alles und in allem ist.

Epheserbrief 5,25–27

214 ²⁵ Ihr Männer, liebt eure Frauen, wie Christus die Kirche geliebt und sich für sie hingegeben hat, ²⁶ um sie im Wasser und durch das Wort rein und heilig zu machen. ²⁷ So will er die Kirche herrlich vor sich erscheinen lassen, ohne Flecken, Falten oder andere Fehler; heilig soll sie sein und makellos.

215 Die Taufe als Befreiung von der Macht der Sünde und Erleuchtung

Eine entscheidende Wirkung der Taufe ist die Befreiung aus dem Herrschaftsbereich der Sünde (vgl. Röm 5,12–6,11). Zugleich gibt die Taufe neue Orientierung, sie ist Erleuchtung. In Eph 5,14 darf man einen Hymnus der urchristlichen Taufliturgie vermuten.

Kolosserbrief 2,12–15

¹² Mit Christus wurdet ihr in der Taufe begraben, mit ihm auch auferweckt, durch den Glauben an die Kraft Gottes, der ihn von den Toten auferweckt hat. ¹³ Ihr wart tot infolge eurer Sünden, und euer Leib war unbeschnitten; Gott aber hat euch mit Christus zusammen lebendig gemacht und uns alle Sünden vergeben. ¹⁴ Er hat den Schuldschein, der gegen uns sprach, durchgestrichen und seine Forderungen, die uns anklagten, aufgehoben. Er hat ihn dadurch getilgt, daß er ihn an das Kreuz geheftet hat. ¹⁵ Die Fürsten und Gewalten hat er entwaffnet und öffentlich zur Schau gestellt; durch Christus hat er über sie triumphiert.

Epheserbrief 5,5–17

216 ⁵Denn das sollt ihr wissen: Kein unzüchtiger, schamloser oder habgieriger Mensch – das heißt kein Götzendiener – erhält ein Erbteil im Reich Christi und Gottes. ⁶Niemand täusche euch mit leeren Worten: All das zieht auf die Ungehorsamen den Zorn Gottes herab. ⁷Habt darum nichts mit ihnen gemein! ⁸Denn einst wart ihr Finsternis, jetzt aber seid ihr durch den Herrn Licht geworden. Lebt als Kinder des Lichts! ⁹Das Licht bringt lauter Güte, Gerechtigkeit und Wahrheit hervor. ¹⁰Prüft, was dem Herrn gefällt, ¹¹und habt nichts gemein mit den Werken der Finsternis, die keine Frucht bringen, sondern deckt sie auf! ¹²Denn man muß sich schämen, von dem, was sie heimlich tut, auch nur zu reden. ¹³Alles, was aufgedeckt ist, wird vom Licht erleuchtet. ¹⁴Alles Erleuchtete aber ist Licht. Deshalb heißt es: Wach auf, du Schläfer, und steh auf von den Toten, und Christus wird dein Licht sein. ¹⁵Achtet also sorgfältig darauf, wie ihr euer Leben führt, nicht töricht, sondern klug. ¹⁶Nutzt die Zeit; denn diese Tage sind böse. ¹⁷Darum seid nicht unverständig, sondern begreift, was der Wille des Herrn ist.

217 Die Taufe als von Gott gewollter Weg zum Heil

Die Taufe ist der von Gott gewollte Weg zum Heil. Sie ist für die, die darum wissen, nach dem Zeugnis des NT heilsnotwendig. Die Heilswirkung der Taufe kann dabei auf die Anrufung Gottes, das Gebet der Gemeinde mit Christus und zu Christus, zurückgeführt werden.

Markus 16,14–19

¹⁴Später erschien Jesus auch den Elf, als sie bei Tisch waren; er tadelte ihren Unglauben und ihre Verstocktheit, weil sie denen nicht glaubten, die ihn nach seiner Auferstehung gesehen hatten. ¹⁵Dann sagte er zu ihnen: Geht hinaus in die ganze Welt, und verkündet das Evangelium allen Geschöpfen! ¹⁶Wer glaubt und sich taufen läßt, wird gerettet; wer aber nicht glaubt, wird verdammt werden. ¹⁷Und durch die, die zum Glauben gekommen sind, werden folgende Zeichen geschehen: In meinem Namen werden sie Dämonen austreiben; sie werden in neuen Sprachen reden; ¹⁸wenn sie Schlangen anfassen oder tödliches Gift trinken, wird es ihnen nicht schaden; und die Kranken, denen sie die Hände auflegen, werden gesund werden.
¹⁹Nachdem Jesus, der Herr, dies zu ihnen gesagt hatte, *wurde er in den Himmel aufgenommen* und *setzte sich zur Rechten* Gottes.

Johannes 3,1−6

218 ¹Es war ein Pharisäer namens Nikodemus, ein führender Mann unter den Juden. ²Der suchte Jesus bei Nacht auf und sagte zu ihm: Rabbi, wir wissen, du bist ein Lehrer, der von Gott gekommen ist; denn niemand kann die Zeichen tun, die du tust, wenn nicht Gott mit ihm ist. ³Jesus antwortete ihm: Amen, amen, ich sage dir: Wenn jemand nicht von neuem geboren wird, kann er das Reich Gottes nicht sehen. ⁴Nikodemus entgegnete ihm: Wie kann ein Mensch, der schon alt ist, geboren werden? Er kann doch nicht in den Schoß seiner Mutter zurückkehren und ein zweites Mal geboren werden. ⁵Jesus antwortete: Amen, amen, ich sage dir: Wenn jemand nicht aus Wasser und Geist geboren wird, kann er nicht in das Reich Gottes kommen. ⁶Was aus dem Fleisch geboren ist, das ist Fleisch; was aber aus dem Geist geboren ist, das ist Geist.

1. Petrusbrief 3,21−22

219 ²¹Dem[a] entspricht die Taufe, die jetzt euch rettet. Sie dient nicht dazu, den Körper von Schmutz zu reinigen, sondern sie ist eine Bitte an Gott um ein reines Gewissen aufgrund der Auferstehung Jesu Christi, ²²der in den Himmel gegangen ist; dort ist er zur Rechten Gottes, und Engel, Gewalten und Mächte sind ihm unterworfen.

[a] D. i. der Rettung Noachs und der Seinen in der Arche „durch das Wasser" bei der Sintflut.

Lehramtliche Texte

Stephan I. (254−257)

Brief(-fragment) an Bischof Cyprian von Karthago (256)

220 Gültige Taufspendung − auch durch Häretiker

Lat.: DS 110.
Dt.: G. Koch.

Gegen die andersgeartete nordafrikanische Tradition bringt Papst Stephan der Erste in seinem Brief an Cyprian die römische Auffassung zur Geltung, daß eine nochmalige Taufe der von Häretikern Getauften nicht notwendig und nicht zulässig sei.

c. 1 ... Wenn also Menschen aus irgendeiner Häresie zu euch kommen, dann soll nichts Neues bei ihnen geschehen außer dem, was überliefert ist, daß ihnen nämlich die Hand zur Buße aufgelegt wird. Denn auch die Häretiker selbst taufen die von der anderen Seite zu ihnen Kommenden nicht im eigentlichen Sinne, sondern sie nehmen sie nur in ihre Gemeinschaft auf.

Silvester I. (314−335)

Erstes Konzil von Arles (314)

221 Gültigkeitsbedingung der Häretikertaufe: Taufe auf den Dreifaltigen Gott

Lat.: DS 123.
Dt.: G. Koch.

Im Blick auf entsprechende Irrlehren des Donatismus (vgl. Einl. in 71) wird auf der 1. Synode von Arles in Südfrankreich die Anerkennung der Häretikertaufe unter eine Bedingung gestellt: Es muß auf den Dreifaltigen Gott getauft worden sein.

Can. 9 (8) Was die Afrikaner angeht, die nach ihrer eigenen Regel die Taufe wiederholen, so wurde beschlossen: Wenn einer aus einer Häresie zur Kirche kommt, soll man ihn nach dem Glaubensbekenntnis fragen. Wenn man sieht, daß er auf den Vater und den Sohn und den Heiligen Geist getauft worden ist, dann soll ihm nur die Hand aufgelegt werden, daß er den Geist empfängt. Wenn der Gefragte nicht mit der Dreifaltigkeit antwortet, soll er getauft werden.

15. bzw. 16. Konzil von Karthago (418)

222 Die Säuglingstaufe – notwendig zur Vergebung der Sünden

Lat.: DS 223 = Mansi 3,811.
Dt.: G. Koch.

Die stark von Augustinus beeinflußte nordafrikanische Provinzialsynode hat aufgrund ihrer Rezeption in der Westkirche einen hohen lehramtlichen Rang erhalten. Ihre Canones richten sich gegen den Pelagianismus, eine vor allem im Westen der Kirche verbreitete theologische Lehre, die die menschliche Willensfreiheit einseitig betonte. Im Zusammenhang der Erbsünden- und Gnadenlehre wird auch die Notwendigkeit der Säuglingstaufe „zur Vergebung der Sünden" herausgestellt.

Can. 2 – Ebenso wurde festgelegt: Jeder, der abstreitet, daß neugeborene Kinder getauft werden müssen, oder der sagt, sie würden zwar zur Vergebung der Sünden getauft, aber sie zögen sich nichts von Adam an Erbsünde zu, was durch das Bad der Wiedergeburt auszutilgen ist – weswegen folgerichtigerweise bei ihnen die Taufform „zur Vergebung der Sünden" nicht als zutreffend, sondern als falsch anzusehen sei –, der sei ausgeschlossen. Die Aussage des Apostels „Durch einen Menschen trat die Sünde in die Welt (und durch die Sünde der Tod), und sie ging so auf alle Menschen über, da sie in ihm alle gesündigt haben[a]" (vgl. Röm 5,12), ist ja nicht anders zu verstehen, als sie die überall verbreitete katholische Kirche immer verstanden hat. Denn dieser Glaubensregel zufolge werden die Säuglinge, die für sich selbst noch keine Sünden begehen konnten, wahrhaft zur Vergebung der Sünden getauft, damit in ihnen durch die Wiedergeburt gereinigt wird, was sie durch die Geburt (die Zeugung) sich zugezogen haben.

[a] in quo (scil. Adam) omnes peccaverunt.

Innozenz III. (1198–1216)

Brief an Ymbertus, Bischof von Arles (1201)

223 Die Wirkung der Taufe – nicht gegen den Willen des Empfängers

Lat.: DS 780 f.
Dt.: NR 526.

Wohl auf entsprechende Anfragen hin untersucht Papst Innozenz III. das Problem, wieviel Freiheit die Taufe beim Empfänger voraussetzt, um wirksam zu werden. Während die eigentliche Taufwirkung die freie Zustimmung des Empfängers voraussetzt, wird nach der Überzeugung des Papstes das Merkmal des Sakramentes nur dann nicht eingeprägt, wenn die Taufe einem Widerstrebenden gespendet wird. Bei Kindern, die noch nicht persönlich sündigen konnten, führt die Taufe zur Vergebung der Erbsünde.

363 *Die Wirkung der Taufe*
526 *[...] [Die Taufe der kleinen Kinder ist nicht nutzlos. Wie die Beschneidung den Menschen zum Mitglied des israelitischen Bundesvolkes machte, so schenkt die Taufe Teilnahme am Himmel.]* Denn wenn auch durch das Geheimnis der Beschneidung die Erbschuld vergeben und so die Gefahr der Verdammung beseitigt wurde, so führte sie doch nicht zum Himmelreich. [...] Dieses Tor hat erst Christi Blut seinen Gläubigen barmherzig geöffnet. Der barmherzige Gott, der niemand zugrunde gehen lassen will, läßt nicht zu, daß alle kleinen Kinder verlorengehen, die doch jeden Tag in so großer Anzahl sterben, sondern er hat auch ihnen einen Weg zum Heil gegeben. [...]

224 *Erbsünde und persönliche Sünde, ihre Vergebung*
Es gibt eine zweifache Sünde, die Erbsünde und die persönliche Sünde: die Erbsünde, der man ohne eigene Zustimmung verfällt, und die persönliche Sünde, die man mit Zustimmung begeht. Die Erbsünde also, der man ohne Zustimmung verfällt, wird auch ohne Zustimmung kraft des Sakramentes erlassen; die persönliche Sünde aber, die man mit Zustimmung begeht, wird nicht ohne eigene Zustimmung erlassen. Wenn nun auch in der Taufe die Erbsünde dem kleinen Kinde vergeben wird, das seine Zustimmung nicht geben kann, so werden doch einem Erwachsenen, der der Vernunft beraubt ist oder schläft, falls er seine Zustimmung zur Taufe nicht gibt, seine persönlichen Sünden und die Erbsünde nicht erlassen.

Man könnte fragen, warum Erwachsenen, die nicht bei Vernunft sind oder die schlafen, in der Taufe nicht wenigstens die Erbsünde erlassen werde, wie den kleinen Kindern. Darauf ist zu antworten: Der Herr, der am Sabbat den ganzen Men-
364 schen gesund gemacht hat, kennt kein unvollendetes Werk. Deshalb vergibt er die Sünden nicht zum Teil, sondern ganz.

Ferner: Die Strafe der Erbsünde ist der Verlust der Anschauung Gottes, die Strafe der persönlichen Sünde aber die Qual der ewigen Hölle. Wenn also die Erbsünde erlassen würde ohne die persönliche Schuld, dann würde er der Gottesschau nicht verlustig gehen wegen des Erlasses der Erbschuld, und doch würde er zur Strafe für die persönliche Schuld ewig in der Hölle gepeinigt. Diese beiden Tatsachen aber schließen sich aus und sind unverträglich. [...]

Innozenz III. / Gegen die Waldenser / 4. Laterankonzil   149

225 *Die Freiwilligkeit der Taufe. Das Merkmal*
Es steht im Widerspruch mit der christlichen Religion, jemanden ganz wider seinen Willen, trotz seines Widerspruchs zur Aufnahme und Beobachtung des Christentums zu *zwingen*. So unterscheiden manche, nicht ohne guten Grund, zwischen unfreiwillig und unfreiwillig, gezwungen und gezwungen, nämlich: Wer durch Schreckmittel und Strafen gewaltsam dazu gebracht wird, das Taufsakrament zu empfangen, um keinen Schaden zu leiden, der empfängt – wie übrigens auch einer, der heuchlerisch zur Taufe tritt – das Merkmal des Christentums eingeprägt, und er muß auch zur Beobachtung des christlichen Glaubens gehalten werden, da er ja unter diesen Bedingungen, wenn auch nicht bedingungslos, einverstanden war. [. . .] Wer aber niemals seine Zustimmung gibt, sondern ganz und gar widerspricht, der empfängt weder die Wirkung noch das Merkmal des Sakraments. Denn ausdrücklich widersprechen ist mehr als seine Zustimmung verweigern. [. . .]

Glaubensbekenntnis gegen die Waldenser (1208)
226 Die rettende Taufe – auch für unmündige Kinder
Lat.: DS 794 = PL 215, 1511 B.
Dt.: NR 527.

Das Bekenntnis betont gegenüber Irrlehren der Waldenser und Albigenser (vgl. Einl. in 7) die Bedeutung der Kleinkindertaufe; es sieht die Wirkung der Taufe in der Vergebung der Erbsünde wie der persönlichen Sünden.

364   527: [. . .] Wir billigen die *Taufe der kleinen Kinder*. Wir bekennen und glauben: wenn sie nach der Taufe sterben, bevor sie eine Sünde begehen, so werden sie gerettet. In der Taufe werden alle Sünden vergeben, die Erbsünde und die Sünden, die willentlich begangen sind. [. . .]

Die allgemeine IV. Kirchenversammlung im Lateran (1215)
Definition gegen die Albigenser und die Katharer (Kap. 1)
227 Über Form und Bedeutung der Taufe
Lat.: DS 802 = Mansi 22, 981 f.
Dt.: G. Koch.

In der Auseinandersetzung mit der häretischen Bewegung des Mittelalters, deren Anhänger sich selbst als Katharer (die Reinen) bezeichneten, hebt das Konzil die Heilsbedeutung bestimmter Sakramente, darunter auch der Taufe, hervor.

Das Sakrament der Taufe aber (welches zur Anrufung Gottes und seiner unteilbaren Dreifaltigkeit, nämlich des Vaters und des Sohnes und des Heiligen Geistes, im Wasser geheiligt und vollzogen wird), dieses Sakrament hilft ebensosehr den kleinen Kindern wie den Erwachsenen zum Heil, wenn es in der Form der Kirche von wem auch immer rechtmäßig gespendet wird.

Die allgemeine Kirchenversammlung zu Florenz (1438–1445)
Lehrentscheid für die Armenier (1439)
228 Die Taufe als Pforte geistlichen Lebens
Lat.: DS 1614–1627 = Mansi 31 A 1055 A/D.
Dt.: NR 528–531.

Das Armenierdekret (vgl. Einl. in 10) beschreibt im Anschluß an Thomas von Aquin und seine Tauflehre (vgl. 280) die grundlegende Funktion der Taufe sowie Materie und Form, Wirkursache und Spender, schließlich die Wirkung dieses Sakramentes.

528
365 [. . .] Die erste Stelle von allen Sakramenten hat die heilige Taufe, die *Pforte des geistlichen Lebens*. Denn durch sie werden wir Glieder Christi und eingefügt in den Leib der Kirche. Und da durch den ersten Menschen der Tod über alle gekommen ist, so können wir nach dem Wort der Wahrheit (Jo 3,5) nicht eingehen in das Himmelreich, wenn wir nicht wiedergeboren werden aus dem Wasser und dem Geist.
229
529 *Materie* dieses Sakraments ist wahres und natürliches Wasser, gleichgültig ob warm oder kalt. Die *Form* ist: Ich taufe dich im Namen des Vaters und des Sohnes und des Heiligen Geistes. Doch leugnen wir nicht, daß die Taufe auch durch folgende Worte wirklich vollzogen wird: Es wird getauft der Knecht Christi N. im Namen des Vaters und des Sohnes und des Heiligen Geistes, oder: Durch meine Hände wird getauft N. im Namen des Vaters und des Sohnes und des Heiligen Geistes. Die *Hauptursache*, aus der die Taufe ihre Kraft hat, ist die heiligste Dreifaltigkeit, die *werkzeugliche Ursache* ist der Spender, der äußerlich das Sakrament vermittelt. Wenn deshalb, verbunden mit der Anrufung der heiligsten Dreifaltigkeit, die Handlung *(auch durch die Worte)* ausgesprochen wird, die der Spender ausführt, so wird das Sakrament gespendet.

230

530 Der *Spender* dieses Sakraments ist der Priester, dem es von Amts wegen zusteht, zu taufen. Im Notfall aber kann nicht nur Priester und Diakon, sondern auch ein Laie, eine Frau, ja sogar ein Heide und Irrgläubiger taufen, wenn er nur die Form der Kirche einhält und das tun will, was die Kirche tut.

231

531 Die *Wirkung* dieses Sakraments ist die Vergebung jeder Schuld, der Erbschuld und der persönlichen Schuld, sowie jeder Strafe, die diese Schuld nach sich zieht. Deshalb darf man den Getauften für die vergangenen Sünden keine Genugtuung auferlegen, sondern sie kommen sogleich ins Himmelreich und zur Anschauung Gottes, wenn sie sterben, bevor sie eine Schuld begehen. [...]

Die allgemeine Kirchenversammlung zu Trient (1545–1563)
Lehrsätze über das Sakrament der Taufe (7. Sitzung 1547)

232 Die Tauflehre der katholischen Tradition

Lat.: DS 1614–1627 = Mansi 33, 53 C–54 E.
Dt.: NR 532–545.

In Auseinandersetzung mit reformatorischen Lehrpositionen, aber auch beispielsweise mit den Wiedertäufern, faßt die 7. Sitzung des Trienter Konzils die katholische Tauflehre, wie sie sich im Laufe früherer Lehrauseinandersetzungen herausgebildet hatte, noch einmal zusammen.

532 1. Wer sagt, die Taufe des Johannes habe dieselbe Kraft gehabt wie die Taufe Christi, der sei ausgeschlossen.

233

533 2. Wer sagt, zur Taufe sei nicht wirkliches und natürliches Wasser notwendig, und wer so jene Worte unseres Herrn Jesus Christus: Wer nicht wiedergeboren ist aus dem Wasser und dem Heiligen Geist (Jo 3,5), zu einer übertragenen Bedeutung herabmindert, der sei ausgeschlossen.

234

534 3. Wer sagt, in der römischen Kirche, die aller Kirchen Mutter und Lehrmeisterin ist, sei nicht die wahre Lehre vom Sakrament der Taufe, der sei ausgeschlossen.

235

535 4. Wer sagt, die Taufe, obschon im Namen des Vaters und des Sohnes und des Heiligen Geistes, mit der Absicht, zu tun, was die Kirche tut, aber von Irrgläubigen gespendet, sei keine wahre Taufe, der sei ausgeschlossen.

383 1614 Can. 1. Si quis dixerit, baptismum Ioannis habuisse eandem vim cum baptismo Christi: an. s.

1615 Can. 2. Si quis dixerit, aquam veram et naturalem non esse de necessitate baptismi, atque ideo verba illa Domini nostri Iesu Christi: „Nisi quis renatus fuerit ex aqua et Spiritu Sancto" *[Io 3,5]* ad metaphoram aliquam detorserit: an. s.

1616 Can. 3. Si quis dixerit, in Ecclesia Romana (quae omnium ecclesiarum mater est et magistra) non esse veram de baptismi sacramento doctrinam: an. s.

1617 Can. 4. Si quis dixerit, baptismum, qui etiam datur ab haereticis in nomine Patris et Filii et Spiritus Sancti, cum intentione faciendi quod facit Ecclesia, non esse verum baptismum: an. s.

236

536 5. Wer sagt, die Taufe stehe frei, d. h. sei nicht notwendig zum Heil, der sei ausgeschlossen.

237

537 6. Wer sagt, der Getaufte könne, auch wenn er wolle, die Gnade nicht mehr verlieren, soviel er auch sündige, wenn er nur nicht den Glauben aufgibt, der sei ausgeschlossen.

238

538 7. Wer sagt, die Getauften würden durch die Taufe selber nur auf den Glauben verpflichtet, nicht aber auf die Beobachtung des ganzen Gesetzes Christi, der sei ausgeschlossen.

239

539 8. Wer sagt, die Getauften seien von allen Vorschriften der heiligen Kirche frei, geschriebenen oder überlieferten, und sie seien zu ihrer Beobachtung nicht gehalten, wenn sie sich ihnen nicht aus eigenem Antrieb unterwerfen wollten, der sei ausgeschlossen.

240

540 9. Wer sagt, man müsse die Menschen so zum Bewußtsein der empfangenen Taufe zurückführen, daß sie alle Gelübde, die nach der Taufe gemacht werden, kraft des Versprechens, das schon bei der Taufe gemacht wurde, für ungültig halten, da durch sie ja dem Glauben, den sie bekannt haben, und der Taufe selber Abbruch geschehe, der sei ausgeschlossen.

241

541 10. Wer sagt, alle Sünden, die man nach der Taufe begeht, würden durch die bloße Erinnerung und durch den Glauben an die empfangene Taufe erlassen oder zu läßlichen Sünden, der sei ausgeschlossen.

1618	Can. 5. Si quis dixerit, baptismum liberum esse, hoc est non necessarium ad salutem: an. s.
1619	Can. 6. Si quis dixerit, baptizatum non posse, etiamsi velit, gratiam amittere, quantumcumque peccet, nisi nolit credere: an. s.
1620	Can. 7. Si quis dixerit, baptizatos per baptismum ipsum solius tantum fidei debitores fieri, non autem universae legis Christi servandae: an. s.
1621	Can. 8. Si quis dixerit, baptizatos liberos esse ab omnibus sanctae Ecclesiae praeceptis, quae vel scripta vel tradita sunt, ita ut ea observare non teneantur, nisi se sua sponte illis summittere voluerint: an. s.
1622	Can. 9. Si quis dixerit, ita revocandos esse homines ad baptismi suscepti memoriam, ut vota omnia, quae post baptismum fiunt, vi promissionis in baptismo ipso iam factae irrita esse intelligant, quasi per ea et fidei, quam professi sunt, detrahatur, et ipsi baptismo: an. s.
1623	Can. 10. Si quis dixerit, peccata omnia, quae post baptismum fiunt, sola recordatione et fide suscepti baptismi vel dimitti vel venialia fieri: an. s.

242

68 542 11. Wer sagt, die wahre und richtig gespendete Taufe müsse wiederholt werden, wenn jemand vor den Ungläubigen den Glauben an Christus verleugnet und jetzt zur Buße umkehrt, der sei ausgeschlossen.

243

543 12. Wer sagt, niemand solle getauft werden, außer in dem Alter, in dem Christus getauft wurde, oder in der Todesstunde, der sei ausgeschlossen.

244

544 13. Wer sagt, die kleinen Kinder dürfe man nach Empfang der Taufe nicht zu den Gläubigen zählen, weil sie ja noch nicht tatsächlich glaubten, und sie müßten deshalb, wenn sie zu den Jahren der Unterscheidung kämen, wieder getauft werden, oder es sei besser, ihre Taufe zu unterlassen, als sie ohne eigenen Glaubensakt zu taufen nur aufgrund des Glaubens der Kirche, der sei ausgeschlossen.

245

545 14. Wer sagt, solche kleine Kinder, die getauft wurden, müsse man in reiferem Alter fragen, ob sie das bestätigen wollten, was die Paten in ihrem Namen bei der Taufe versprochen haben, und

wenn sie antworteten, sie wollten es nicht, dann müsse man sie ihrem eigenen Gutdünken überlassen und man dürfe sie einstweilen mit keiner anderen Strafe zum christlichen Leben zwingen, als daß man sie von dem Empfang der Eucharistie und der anderen Sakramente fernhalte, bis sie sich eines Bessern besännen, der sei ausgeschlossen.

384 1624 Can. 11. Si quis dixerit, verum et rite collatum baptismum iterandum esse illi, qui apud infideles fidem Christi negaverit, cum ad paenitentiam convertitur: an. s.

1625 Can. 12. Si quis dixerit, neminem esse baptizandum nisi ea aetate, qua Christus baptizatus est, vel in ipso mortis articulo: an. s.

1626 Can. 13. Si quis dixerit, parvulos eo, quod actum credendi non habent, suscepto baptismo inter fideles computandos non esse, ac propterea, cum ad annos discretionis pervenerint, esse rebaptizandos, aut praestare omitti eorum baptisma, quam eos non actu proprio credentes baptizari in sola fide Ecclesiae: an. s.

1627 Can. 14. Si quis dixerit, huiusmodi parvulos baptizatos, cum adoleverint, interrogandos esse, an ratum habere velint, quod patrini eorum nomine, dum baptizarentur, polliciti sunt, et ubi se nolle responderint, suo esse arbitrio relinquendos nec alia interim poena ad christianam vitam cogendos, nisi ut ab Eucharistiae aliorumque sacramentorum perceptione arceantur, donec resipiscant: an. s.

Pius X. (1903–1914)
Dekret des heiligen Offiziums „Lamentabili" (1907)

246 Taufe und Kindertaufe –
keine Erfindungen der christlichen Gemeinde

Lat.: DS 3442 f.
Dt.: NR 546 f.

Gegen den sog. Modernismus (vgl. Einl. in 29) lehnt das Dekret Lamentabili die Auffassung ab, die Taufe und speziell noch einmal die Kindertaufe seien im Blick auf die Entfaltung christlichen Gemeindelebens von der Gemeinde selbst eingeführt worden. Die nachstehenden Sätze werden zurückgewiesen:

368 [546] 42. Die christliche Gemeinde schuf die Notwendigkeit der Taufe dadurch, daß sie jenen Ritus als notwendig einführte *(über-*
369 *nahm)* und an ihn die Verpflichtung des christlichen Bekenntnisses knüpfte.

247
[547] 43. Der Brauch, die kleinen Kinder zu taufen, ist eine Entwicklung kirchlicher Ordnung. Er war einer der Gründe, daß sich dieses Sakrament in zwei Sakramente auflöste, nämlich Taufe und Buße.

Die allgemeine II. Kirchenversammlung im Vatikan (1962–1965)
Konstitution über die heilige Liturgie (1963)

248 Die Taufe als Einfügung in das Pascha-Mysterium Christi

Lat.: LThK E I 20; 64; 66 = AAS 56 (1964) 101; 118.
Dt.: LThK E I 21; 65; 67.
Kommentar: J. A. Jungmann, in: LThK E I, 10–109, zur Stelle 20; 66.

Als Grund des Heilswirkens der Taufe nennt die Liturgiekonstitution den Einbezug in das Pascha-Mysterium Christi, d. h. in Christi Tod und Auferstehung, und die Verleihung des Geistes der Kindschaft (1. Kap.). In der Folge werden die Getauften auch zu Mitträgern der Liturgie, zu „wahren Anbetern, wie der Vater sie sucht". Daß die Taufe nicht „automatisch" wirkt, zeigt die Liturgiekonstitution u. a. auch durch die Wiederherstellung des Katechumenats als Zeit der Einführung und Einübung in den Glauben (3. Kap., vgl. das Missionsdekret Ad Gentes, 14 f., LThK E III, 57).

21 6. Wie daher Christus vom Vater gesandt ist, so hat er selbst die vom Heiligen Geist erfüllten Apostel gesandt, nicht nur das Evangelium aller Kreatur zu verkünden[1], die Botschaft, daß der Sohn Gottes uns durch seinen Tod und seine Auferstehung der Macht des Satans entrissen[2] und in das Reich des Vaters versetzt hat, sondern auch das von ihnen verkündete Heilswerk zu vollziehen durch Opfer und Sakrament, um die das ganze liturgische Leben kreist. So werden die Menschen durch die Taufe in das Pascha-Mysterium Christi eingefügt. Mit Christus gestorben, werden sie mit ihm begraben und mit ihm auferweckt.[3] Sie empfangen den Geist der Kindschaft, „in dem wir Abba, Vater, rufen" (Röm 8,15), und werden so zu wahren Anbetern, wie der Vater sie sucht.[4] Ebenso verkünden sie, sooft sie das Herrenmahl genießen, den Tod des Herrn, bis er wiederkommt.[5] Deswegen wurden am Pfingstfest, an dem die Kirche in der Welt offenbar wurde, „diejenigen getauft, die das Wort" des Petrus „annahmen". Und „sie verharrten in der Lehre der Apostel, in der Gemeinschaft des Brotbrechens, im Gebet ... sie lobten Gott und fanden Gnade bei allem Volk" (Apg 2,41–47).
Seither hat die Kirche niemals aufgehört, sich zur Feier des Pascha-Mysteriums zu versammeln, dabei zu lesen, „was in allen Schriften

von ihm geschrieben steht" (Lk 24,27), die Eucharistie zu feiern, in der „Sieg und Triumph seines Todes dargestellt werden"[6], und zugleich „Gott für die unsagbar große Gabe dankzusagen" (2 Kor 9,15), in Christus Jesus „zum Lob seiner Herrlichkeit" (Eph 1,12). All das aber geschieht in der Kraft des Heiligen Geistes.

[1] Vgl. Mk 16,15.
[2] Vgl. Apg 26,18.
[3] Vgl. Röm 6,4; Eph 2,6; Kol 3,1; 2 Tim 2,11.
[4] Vgl. Jo 4,23.
[5] Vgl. 1 Kor 11,26.
[6] Konzil von Trient, Sess. XIII, 11. Okt. 1551, Decr. De ss. Eucharist., c. 5: Concilium Tridentinum, Diariorum, Actorum, Epistularum, Tractatuum nova collectio, ed. Soc. Goerresiana, Bd. VII. Actorum pars IV (Freiburg i. Br. 1961) 202.

249

64. Ein mehrstufiger Katechumenat für Erwachsene soll wiederhergestellt und nach dem Urteil des Ortsordinarius eingeführt werden. So soll ermöglicht werden, daß die Zeit des Katechumenats, die zu angemessener Einführung bestimmt ist, durch heilige, in gewissen Zeitabschnitten aufeinanderfolgende Riten geheiligt wird.

250 65. In den Missionsländern soll es erlaubt sein, außer den Elementen der Initiation, die in der christlichen Überlieferung enthalten sind, auch jene zuzulassen, die sich bei den einzelnen Völkern im Gebrauch befinden, sofern sie ... dem christlichen Ritus angepaßt werden können.

Dogmatische Konstitution über die Kirche (1964)

251 Die Taufe als Eingliederung in den Leib Christi und Berufung zur Heiligkeit

Lat.: LThK E I 166; 180; 182; 290; 292 = AAS 57 (1965) 10 f.; 15 f.; 45 f.
Dt.: LThK E I 167; 181; 183; 291; 293.
Kommentar zur Stelle: A. Grillmeier, LThK E I, 166 f.; 180 ff.; 291 ff.

Gegenüber einer individualistischen und „punktualistischen" Verkürzung des Taufverständnisses, wie es sie in früheren Jahrhunderten gegeben hatte, bringt die Kirchenkonstitution wieder den kommunialen und den prozessualen Charakter der Taufe zur Geltung: Sie fügt in die Gemeinschaft der Kirche ein und läßt an ihrer Aufgabe teilhaben. Sie ist damit entscheidende Station auf einem Weg zum Glauben und im Glauben, zur Heiligkeit und in der Heiligkeit, wozu alle berufen sind (vgl. auch LG 11, hier Nr. 39).

167 7. ... Durch die Taufe werden wir ja Christus gleichgestaltet: „Denn in einem Geiste sind wir alle getauft in einen Leib hinein" (1 Kor 12,13). Durch diesen heiligen Ritus wird die Vereinigung mit Tod und Auferstehung Christi dargestellt und bewirkt: „Wir sind nämlich mit ihm durch die Taufe hineinbegraben in den Tod"; wenn wir aber „eingepflanzt worden sind dem Gleichbild seines Todes, so werden wir es zugleich auch dem seiner Auferstehung sein" (Röm 6,4–5).

252

181 10. ... Durch die Wiedergeburt und die Sal-
183 bung mit dem Heiligen Geist werden die Getauften zu einem geistigen Bau und einem heiligen Priestertum geweiht, damit sie in allen Werken eines christlichen Menschen geistige Opfer darbringen und die Machttaten dessen verkünden, der sie aus der Finsternis in sein wunderbares Licht berufen hat (vgl. 1 Petr 2, 4–10). So sollen alle Jünger Christi ausharren im Gebet und gemeinsam Gott loben (vgl. Apg 2,42–47) und sich als lebendige, heilige, Gott wohlgefällige Opfergabe darbringen (vgl. Röm 12,1); überall auf Erden sollen sie für Christus Zeugnis geben und allen, die es fordern, Rechenschaft ablegen von der Hoffnung auf das ewige Leben, die in ihnen ist (vgl. 1 Petr 3,15).

253

291 40. Der Herr Jesus, göttlicher Lehrer und Urbild jeder Vollkommenheit, hat die Heiligkeit des Lebens, deren Urheber und Vollender er selbst ist, allen und jedem einzelnen seiner Jünger in jedweden Lebensverhältnissen gepredigt: „Seid ihr also vollkommen, wie auch euer Vater im Himmel vollkommen ist" (Mt 5,48). Allen hat er den Heiligen Geist gesandt, daß er sie innerlich bewege, Gott aus ganzem Herzen, aus ganzer Seele, aus ganzem Gemüt und aus ganzer Kraft zu lieben (vgl.
293 Mk 12,30) und einander zu lieben, wie Christus sie geliebt hat (vgl. Jo 13,34; 15,12). Die Anhänger Christi sind von Gott nicht kraft ihrer Werke, sondern aufgrund seines gnädigen Ratschlusses berufen und in Jesus dem Herrn gerechtfertigt, in der Taufe des Glaubens wahrhaft Kinder Gottes und der göttlichen Natur teilhaftig und so wirklich heilig geworden. Sie müssen daher die Heiligung, die sie empfangen haben, mit Gottes Gnade im Leben bewahren und zur vollen Entfaltung bringen. Vom Apostel werden sie gemahnt, zu leben, „wie es Heiligen geziemt" (Eph 5,3), und „als von Gott erwählte Heilige und Geliebte herzliches Erbarmen, Güte, Demut, Milde, Geduld" anzuziehen (Kol 3,12) und die

Früchte des Geistes zur Heiligung zu zeitigen (vgl. Gal 5,22; Röm 6,22). Da wir aber in vielem alle fehlen (vgl. Jak 3,2), bedürfen wir auch ständig der Barmherzigkeit Gottes und müssen täglich beten: „Und vergib uns unsere Schuld" (Mt 6,12).
Jedem ist also klar, daß alle Christgläubigen jeglichen Standes oder Ranges zur Fülle des christlichen Lebens und zur vollkommenen Liebe berufen sind. Durch diese Heiligkeit wird auch in der irdischen Gesellschaft eine menschlichere Weise zu leben gefördert.

Dekret über den Ökumenismus (1964)
254 Die Taufe als Grund christlicher Einheit

Lat.: LThK E II 52; 54; 116; 118 = AAS 94; 106f.
Dt.: LThK E II 53; 55; 117; 119.
Kommentar: J. Feiner, in: LThK E II, 40−126; zur Stelle 50−58; 116−119.

Das Ökumenismusdekret „Unitatis Redintegratio" würdigt die ökumenische Bedeutung der Taufe: Zusammen mit dem Glauben wirkt die Taufe Rechtfertigung vor Gott und gliedert in den Leib Christi ein. So sind alle Christen je auf ihre Weise auch mit der katholischen Kirche verbunden (Art. 3). Diese in Christus begründete Einheit bleibt freilich auf volle Verwirklichung hingeordnet (Art. 22).

53   3. ... wer an Christus glaubt und in der rechten Weise die Taufe empfangen hat, steht dadurch in einer gewissen, wenn auch nicht vollkommenen Gemeinschaft mit der katholischen Kirche. Da es zwischen ihnen und der katholischen Kirche sowohl in der Lehre und bisweilen auch in der Disziplin wie

55   auch bezüglich der Struktur der Kirche Diskrepanzen verschiedener Art gibt, so stehen sicherlich nicht wenige Hindernisse der vollen kirchlichen Gemeinschaft entgegen, bisweilen recht schwerwiegende, um deren Überwindung die ökumenische Bewegung bemüht ist. Nichtsdestoweniger sind sie durch den Glauben in der Taufe gerechtfertigt und dem Leibe Christi eingegliedert[1], darum gebührt ihnen der Ehrenname des Christen, und mit Recht werden sie von den Söhnen der katholischen Kirche als Brüder im Herrn anerkannt.[2]

[1] Vgl. Konzil v. Florenz, Sess. VIII (1439), Dekret Exsultate Deo: Mansi 31, 1055 A.
[2] Vgl. S. Augustinus, In Ps. 32, Enarratio II, 29: PL 36, 299.

255

117 22. Der Mensch wird durch das Sakrament der Taufe, wenn es gemäß der Einsetzung des Herrn recht gespendet und in der gebührenden Geistesverfassung empfangen wird, in Wahrheit dem gekreuzigten und verherrlichten Christus eingegliedert und wiedergeboren zur Teilhabe am göttlichen Leben nach jenem Wort des Apostels: „Ihr seid in der Taufe mit ihm begraben, in ihm auch auferstanden durch den Glauben an das Wirken Gottes, der ihn von den Toten auferweckt hat" (Kol 2,12).[1]
Die Taufe begründet also ein sakramentales Band der Einheit zwischen allen, die durch sie wiedergeboren sind. Dennoch ist die Taufe nur ein Anfang und Ausgangspunkt, da sie ihrem ganzen Wesen nach hinzielt auf die Erlangung der Fülle des Lebens in Christus. Daher ist die Taufe hingeordnet auf das vollständige Bekenntnis des Glaubens, auf die völlige Eingliederung in die Heilsveranstaltung, wie Christus sie gewollt hat, schließlich auf die vollständige Einfügung in die eucharistische Gemeinschaft.

119 Obgleich bei den von uns getrennten kirchlichen Gemeinschaften die aus der Taufe hervorgehende volle Einheit mit uns fehlt und obgleich sie nach unserem Glauben vor allem wegen des Fehlens des Weihesakramentes die ursprüngliche und vollständige Wirklichkeit (substantia) des eucharistischen Mysteriums nicht bewahrt haben, bekennen sie doch bei der Gedächtnisfeier des Todes und der Auferstehung des Herrn im Heiligen Abendmahl, daß hier die lebendige Gemeinschaft mit Christus bezeichnet werde, und sie erwarten seine glorreiche Wiederkunft. Deshalb sind die Lehre vom Abendmahl des Herrn, von den übrigen Sakramenten, von der Liturgie und von den Dienstämtern der Kirche notwendig Gegenstand des Dialogs.

[1] Vgl. Röm 6,4.

*Gemeinsame Synode der Bistümer
in der Bundesrepublik Deutschland (1971–1975)*
Schwerpunkte heutiger Sakramentenpastoral (1974)

256 Die Taufe – Sakrament des Glaubens

Gemeinsame Synode der Bistümer in der Bundesrepublik Deutschland, Beschlüsse der Vollversammlung, Offizielle Gesamtausgabe I, Freiburg 1976, 251.

Die Synode betont den unauflöslichen Zusammenhang zwischen Taufe und Glauben. Die Taufe ist beim Erwachsenen entscheidende Wegmarke eines Weges zum Glauben und im Glauben. Beim unmündigen Kind bedeutet die Taufe den Beginn dieses Weges, der vom Glauben der Eltern und Paten, ja der ganzen Gemeinde zu begleiten ist.

251 3. Die Eingliederung des Kindes in die Kirche

Das Kind ist durch seine gläubigen Eltern in den Raum des Glaubens gestellt. Es wird durch den Glauben seiner Eltern geheiligt (vgl. 1 Kor 7,14). Durch sie empfängt es das Verständnis der Welt und des eigenen Lebens in gläubiger Sicht. Die Eingliederung in die Kirche muß sich entsprechend seinem Wachstum und Reifen vollziehen.

3.1 Die Taufe

3.1.1 Sinn und Berechtigung der Kindertaufe

Die Synode bejaht die Praxis der Kindertaufe und weiß sich darin eins mit der Tradition der Kirche seit ihren Anfängen. In der Kindertaufe wird besonders deutlich, daß das Heil Geschenk Gottes ist. Die Synode bittet deshalb die Eltern, ihren Kindern die Taufe nicht vorzuenthalten und sie durch Wort und Beispiel in den Glauben und das Leben der Kirche einzuführen. Die Kindertaufe ist aber auch Sakrament des Glaubens. Die Eltern erbitten die Taufe für ihr Kind. Sie bekennen ihren Glauben und übernehmen die Verantwortung, ihr Kind in diesem Glauben zu erziehen. So wird der Zusammenhang zwischen Glaube und Taufe in einer der Situation des Kindes angemessenen Weise gewahrt.

Theologentexte

Justin der Märtyrer (gest. um 165)
Apologie (zwischen 150 und 155)

257 Die Taufe als Erleuchtung und Weg in die Freiheit des Glaubens

Griech.: Apol. c. 61, PG 6, 420 B – 421 B.
Dt.: Texte der Kirchenväter, zusammengestellt und hrsg. von A. Heilmann mit H. Kraft, München 1964, 252 f.

Justin, der als der bedeutendste Apologet des 2. Jahrhunderts gilt, gibt in seiner Apologie, der für den römischen Kaiser bestimmten Rechtfertigung des christlichen Glaubens, auch eine Darstellung der Taufeier. Die Taufe setzt die Entscheidung für den Glauben voraus, sie geschieht durch ein Tauchbad unter Anrufung des Dreifaltigen Gottes, sie führt aus Notwendigkeit und Unwissenheit zu Freiheit und Einsicht.

252 Alle, die sich von der Wahrheit unserer Lehren und Aussagen überzeugen lassen, die glauben und versprechen, daß sie ihr Leben darnach einzurichten vermögen, werden angeleitet, zu beten und unter Fasten Verzeihung ihrer früheren Vergehungen von Gott zu erflehen. Auch wir beten und fasten mit ihnen. Dann werden sie von uns an einen Ort geführt, wo Wasser ist, und werden neu geboren in einer Art Wiedergeburt, die wir auch selbst an uns erfahren haben. Im Namen Gottes, des Vaters und Herrn aller Dinge, und im Namen unseres Heilandes Jesus Christus und des Heiligen Geistes nehmen sie dann im Wasser ein Bad. Christus sagte ja: „Wenn ihr nicht wiedergeboren werdet, werdet ihr nicht in das Himmelreich eingehen." [Joh 3,3] Daß es nun aber für die einmal Geborenen unmöglich ist, in den Leib ihrer Mutter zurückzukehren, leuchtet allen ein. Durch den Propheten Isaias ist gesagt worden, auf welche Weise jene, die gesündigt haben und Buße tun, von ihren Sünden loskommen werden. Die Worte lauten: „Waschet, reiniget euch, schaffet die Bosheiten aus eueren Herzen fort; lernet Gutes tun, seid Anwalt der Waise und helfet der Witwe zu ihrem Recht: dann kommt und laßt uns rechten, spricht der Herr! Und wären euere Sünden rot wie Purpur, ich werde sie weiß machen wie Wolle; wären sie wie Scharlach, ich werde sie weiß machen wie Schnee. Wenn ihr aber nicht auf mich hört, soll das Schwert euch verzehren. Der Mund des Herrn hat gesprochen." [Is 1,16–20]

258 Dafür haben wir von den Aposteln folgende Begründung überkommen: Da wir bei unserer ersten Entstehung ohne unser Wissen nach Naturzwang aus feuchtem Samen infolge gegenseitiger Vereinigung unserer Eltern gezeugt wurden und in schlechten Sitten und üblen Grundsätzen aufgewachsen sind, so wird, damit wir nicht Kinder der

253 Notwendigkeit und der Unwissenheit bleiben, sondern Kinder der freien Wahl und der Einsicht und auch der Vergebung unserer früheren Sünden teilhaftig werden, im Wasser über dem, der nach der Wiedergeburt Verlangen trägt und seine Vergehen bereut hat, der Name Gottes des Allvaters und Herrn ausgesprochen. Der den Täufling zum Bade führt, gebraucht dabei nur eben diese Bezeichnung; denn einen Namen für den unnennbaren Gott vermag niemand anzugeben, und sollte jemand behaupten wollen, es gebe einen solchen, so wäre er mit unheilbarem Wahnsinn behaftet. Es heißt aber dieses Bad Erleuchtung, weil jene, die das an sich erfahren, im Geist erleuchtet werden. Aber auch im Namen Jesu Christi, des unter Pontius Pilatus Gekreuzigten, und im Namen des Heiligen Geistes, der durch die Propheten alles auf Jesus Bezügliche vorher verkündigt hat, wird abgewaschen, wer die Erleuchtung empfängt.

Irenäus von Lyon (gest. um 202)
Entlarvung und Widerlegung der falschen Gnosis II, 22, 4
(Adversus haereses, 180–185)

259 Auch das Säuglingsalter – von Christus geheiligt

Lat. Version: PG 7, 783 C – 784 B.
Dt.: BKV, Irenäus Bd. I (1912), 161 f.

Irenäus, in Kleinasien geboren, später Presbyter und Bischof von Lyon, setzt sich in seinem Werk „Adversus haereses" mit dem Gnostizismus auseinander, einer frühchristlichen (häretischen) Bewegung, die u. a. durch eine Überbewertung des Geistig-Erkenntnishaften und die Verachtung des Materiellen und der Geschichte gekennzeichnet ist. Indem Christus alle menschlichen Lebensalter durchlebt hat – so sagt Irenäus demgegenüber –, hat er auch die verschiedenen menschlichen Lebensalter ins Heil gebracht, vom Säuglingsalter bis zum Greisenalter. Der Text ist eine theologische Begründung der Säuglingstaufe, die sich seit dem 2./3. Jahrhundert einbürgert.

161 4. Mit dreißig Jahren wurde er getauft, dann kam er in dem für einen Lehrer richtigen Alter nach Jerusalem, so daß er mit Recht von allen Lehrer sich nennen hörte. Denn nicht schien er ein anderer zu sein, als er war, wie es die möchten, die ihn als eine bloße Erschei-

162 nung auffassen^a, sondern was er war, das schien er auch. Da er also als Lehrer auftrat, hatte er auch das Alter des Lehrers, indem er die menschliche Natur weder verschmähte noch überholte, noch in sich das Gesetz des menschlichen Geschlechtes aufhob, sondern jedes Alter durch die Ähnlichkeit mit ihm heiligte. Ist er doch gekommen, um alle zu retten, alle, die durch ihn für Gott wiedergeboren werden, die Säuglinge und die Kleinen, die Kinder, die Jünglinge und die Greise. So durchlebte er jedes Lebensalter, wurde den Säuglingen zuliebe ein Säugling und heiligte die Säuglinge; wurde den Kindern zuliebe ein Kind und heiligte die, welche in diesem Alter stehen, indem er ihnen das Vorbild der Frömmigkeit, der Gerechtigkeit und des Gehorsames gab; wurde den Jünglingen zuliebe ein Jüngling, wurde ihnen ein Vorbild und heiligte sie für den Herrn. So wurde er auch den Männern zuliebe ein Mann, um allen ein vollkommener Lehrer zu sein, nicht nur, indem er die Wahrheit vortrug, sondern auch dem Alter nach, indem er auch die Männer heiligte, indem er ihnen zum Vorbild wurde. Und schließlich schritt er auch zum Tode, damit er, der Erstgeborene aus den Toten, auch selbst in allem den Vorrang behaupte.[1] Er, der Fürst des Lebens und der erste von allen, wollte auch allen voranleuchten.

[1] Kol 1,18.
[a] Nach gnostischer Auffassung wurde der göttliche Logos nicht wirklich Mensch, er erschien nur als Mensch.

Tertullian (um 160 – nach 220)
Über die Taufe 1 und 18 (zwischen 195 und 205)

260 Die Taufe als Sakrament der freien Selbstverpflichtung – Plädoyer für den Taufaufschub

Lat.: CSEL 20, 201, 3–4 und 215,22–216,30.
Dt.: BKV 7, 275 und 295 ff.

Tertullian, der die Taufe vor allem als freie Selbstverpflichtung nach Art des Fahneneids versteht (vgl. Einl. in 48), setzt sich für einen Taufaufschub bei denen ein, die sich der Tragweite dieses Geschehens nicht bewußt sind oder – wie die Kinder – gar nicht bewußt sein können. Hinter der Begründung wird allerdings ein einseitiger Rigorismus sichtbar: Die Taufe wird als schwere Bürde gesehen, als strenge Verpflichtung, nicht mehr zu sündigen.

275 1. Glückseliges Sakrament unseres Wassers^a, wodurch wir, nach Abwaschung der Fehltritte unserer vorigen Blindheit, für das ewige Leben in Freiheit gesetzt werden!

[a] Felix sacramentum aquae nostrae.

261

18. Im übrigen wissen die, deren Amt es ist, sehr wohl, daß man die Taufe niemand vorschnell und unbedacht erteilen darf. Das Gebot: „Gib jedem, der dich darum bittet"[1] hat seine besondere Beziehung und geht auf das Almosen. Bei der Taufe muß man dagegen den Ausspruch beachten: „Gebet das Heilige nicht den Hunden und werfet eure Perlen nicht den Schweinen vor"[2], und dann: „Leget niemand vorschnell die Hände auf, damit ihr nicht fremder Sünden teilhaftig werdet".[3]

... so ist denn je nach dem Zustande einer Person, nach ihrer Disposition und auch nach ihrem Alter ein Hinausschieben der Taufe ersprießlicher, vornehmlich aber hinsichtlich der Kinder. Denn was ist es nötig, auch die Paten sogar noch einer Gefahr auszusetzen, da es ja möglich ist, daß dieselben auch ihrerseits ihre Versprechungen wegen Hinsterbens nicht halten oder andererseits beim Hervortreten einer schlechten Geistesrichtung die Betrogenen sind? Der Herr hat freilich gesagt: „Wehret ihnen nicht, zu mir zu kommen."[4] Sie sollen demnach auch kommen, wenn sie herangewachsen sind; sie sollen kommen, wenn sie gelernt haben, wenn sie darüber belehrt sind, wohin sie gehen sollen; sie mögen Christen werden, sobald sie imstande sind, Christum zu kennen. Aus welchem Grunde hat das Alter der Unschuld es so eilig mit der Nachlassung der Sünden? Will man etwa in zeitlichen Dingen mit mehr Vorsicht verfahren und die göttlichen Güter einem anvertrauen, dem man irdische noch nicht anvertraut? Sie mögen lernen um ihr Seelenheil bitten, damit es den Anschein gewinne, daß man nur einem Bittenden gegeben habe.[5] Aus keiner geringeren Ursache müssen auch die Unverheirateten hingehalten werden. Denn ihnen stehen Versuchungen bevor, den Jungfrauen wegen ihrer Geschlechtsreife, wie den Witwen in Hinsicht ihres ledigen Standes, bis sie entweder heiraten oder für die Enthaltsamkeit fest genug sind. Wenn manche einsähen, daß die Taufe eine schwere Bürde ist, so würden sie sich vor deren Erteilung mehr fürchten als vor dem Aufschub derselben. Ein vollkommener Glaube ist seines Heiles sicher.

[1] Luk 6,30.
[2] Matth 7,6.
[3] 1 Tim 5,22.
[4] Matth 19,14.
[5] Mit Anspielung auf obige Stelle Luk 6,30.

262 19. Den feierlichsten Tag für die Taufe bietet uns das Osterfest, wo auch das Leiden des Herrn, auf welches wir getauft werden, sich erfüllt hat.

Hippolyt von Rom (vor 170–235)
Die apostolische Überlieferung

263 Die Taufe – unlöslich verbunden mit dem Taufbekenntnis

Franz. Version: Aus verschiedenen Überlieferungen rekonstruiert von B. Botte, Hippolyte de Rome, La Tradition apostolique (SC), Paris 1946, 49 ff.
Dt.: G. Koch (1. Teil), Th. Schneider, Zeichen der Nähe Gottes, Mainz 1979, 73 f. (2. Teil).

Der griechisch schreibende, in Rom lebende Kirchenschriftsteller (und Gegenbischof von Rom) ist ein früher Zeuge der römischen Taufpraxis, die in der Kirche weite Verbreitung fand. Der Text zeigt, wie unlöslich die Taufhandlung mit dem trinitarischen Glaubensbekenntnis verbunden ist, das überhaupt erst als Taufbekenntnis entstanden ist. Wichtig ist auch der Hinweis auf die Taufe von Kindern, die noch nicht selber den Glauben bekennen können.

Beim Hahnenschrei sollen sie sich den Wassern nähern, die fließend und rein sein müssen.
Sie sollen sich entkleiden, und man taufe zuerst die Kinder. Wenn diese selbst antworten können, dann sollen sie antworten. Wenn sie es nicht können, dann sollen ihre Eltern antworten oder einer aus ihrer Familie.
Man taufe dann die erwachsenen Männer und schließlich die Frauen, nachdem diese ihre Haare gelöst und ihren Goldschmuck abgelegt haben. Niemand steige in das Wasser mit etwas, das nicht dazugehört.
Zu der für die Taufe festgesetzten Stunde sage der Bischof Dank über das Öl und gebe es in ein Gefäß: Dies nennt man das Öl der Danksagung. Er nehme darauf anderes Öl und spreche darüber einen Exorzismus: Man nennt es das Öl des Exorzismus. Der Diakon nehme das Öl des Exorzismus und halte sich zur Linken des Priesters, ein anderer Diakon nehme das Öl der Danksagung und halte sich zur Rechten des Priesters.
Der Priester nun, indem er jeden von denen, die die Taufe empfangen sollen, beiseite nimmt, gebiete jedem von ihnen abzuschwören, wobei er nach Westen gewandt sagt: „Ich widersage dir, Satan, und allem deinem Gepränge und allen deinen Werken." Nach dieser Erklärung salbe man ihn mit dem Öl des Exorzismus, indem man spricht: „Jeder böse Geist entferne sich von dir."

Dann bringt er ihn wieder zu dem Bischof oder zu dem Priester, der sich bei dem Wasser aufhält. Nun soll ein Diakon hinabsteigen in das Wasser mit dem, der zu taufen ist.

264

73 Wenn also der, der getauft wird, ins Wasser hinabsteigt, soll der, der ihn tauft, seine Hand auf ihn legen und ihn so ansprechen: Glaubst du an Gott den allmächtigen Vater? Und der Täufling soll antworten: Ich glaube. Und sogleich tauche der, der ihm seine Hand auf das Haupt gelegt hat, ihn ein erstes Mal ein.

74 Und danach soll er sagen: Glaubst du an Christus Jesus, den Sohn Gottes, geboren vom Heiligen Geist aus der Jungfrau Maria, gekreuzigt unter Pontius Pilatus und gestorben, lebend aus den Toten auferstanden am dritten Tag zum Himmel emporgestiegen, wo er zur Rechten des Vaters sitzt, der wiederkommen wird zum Gericht über Lebende und Tote? Und wenn jener gesagt hat: Ich glaube, soll er wiederum untergetaucht werden.

Und wieder soll er sagen: Glaubst du an den Heiligen Geist und die heilige Kirche und die Auferstehung des Fleisches? Der getauft wird soll sprechen: Ich glaube. Und so wird er ein drittes Mal untergetaucht.

Origenes (um 184 – um 254)
Kommentar zum Römerbrief V, 9

265 Die Kindertaufe als apostolische Tradition

Lat. Version: PG 14, 1047 A/C.
Dt.: G. Koch.

Origenes, zeitweilig Leiter der alexandrinischen Katechetenschule, gilt als der bedeutendste Lehrer der frühen griechischen Kirche. Origenes begründet die Sündigkeit aller Menschen vom Beginn ihres Lebens an mit der Einerschaffung der Seele in einen irdisch-materiellen Leib. Weil dieser als sündig angesehen wird, müssen schon die Kinder getauft werden. Origenes hält das für eine apostolische Tradition.

So wird auch im Gesetz befohlen, daß für ein neugeborenes Kind ein Opfer darzubringen ist, ein Paar Turteltauben oder zwei junge Täubchen: von ihnen ist das eine für die Sünde bestimmt und das andere als Brandopfer. Für welche Sünde wird dieses Täubchen geopfert? Konnte denn das gerade erst geborene Kind schon sündigen? Und trotzdem hat es Sünde, für die das Opfer darzubringen befohlen wird und von der rein zu sein keinem zugestanden ist ...

266 Deswegen hat die Kirche von den Aposteln die Tradition übernommen, auch den kleinen Kindern die Taufe zu spenden. Jene nämlich, denen das Verborgene der göttlichen Geheimnisse anvertraut wurde, wußten, daß in allen eine ursprüngliche Sündenbefleckung seiᵃ, die durch das Wasser und den Geist abgewaschen werden müßte. Deswegen auch wird der Leib Leib der Sünde genannt, ... weil [die Seele] in einem Leib der Sünde, des Todes und der Niedrigkeit geschaffen wurde.

ᵃ quod essent in omnibus genuinae sordes peccati.

Kyrill von Jerusalem (um 313–387)
Mystagogische Katechesen (348) 2. Katechese: Über die Taufe

267 Die Taufe: Teilnahme am Leiden Christi durch Nachahmung

Griech.: PG 33, 1081 A – 1083 B.
Dt.: BKV 41, 370–372.

Kyrill (vgl. Einl. in 53) macht in seiner Predigt den „Neu-Erleuchteten" deutlich, daß das Heilsgeschenk der Taufe – Sündenvergebung, Verleihung der Sohnschaft, die Gabe des Heiligen Geistes – den Getauften aufgrund der „Nachahmung" des Leidens Christi im Taufgeschehen zuteil wird.

Text: Nr. 53–55.

Gregor von Nyssa (um 335–394)
Große Katechese Kap. 35 und 36

**268 Die Taufe als Beginn ewigen Lebens
in der Gemeinschaft mit Gott**

Griech.: PG 45, 85 D – 93 A (Auszüge).
Dt.: BKV 56, 73 f.

In seinem dogmatischen Hauptwerk, der „Oratio catechetica magna", entfaltet der Bischof von Nyssa in Kappadokien auch die Lehre von der Taufe (Kap. 33–36). Er sieht die Taufe nicht nur als Reinigung von der Sünde, sondern vor allem auch als Beginn der Auferstehung und des ewigen Lebens in der Gemeinschaft mit Gott.

73 Unmöglich kann der Mensch ohne die im Wasserbad vor sich gehende Wiedergeburt zur Auferstehung gelangen, ich meine dies nicht im Hinblick auf die Umbildung und den Wiederaufbau unserer Bestandteile (denn hiezu muß unsere Natur infolge der inneren Notwendigkeit, die ihr Schöpfer in sie legte, auf jeden Fall gelangen, mag sie zur Gnade der Taufe kommen oder dieser Einwei-

hung unteilhaftig bleiben), sondern im Hinblick auf die Wiederherstellung zu jenem Leben, das da voll Seligkeit, göttlicher Art und frei von jeder Trübsal ist. Denn keineswegs gelangen alle, welche durch die Auferstehung die Rückkehr in das Sein erhalten, zu dem nämlichen Leben, sondern es wird ein großer Unterschied sein zwischen denen, welche schon die Reinigung empfingen, und jenen, die derselben noch bedürfen. Die bereits hier durch die Taufe gereinigten Seelen bekommen Zutritt zu den ihnen nun verwandten guten Geistern; mit der Reinheit ist aber auch Schmerzlosigkeit verbunden; in der Schmerzlosigkeit liegt aber nach allgemeinem Zugeständnis die Seligkeit. Diejenigen Menschen hingegen, deren Leidenschaften sich verhärteten und die kein Mittel zur Reinigung der Befleckung anwandten: weder das geheimnisvolle Wasser noch die Anrufung der göttlichen Macht, noch reumütige Besserung, müssen ebenfalls in jenen Zustand gelangen, der ihrem Wesen entspricht – dem ungeläuterten Golde aber entspricht nur der Schmelzofen –, damit das ihnen beigemengte Böse ausgeschieden werde und sie so später nach langen Zeitläuften für Gott noch Rettung finden. Da also eine reinigende Kraft im Wasser wie auch im Feuer liegt, so bedürfen diejenigen, welche durch das geheimnisvolle Wasser den Schmutz der Unreinheit abgewaschen haben, des zweiten Reinigungsmittels nicht mehr; jene dagegen, welche der Weihe durch das Wasser der Reinigung nicht teilhaftig wurden, müssen durch Feuer geläutert werden.

269

74 Kapitel 36: *Die Taufe ist ein großes Gnadengeschenk*
Denn sowohl die gewöhnliche Vernunft als auch die Lehre der Heiligen Schrift sagt uns, daß in den göttlichen Chor nicht zugelassen wird, wer nicht alle Unreinheit der Sünde von sich abgewaschen hat. Dies ist, obgleich es an sich klein und unbedeutend erscheint, der Anfang und die Voraussetzung hoher Güter. Klein nenne ich es wegen der Leichtigkeit, mit der es geleistet wird. Denn was ist das für eine Mühe zu glauben, daß Gott, weil in allem seiend, überall ist und darum auch bei denen, die seine lebendigmachende Kraft anrufen, daß er aber, wenn er gegenwärtig ist, auch das wirkt, was ihm zukommt? Der göttlichen Macht kommt nun die Errettung derer zu, die darum flehen; diese aber zeigt sich durch die Reinigung wirksam, welche durch das Wasser vollzogen wird. Der also Gereinigte tritt aber in Gemeinschaft mit der Reinheit, und die wahre Reinheit ist Gott. Du siehst demnach, wie unbedeutend der Anfang ist und wie er ohne Mühe geleistet werden kann: Glaube und Wasser; ersterer hängt von unserem

freien Willen ab, und letzteres begegnet uns allenthalben im menschlichen Leben. Aber wie groß und herrlich ist das Gut, das aus beiden erblüht – der Besitz der Gemeinschaft mit Gott!

Ambrosius (wahrsch. 339–397)
Rede anläßlich der Beerdigung Kaiser Valentinians II. (392)

270 Rechtfertigung durch das Taufverlangen

> Lat.: De obitu Val. n. 53 – CSEL 73, 355.
> Dt.: J. Auer, Kleine Kath. Dogmatik VII, 65.
>
> Obwohl Ambrosius (vgl. Einl. in 62) von der Heilsnotwendigkeit der Taufe überzeugt ist, spricht er auch dem das Heil nicht ab, der nach der Taufe bzw. dem Taufkatechumenat verlangte, aber dieses Taufbegehren nicht mehr realisieren konnte. Er setzt eine solche Begierdetaufe mit der Bluttaufe in Parallele, dem Martyrium eines Ungetauften um Christi willen.

Ich höre euch klagen: Er hat das Sakrament der Taufe nicht empfangen. Sagt mir: Was ist in uns anderes als der Wille und das Verlangen? Wahrlich, er hat das Verlangen gehabt, als Katechumene aufgenommen zu werden (ut initiaretur), noch ehe er nach Italien kam, und gab mir zu erkennen, daß er so bald als möglich von mir getauft werden möchte ... Wenn die Martyrer durch ihr Blut abgewaschen werden, dann wäscht auch diesen seine Frömmigkeit und sein Wollen ab (et hunc sua pietas abluit et voluntas).

Augustinus (354–431)
Handbüchlein über Glaube, Hoffnung und Liebe (421 bzw. 423/4)

**271 Die zur Tilgung der Erbsünde notwendige Taufe –
Aufruf zu einem Leben aus dem Pascha-Mysterium**

> Lat. und dt.: Enchiridion de fide spe et caritate, Text und Übers. hrsg. von J. Barbel, Düsseldorf 1960 (Testimonia Bd. 1) 98–107.
>
> In seiner Tauflehre setzt Augustinus (vgl. Einl. in 66) u. a. folgende Schwerpunkte: Die Taufe ist für Erwachsene und Kinder notwendig, um die Erbsünde zu tilgen, die den Menschen der ewigen Verdammnis verfallen läßt. – Was in der Taufe geschieht als Teilnahme am Geschick Christi, ist vom Getauften im Leben zu verwirklichen. (Zum Taufspender vgl. 71–74.)

99 51. Bald darauf sagt der Apostel: „Gleichwie also die Verdammnis durch die Sünde des einen über alle Menschen kam, so kommt auch die Rechtfertigung des Lebens durch die Gerechtigkeit des

einen über alle Menschen."¹ Dadurch wird hinreichend dargetan, daß es keinen aus Adam geborenen Menschen geben wird, der nicht in die Verdammnis einbegriffen ist, und es in der gleichen Weise keinen gibt, der aus der Verdammnis befreit wird, wenn er nicht aus Christus wiedergeboren wird.

[1] Röm 5,18.

272

101 52. Nachdem (Paulus) über diese Strafe, die uns durch die Schuld dieses einen Menschen anhaftet, und über diese Gnade, die uns ebenfalls durch einen Menschen zuteil wurde, so viel ausgeführt hatte, wie es ihm an dieser Stelle seines Briefes notwendig zu sein schien, pries er anschließend das große Geheimnis der heiligen Taufe im Kreuze Christi, um in uns das Verständnis dafür zu wecken, daß die Taufe in Christus nichts anderes ist als ein Bild des Todes Christi und der Tod Christi am Kreuz nichts anderes als ein Bild für die Nachlassung der Sünden. Wie er nämlich wirklich gestorben ist, so erfahren wir eine wirkliche Nachlassung der Sünden, und wie er wirklich auferstanden ist, so wird uns eine wirkliche Rechtfertigung zuteil ...

103 Wenn nun der Beweis dafür, daß wir der Sünde gestorben sind, darin liegt, daß wir im Tode Christi getauft worden sind, dann sterben auch die Kinder, die in Christus getauft werden, der Sünde, weil sie ja in seinem Tod getauft werden. Denn bei dem Satz: „Wir alle, die wir in Christus getauft sind, wir sind in seinem Tod getauft worden"¹, wird niemand ausgenommen. Damit soll also gezeigt werden, daß wir der Sünde gestorben sind. Welcher Sünde sollen aber die Kinder bei der Wiedergeburt sterben, wenn nicht der Sünde, die sie sich bei

105 ihrer Geburt zugezogen haben?

[1] Röm 6,3.

273 53. Was immer also geschehen ist am Kreuze Christi, bei seinem Begräbnis, seiner Auferstehung am dritten Tag, seiner Himmelfahrt, seinem Sitzen zur Rechten des Vaters, das geschah so, damit das christliche Leben, das (auf Erden) geführt wird, nicht bloß seinen geheimnisvollen Worten, sondern auch seinen (geheimnisvollen) Taten nachgebildet werde. Denn was das Kreuz angeht, so wird gesagt: „Die Jesus Christus zugehören, haben ihr Fleisch mit seinen Leidenschaften und Begierden gekreuzigt."¹ Was das Begräbnis betrifft: „Wir sind mit Christus begraben worden durch die Taufe in

107 den Tod."² Was die Auferstehung angeht: „Damit, wie Christus von den Toten auferstand durch die Herrlichkeit des Vaters, so auch wir in der Neuheit des Lebens wandeln."³ Was die Himmelfahrt und das Sitzen zur Rechten des Vaters betrifft: „Wenn ihr auferstanden seid mit Christus, so suchet, was droben ist, wo Christus zur Rechten des Vaters thront. Denket an das, was droben ist, nicht an das Irdische. Denn ihr seid gestorben, und euer Leben ist mit Christus in Gott verborgen."⁴

1 Gal 5,24.
2 Röm 6,4.
3 Röm 6,4.
4 Kol 3,1–3.

Theodoret von Kyros (um 393–457/58 bzw. 466)
Kommentar zu Hebr 6,4–6

274 Die Taufe: Typus des Leidens und der Auferstehung Christi – darum unwiederholbar

Griech.: PG 82, 717 AC.
Dt.: G. Koch, Strukturen und Geschichte des Heils in der Theologie des Theodoret von Kyros, Frankfurt 1974, 222.

Theodoret, Bischof von Kyros östlich von Antiochien, sieht in der Taufe den Typus, d. h. das wirksame Abbild, von Leiden und Auferstehung Christi wie unserer künftigen Auferstehung. So begründet er auch die Unwiederholbarkeit der Taufe.

222 Zu dem gänzlich Unmöglichen gehört es, sagt er (Paulus in Hebr 6,4–6), daß diejenigen, die zu der allheiligen Taufe hinzugetreten sind, die die Gnade des göttlichen Geistes erlangt haben und den Typus der ewigen Güter empfingen, wiederum hinzutreten und noch einmal einer anderen Taufe teilhaftig werden. Dies nämlich ist nichts anderes, als wiederum den Sohn Gottes ans Kreuz heften ... Wie er nämlich einmal das Leiden erduldete, so ist es entsprechend, daß auch wir einmal mit ihm an dem Leiden teilhaben. Wir werden aber mit ihm durch die Taufe begraben und erstehen mit ihm auf ... Und unser alter Mensch wurde mitgekreuzigt in der Taufe, indem er den Typus des Todes empfing ... Diese also (die Taufe) ist eine, weil sie ja den Typus des heilbringenden Leidens und der Auferstehung hat und weil sie uns die Auferstehung, die einmal sein wird, vorausabbildet.

Hrabanus Maurus (780–856)
Über die Ausbildung der Kleriker
275 Taufe als Herrschaftswechsel

Lat.: De institutione clericorum I, 25–28, PL 107, 309–313.
Dt.: Th. Schneider, Zeichen der Nähe Gottes, Mainz 1979, 80.

Hrabanus Maurus, Abt in Fulda, dann Erzbischof von Mainz, nimmt für die Deutung der Taufe einen biblischen Gedanken auf: Die Taufe bedeutet den Übergang in eine neue Herrschaft, ein Gedanke, der gerade auch im germanischen Denken, für das die Gefolgschaftstreue bedeutsam war, mit Resonanz rechnen durfte.

Erstes Sakrament ist die Taufe, denn bevor jemand mit dem heiligen Chrisam-Öl gesalbt und Teilhaber an Christi Leib und Blut wird, muß er durch die heilige Wiedergeburt rein werden ... Nachdem der Täufling durch das Bekenntnis des wahren Glaubens sich der Herrschaft eines anderen Herrn unterstellt und den Dienst des bisherigen Eigentümers aufgegeben hat, wird alle schlechte Abhängigkeit aus ihm herausgehaucht, so daß ... der böse Geist vor dem Heiligen Geiste flieht ... Sobald er aus dem Taufbrunnen gestiegen ist, salbt ihn der Priester sofort am Haupt mit dem heiligen Chrisam, und es folgt das Gebet, der Neugetaufte möge Teilhaber am Reiche Christi werden ...

Petrus Lombardus (um 1095–1160)
Die vier Bücher der Sentenzen (1142–1158)
Aus Buch IV: d. III c.1; c.2; c.9; d.IV c.5
276 Systematisierung der überlieferten Tauftheologie

Lat.: Magistri Petri Lombardi Sententiae in IV libris distinctae t.II l.III et IV, Grottaferrata (Romae) 1981, 243f.; 251; 260.
Dt.: G. Koch.

Petrus Lombardus (vgl. Einl. in 78) bringt für die Taufe das patristische Überlieferungsgut in eine systematische Ordnung und wird damit auch hier zum „Mitbegründer" des scholastischen Denkens. In diesem Sinne fragt er, was die Taufe ist, welches ihre Form sei, wann sie eingesetzt und wozu sie eingesetzt wurde. Diese und andere von ihm gestellte Fragen werden für die mittelalterliche Tauftheologie maßgeblich. Zu kurz kommt die Frage nach der kommunitären bzw. ekklesialen Dimension der Taufe.

Liber IV dist. III cap. I, 2
Taufe heißt die Eintauchung, das ist eine äußere Abwaschung des Körpers, die unter einer vorgeschriebenen Form der Worte geschieht. Wenn nämlich die Abwaschung ohne das Wort geschieht,

dann ist das kein Sakrament; aber wenn das Wort zum Element hinzutritt, dann wird es ein Sakrament: Nicht allerdings wird das Element selbst zum Sakrament, sondern die Abwaschung, die mit dem Element geschieht.

277 Liber IV dist. III cap. II
Über die Form der Taufe. Aber welches ist jenes Wort, durch dessen Hinzutreten zum Element das Sakrament entsteht? Die Wahrheit[a] lehrt dich, welche die Form überliefernd zu den Jüngern sagt: „Geht hin, lehret alle Völker, indem ihr sie tauft im Namen des Vaters und des Sohnes und des Heiligen Geistes" (Mt 28,29). Die Anrufung also der Dreifaltigkeit ist das Wort, durch das die Taufe geheiligt wird; und dies ist die Form der Worte, unter der die Taufe überliefert ist.

[a] d. i. Christus, der die Wahrheit ist.

278 Liber IV dist. III cap. IX, 1
Über den Grund der Einsetzung. Grund für die Einsetzung der Taufe ist die Erneuerung des Geistes[a], daß nämlich der Mensch, der durch die Sünde alt geworden war, durch die Gnade der Taufe erneuert werde: Dies geschieht durch das Ablegen der Laster und die Zueignung der Tugenden. So nämlich wird ein jeder ein neuer Mensch, wenn er, nachdem die Sünden abgetan worden sind, mit Tugenden geschmückt wird. Die Vernichtung der Sünden vertreibt die Scheußlichkeit, die Zueignung der Tugenden bringt den Schmuck.[b] Und dies ist die Res[c] des Sakramentes, nämlich die innere Reinigung.

[a] renovatio mentis.
[b] appositio virtutum affert decorem.
[c] die Sache (die Gnade) des Sakramentes, das, was das Sakrament bringen soll und bringt.

279 Liber IV dist. IV cap. V
Was die Taufe denen nützt, die im (rechtfertigenden) Glauben hinzutreten. Man pflegt bei jenen zu fragen, die schon geheiligt durch den Geist mit Glaube und Liebe zur Taufe hinzutreten, was ihnen die Taufe bringt. Nichts nämlich scheint sie ihnen zu gewähren, da sie nach der Vergebung ihrer Sünden durch Glaube und Reue schon gerechtfertigt sind. – Antwort. Dazu kann man gewiß sagen, daß sie zwar durch den Glauben und die Reue gerechtfertigt sind, das ist von der Befleckung der Sünde gereinigt und von der geschuldeten ewigen Strafe befreit; daß sie gleichwohl noch zu

zeitlicher Genugtuung verpflichtet sind[a], wodurch sie in der Kirche als Büßer gebunden sind.[b] Wenn sie aber die Taufe empfangen, so werden sie sowohl von den Sünden, die sie sich etwa nach der Bekehrung noch zugezogen haben, gereinigt, als auch von der äußeren Genugtuung gelöst[c], und die helfende Gnade sowie die Tugend wird vermehrt, so daß dann wahrhaftig von dem neuen Menschen gesprochen werden kann. Auch der Sündenzunder[d] wird in diesem noch weiter abgeschwächt.

[a] teneri satisfactione temporali.
[b] qua poenitentes ligantur in Ecclesia.
[c] et ab exteriori satisfactione absolvuntur.
[d] fomes peccati.

Thomas von Aquin (wahrsch. 1225–1274)

Summa theologica III q. 66 a 2c (1272)

280 Einsetzung der Taufe bei der Taufe Christi im Jordan

Lat. und dt.: Die deutsche Thomas-Ausgabe. Vollständige, ungekürzte deutsch-lateinische Ausgabe der Summa theologica, 29. Bd. (III, 60–72), Salzburg/Leipzig 1935, 152 ff.

In vielen Fragen der Tauflehre schließt sich Thomas (vgl. Einl. in 80) der überlieferten Theologie an, wobei er sie fortführt und zum Teil auch neu begründet. In der Frage der Einsetzung der Taufe entscheidet er sich unter verschiedenen, zu seiner Zeit diskutierten Lehrmeinungen klar für die Einsetzung der Taufe bei der Taufe Jesu durch Johannes den Täufer. Eine solche Auffassung läßt sich auch mit den Ergebnissen heutiger historisch-kritischer Exegese verbinden.

2. Artikel
Ist die Taufe nach dem Leiden Christi eingesetzt worden?

Antwort: Die Sakramente haben auf Grund ihrer Einsetzung die Eigenschaft, Gnade mitzuteilen.

Es scheint daher ein Sakrament dann eingesetzt zu werden, wenn es die Kraft empfängt, seine Wirkung hervorzubringen. Die Taufe aber empfing diese Kraft, als Christus getauft wurde. Somit wurde die Taufe in Wahrheit damals eingesetzt, was das Sakrament selbst anbelangt.

Dagegen wurde die Pflicht, dieses Sakrament zu empfangen, den Menschen erst nach dem Leiden und der Auferstehung auferlegt. Denn erstens wurden im Leiden Christi die vorbildlichen Sakramente voll-endet,

an deren Stelle die Taufe und die anderen Sakramente des Neuen Gesetzes traten. – Und zweitens wird der Mensch durch die Taufe dem Leiden und der Auferstehung Christi gleichgestaltet, indem er der Sünde stirbt und das neue Leben der Gerechtigkeit beginnt. Deshalb mußte Christus erst leiden und auferstehen, bevor den Menschen die Pflicht auferlegt wurde, sich Seinem Tode und Seiner Auferstehung gleichzugestalten.

Martin Luther (1483–1546)
Von der babylonischen Gefangenschaft der Kirche
Ein Vorspiel Martin Luthers (1520)

281 **Die Taufe –
wirksame Heilsverheißung Gottes für den Glauben**

Lat.: WA 6, 526; 527 f.; 538.
Dt.: Luther deutsch. Die Werke Martin Luthers in neuer Auswahl für die Gegenwart, hrsg. von K. Aland, Bd. 2 (Martin Luther der Reformator), Stuttgart/Göttingen 1962, 201; 203; 211 f.

Für Luther ist das eigentlich Heilswirksame bei der Taufe (wie beim Sakrament überhaupt) Gottes sichtbares Verheißungswort, sofern es im Glauben angenommen wird (vgl. Einl. in 93). Auf die Frage, wie die Taufe dann bei unmündigen Kindern wirken könne, verweist Luther in dieser frühen Phase vor allem auf den „fremden Glauben" derer, die das Kind zur Taufe bringen, und auf das fürbittende Gebet der Kirche überhaupt.

201 Vom Sakrament der Taufe
„Gebenedeit sei Gott und der Vater unseres Herrn Jesu Christi" (Eph 1,3), der „nach dem Reichtum seiner Barmherzigkeit" (Eph 1,7) wenigstens dieses einzige Sakrament in seiner Kirche ungeschmälert und unbefleckt durch Menschensatzungen erhalten hat und es für alle Völker und alle Stände der Menschen freigehalten hat.

203 Das erste, was bei der Taufe beachtet werden muß, ist also die göttliche Verheißung, die sagt (Mk 16,16): „Wer da glaubet und getauft wird, der wird selig werden." Diese Verheißung muß durchaus aller Pracht der Werke, Gelübde, Klosterregeln und allem, was von Menschen eingeführt ist, vorgezogen werden. Denn an dieser Verheißung hängt unsere ganze Seligkeit. Aber man muß sie so beachten, daß wir den Glauben an ihr üben und ganz und gar nicht zweifeln, daß wir selig sind, nachdem wir getauft sind. Denn wo ein solcher Glaube nicht da ist oder erlangt wird, da hilft die Taufe nicht, sondern sie schadet vielmehr, und zwar nicht allein dann, wenn man sie empfängt, sondern auch danach das ganze Leben hindurch. Denn ein solcher Unglaube straft die

göttliche Verheißung Lügen, was die größte Sünde überhaupt ist. Wenn wir an diese Übung des Glaubens gehen, werden wir bald einsehen, wie schwer es ist, dieser göttlichen Verheißung zu glauben. Denn die menschliche Schwachheit, die sich ihrer Sünden bewußt ist, glaubt am allerschwersten, daß sie selig ist oder (doch wenigstens) selig werden solle. Dennoch kann nicht selig werden, wer das nicht glaubt, denn er glaubt der göttlichen Wahrheit nicht, welche die Seligkeit verheißt.

282

211 Vielleicht wird man meinen Worten die Kindertaufe entgegenhalten: die Kinder verstünden die Verheißung Gottes nicht, könnten auch den Glauben der Taufe nicht
212 haben; deshalb würde entweder der Glaube nicht gefordert oder die Kinder würden vergebens getauft. Hier sage ich, was alle sagen, daß den Kindern mit dem fremden Glauben derer zu Hilfe gekommen werde, die sie zur Taufe bringen. Denn wie das Wort Gottes, wenn es erschallt, fähig ist, auch eines Gottlosen Herz zu verändern, das doch nicht weniger taub und unempfänglich ist als irgendein kleines Kind, so wird durch das Gebet der Kirche, welche das Kind darbringt und den Glauben hat, dem alle Dinge möglich sind, auch das kleine Kind durch den eingegossenen Glauben verändert, gereinigt und erneuert. Ich möchte auch nicht daran zweifeln, daß selbst ein erwachsener Ungläubiger, wenn diese Kirche (für ihn) betete und ihn Gott darbrächte, durch ein jedes Sakrament verändert werden könnte, wie wir es von dem Gichtbrüchigen im Evangelium (Matth 9,1 ff.) lesen, der durch den Glauben anderer gesund gemacht worden ist. Und aus diesem Grunde will ich gern zugeben, daß die Sakramente des neuen Gesetzes kräftig sind, die Gnade nicht allein denen zu geben, die dem keinen Riegel vorschieben, sondern auch denen, die das aufs hartnäckigste tun. Denn was sollte wohl der Glaube der Kirche und das Gebet des Glaubens nicht hinwegnehmen, da man doch glaubt, daß Stephanus den Apostel Paulus mit dieser Kraft bekehrt habe? Aber dann wirken die Sakramente solches nicht aus eigener, sondern durch die Kraft des Glaubens, was sie wirken, ohne den sie, wie ich gesagt habe, gar nichts wirken.

Johann Adam Möhler (1796–1838)
Symbolik oder Darstellung der dogmatischen Gegensätze der Katholiken und Protestanten (1832) § 32

283 Was die Taufliturgie zum Ausdruck bringt

> Symbolik oder Darstellung der dogmatischen Gegensätze der Katholiken und Protestanten nach ihren öffentlichen Bekenntnisschriften, hrsg., eingel. und kommentiert von J. R. Geiselmann, Darmstadt 1958, 326–329.
>
> Möhler (vgl. Einl. in 100) entwickelt einerseits Verständnis für die liturgische Einbettung des Taufgeschehens, er deutet einfühlsam die Symbolsprache der Taufliturgie. Er hält freilich diese „Versinnlichung" andererseits nur für eine unwesentliche Zutat zum eigentlichen Taufgeschehen und damit zur Lehre von der Taufe.

326 Wenn nach dem katholischen Dogma in den Kindern die Erbsünde, in den Erwachsenen aber ebendieselbe mit den persönlichen Sünden nach der
327 oben, in der Darstellung des Prozesses der Wiedergeburt beschriebenen Weise, durch den rechten Empfang der Taufe hinweggenommen wird, so daß der Gläubige, ein Glied des Leibes Christi, nicht mehr nach dem Fleische wandelt, sondern innerlich vom göttlichen Geiste belebt als ein ganz neuer Mensch sich darstellt: so ist auch hier bei den Protestanten der Begriff der bloßen Sündenvergebung nach ihrer bekannten Weise vorherrschend ...

284
328 Die katholische Kirche hat übrigens den ursprünglich einfachen Akt der Taufe schon vom zweiten Jahrhundert an mit einem großen Reichtum symbolischer Handlungen umgeben, um ihren Begriff von derselben recht tief den Gemütern einzuprägen und ihre hohe Idee von dem neuen christlichen Leben durch die verschiedensten Sinnbilder anschaulich zu machen. Gehört nun allerdings die an sich unwesentliche Versinnbildlichung der Lehre nicht hierher, sondern nur die Lehre selbst, so erlauben wir uns doch, auch auf jene mit einem Worte hinzuweisen, um den Gedanken des Lesers einen Augenblick länger festzuhalten und mit der katholischen Betrachtungsweise von der Taufe ganz vertraut zu machen, worauf es sich um so einleuchtender wird zeigen lassen, wie höchst folgenreich dieselbe auf die Auffassung anderer Sakramente einwirkt. Wie der Herr einst durch eine Mischung von Speichel und Staub die sinnbildliche Taubheit eines Menschen heilte, so wird jene Mischung auch bei der Taufe angewendet, um die übersinnliche Tatsache zu bezeichnen, daß die geistigen Organe nun für die Geheimnisse des Reiches Gottes aufgeschlossen

seien; eine brennende Kerze deutet an, daß nun wirklich göttliches Licht von oben herab in den Geist hineinfalle und die Finsternis der Sünde in eine himmlische Klarheit sich verwandelt habe. Bezeichnet das Salz den Weisen, der von der Torheit dieser Welt befreit ist, so die Salbung mit Öl den neuen Priester, denn ein jeder Christ ist im geistigen Sinne des Wortes Priester, der in das innerste Heiligtum eingetreten und mit Gott in Christo Jesu die lebendigste Gemeinschaft erneuert hat, und das weiße Gewand, daß der Gläubige, rein gewaschen im Blute des Lammes, die Unschuld, die er im ersten Adam verloren und im zweiten wiedergewonnen, fortan bewahren wolle, um in der mannigfaltigsten Weise die eine Idee auszudrücken, daß eine völlige, fortdauernde Umwandlung mit dem Menschen vorgehen und ein neues bleibend höheres Dasein beginnen solle; daher denn auch deswegen unter anderen die Taufe nicht wiederholt wird.

Hiermit ist nun von seiten der Kirche die zuversichtliche Erwartung, von seiten des Gläubigen aber das Gelübde ausgesprochen, nicht nur in keine schwere Sünde [Todsünde] mehr zurückzufallen, sondern vielmehr stets im heiligen Leben zu wachsen.

Karl Barth (1886–1968)
Die kirchliche Lehre von der Taufe (1943)

286 Die Taufe ohne die Möglichkeit persönlicher Glaubenszustimmung: eine „verdunkelte Taufe"

Theologische Existenz heute, N. F. 4, München 1947, 28 f.

Der Schweizer reformierte Theologe Karl Barth sieht in der Taufe keine Ursache, wohl aber eine wirkmächtige Bezeugung der Gnade Gottes, die auf gläubige Annahme angewiesen ist. In der Konsequenz lehnt er die Kindertaufe zwar nicht als unwirksam, wohl aber als unrechtmäßig ab.

Die andere[a] Grundlage in Sachen der Ordnung der Taufe geht den *Täufling* an. Da er zweifellos die zweite Hauptperson[b] im Geschehen der Taufe ist, muß wirklich sehr ernst auch nach ihm gefragt werden. Und man schreibt ihm nicht zu viel und der unwiderstehlichen Gnade der Taufe nicht zu wenig zu, wenn man sagt, daß – nicht zum Wesen, nicht zur Kraft, nicht zum Sinn und Werk, wohl aber zur Ordnung der Taufe auch dies gehört: die verantwortliche Willigkeit und Bereitschaft des Täuflings, die Zusage der auch ihm zugewendeten Gnade zu empfangen und die Inpflichtnahme für den auch von ihm geforderten Dienst der Dankbarkeit sich gefallen zu lassen. Nur von einem kausativen[c] oder generativen[d] Verständnis der Taufgnade her könnte es unterlassen werden, auch diese zweite Ordnungsfrage aufzuwerfen und genau genommen auch dann nur, wenn man sich mit der römischen Dogmatik entschließt, der Taufhandlung eine ex opere operato[e] eigentümliche Wirkkraft zuzuschreiben. Es ist aber bezeichnend, daß man es nicht einmal auf diesem Boden gewagt hat, dieser Frage gänzlich auszuweichen. Von unserem reformierten, dem kognitiven Verständnis der Taufgnade[f] her, kann diese zweite Ordnungsfrage auf keinen Fall unterlassen werden. Taufe *ohne* jene verantwortliche Willigkeit und Bereitschaft des Täuflings ist wahre, wirkliche und wirksame, sie ist aber *nicht rechte,* sie ist nicht im Gehorsam, nicht ordnungsmäßig vollzogene und dadurch notwendig *verdunkelte* Taufe. Sie muß und sie darf nicht wiederholt werden. Sie ist aber eine *Wunde* am Leibe der

29 Kirche und eine *Krankheit* der Getauften, die zwar geheilt werden können, die aber doch so gefährlich sind, daß sich hier noch einmal eine Frage an die Kirche erhebt: wie lange sie sich wohl noch durch eine nach dieser Seite *willkürliche* Taufpraxis der Verursachung dieser Wunde und Krankheit schuldig machen will?

287 Wir reden von der nach dem Zeugnis des *Origenes*[1] und des *Cyprian*[2] schon im zweiten Jahrhundert bekannten, seit dem vierten Jahrhundert immer allgemeiner gewordenen und von allen unseren Reformatoren mit größter Wucht verteidigten Sitte der *Kindertaufe*, genauer des baptismus infantium, d. h. in wörtlicher Übersetzung: der Taufe derer, die vor und im Vollzug dieses Geschehens nichts zu sagen haben, u. zw. darum nichts zu sagen haben, weil sie noch nichts sagen können, weil man sie folglich nach dem, was sie hier sagen sollten, auch gar nicht fragen kann, sondern sie hinsichtlich ihrer Willigkeit wie hinsichtlich ihrer Bereitschaft ungefragt, ohne sie verantwortlich zu machen, in reiner Passivität, daraufhin, daß sie Kinder christlicher Eltern sind, zu taufen pflegt. Die heute geltende Tauflehre aller großen christlichen Konfessionen, auch die unserer reformierten Kirche, hat an dieser Stelle nicht nur eine Lücke, sondern ein Loch. Die auf Grund der geltenden Lehre in Übung befindliche Taufpraxis ist willkürlich. Es läßt sich weder exegetisch noch sachlich begründen, daß der Täufling in der ordnungsmäßig vollzogenen christlichen Taufe nur ein Behandelter sein kann. Es läßt sich vielmehr exegetisch und sachlich zeigen, daß er in dieser Handlung auch ein

Handelnder ist, daß er, in welchem Lebensalter er auch stehen möge, gerade kein infans sein kann.

¹ Ep. ad Rom. 5,9.
² Ep. 64,2 f.
ᵃ die erste Grundlage dieser Ordnung ist die rechte Verwaltung des Taufsakramentes im Auftrag der Kirche.
ᵇ die erste Hauptperson ist Christus als der „primäre und eigentliche Taufspender".
ᶜ ursächlich.
ᵈ zeugungshaft.
ᵉ kraft der vollzogenen Handlung.
ᶠ „Nicht mit der causa (Ursache), sondern mit der cognitio salutis (Erkenntnis des Heiles) haben wir es in der Taufe zu tun" (aaO., 18).

Karl Rahner (1904–1984)
Grundkurs des Glaubens (1976)

288 Die Taufe: Heil des einzelnen im Heil des Volkes Gottes

Grundkurs des Glaubens. Einführung in den Begriff des Christentums, Freiburg, Basel, Wien 1976, 400 f.

In der Entfaltung des Heilswirkens der Taufe und der Begründung ihrer „Heilsnotwendigkeit" verbindet Rahner (vgl. Einl. in 111) dezidiert den individuellen und den ekklesialen Aspekt, wobei er auf frühere eigene Überlegungen zurückgreift: Der einzelne erhält Anteil am Heil, indem er in die „geschichtliche und gesellschaftliche Leibhaftigkeit der Gnade Christi" in dieser Welt eingegliedert wird.

400   In der *Taufe* wird man Christ und Glied der Kirche. Sie ist das erste Sakrament der Sündenvergebung, der Mitteilung der göttlichen Gnadenherrlichkeit, der göttlichen Natur, der inneren, dauernden Befähigung des Glaubens, der Hoffnung und der Liebe zu Gott und den Menschen. Aber diese innere, bleibende, individuelle Begnadung des Menschen, der aus einem Sünder ein Gerechtfertigter wird, geschieht in der Taufe dadurch, daß er durch diesen Initiationsritus aufgenommen wird in das gesellschaftlich-hierarchisch verfaßte Volk Gottes, in die Gemeinde der Glaubenden und das Heil Gottes in Christus Bekennenden. Gott begnadet den Menschen zu seinem eigenen individuellen Heil in der Taufe dadurch, daß und indem er ihn der *Kirche* eingliedert. Die Zugehörigkeit zur Kirche, die Kirchengliedschaft ist die erste und unmittelbarste Wirkung dieses Initiationssakramentes, das jeder Christ empfängt, das für alle die Grundlage ihres Christseins in allem und jedem ist, was sich in einem solchen Leben auch an hierarchischen, sakramentalen und hoheitlichen Gewalten finden kann, weil von

einem Ungetauften kein anderes Sakrament gültig empfangen und keine rechtliche Gewalt in der Kirche besessen werden kann. Begnadet wird der Mensch zu seinem eigenen Heil in der Taufe, insofern er Glied der Kirche in ihr wird. Eben dieser Satz darf aber nun nicht in dem Sinn verharmlost werden, daß man denkt, diese Kirchengliedschaft, die durch die Taufe verliehen wird, sei eben nur gerade dazu da, daß dem Getauften diese anderen übrigen Güter seiner individuellen Rechtfertigung und Heiligung geschenkt werden, und zu sonst nichts. Daß dies völlig unrichtig ist, zeigt sich schon daran, daß diese bloß individuelle Rechtfertigung und Heiligung im Notfall durch den Glauben und die Liebe allein ohne Sakrament erlangt werden kann und daß dieser Fall sich gewiß in vielen Ungetauften ereignet. Die Taufe muß also schon im voraus zu dieser individu-
401 ellen Heilswirkung für den einzelnen eine positive inhaltliche Bedeutung haben, die sich nicht in dieser individuellen Heilswirkung erschöpfen kann. Gliedschaft in der Kirche ist nicht nur Mittel zum Zweck privaten Heilsgewinns, sondern hat von der Taufe her ihren eigenen Sinn. Dieser ist mit dem Sinn und der Funktion der Kirche überhaupt gegeben.

289 Kirche hat als Sinn und Zweck nicht bloß und allein die Ermöglichung und Erleichterung der Summe der individuellen Heilsfindung der vielen einzelnen. Denn zu diesem Zweck könnte sie zwar als nützlich und bedeutsam erachtet werden, aber nicht als unbedingt notwendig; denn dieser Zweck wird ja auch oft ohne eine greifbare Intervention der Kirche erreicht, so sehr auch dieses Heil durch das Gebot Gottes und durch den pflichtgemäßen Willen zum gebotenen Sakrament auf die Kirche hingeordnet ist. Aber eines ist konkret ohne die Kirche nicht möglich: daß die Gnade Gottes in Christus als Ereignis, als dauerndes Ereignis in geschichtlicher Greifbarkeit, in inkarnatorischer Leibhaftigkeit in der Welt anwesend ist. Wer durch die Taufe begnadet wird, indem er in diese Kirche als die geschichtliche und gesellschaftliche Leibhaftigkeit der Gnade Christi in der Welt eingegliedert wird, der erhält notwendig mit dieser Gnade der Kirche auch Anteil, Auftrag und Befähigung, an dieser Funktion der Kirche, die geschichtliche Greifbarkeit der Gnade Gottes in der Welt zu sein, teilzunehmen. Er ist beauftragt, sie wirklich in personaler Entscheidung zu übernehmen und in seinem ganzen Leben auszuüben. Er ist durch die Taufe dazu bestellt, Träger des Wortes, Zeuge der Wahrheit, Repräsentant der Gnade Christi in der Welt zu sein.

Walter Kasper (geb. 1933)
Glaube und Taufe (1970)

**290 Warum der Glaube die Taufe
und die Taufe den Glauben braucht**

In: W. Kasper (Hrsg.), Christsein ohne Entscheidung oder Soll die Kirche Kinder taufen?, Mainz 1970, 157 f.

Die durch die Reformation des 16. Jahrhunderts gestellte und von Karl Barth (vgl. Einl. in 286) im Blick auf die Kindertaufe radikalisierte Frage nach dem Zusammenhang von Glaube und Taufe wird Ende der sechziger, Anfang der siebziger Jahre auch von der katholischen Theologie aufgegriffen. Kasper (vgl. Einl. in 128) sucht diesen Zusammenhang mittels anthropologischer Überlegungen weiter zu klären und fordert von daher eine differenziertere Kindertaufpraxis.

157 1. Aus dem Gesagten folgt zunächst, daß Taufe und Katechumenat wesentlich zusammengehören. Es kann keine Taufe geben ohne vorausgehendes oder nachfolgendes Katechumenat. Es folgt weiter, daß das Thema Glaube und Taufe ein Lebensthema ist, das nie zu Ende ist. Taufe und Katechumenat sind ein lebenslänglicher Prozeß und eine beständige Aufgabe.

291 2. Aus dem Zusammenhang von Glaube und Taufe kann man bei der Offenheit, Vielschichtigkeit und Gestrecktheit dieses Zusammenhangs keine *grundsätzliche* Ablehnung der Taufe von Unmündigen ableiten. Trotzdem stellt die Taufe eines Unmündigen einen dogmatischen Grenzfall dar, und es ist bedenklich, daß man in der Kirche eine Weise der Taufspendung, die als Grenzfall dogmatisch grundsätzlich möglich ist, zum praktischen Normalfall gemacht hat. Deshalb sollte die Säuglingstaufe nicht als die fast einzige Form und schon gar nicht als die Idealform der Taufspendung gelten.

292

158 3. Wenn die Gliedschaft und die grundlegende Heilswirklichkeit der Kirche durch Glaube und Taufe begründet wird, dann bedeutet dies auch eine fundamentale Aussage über die Grundgestalt der Kirche. Die Kirche ist dann immer zugleich öffentliche Institution *und* Freiwilligkeitskirche. Sie ist eine Institution der Freiheit.

Herbert Vorgrimler (geb. 1929)
Sakramententheologie (1987)

293 Die Taufe als Beginn und innere Bestimmung des christlichen Lebensweges

Düsseldorf 1987 (Leitfaden Theologie 17), 137 f.

Vorgrimler, Professor für Dogmatik und Dogmengeschichte in Münster, sieht die Taufe als Moment im Gesamtprozeß christlichen Lebens. In diesem Sinne bedeutet sie den von Gott in Jesus Christus ermöglichten Wechsel auf einen neuen Lebensweg.

137 Die Taufe ist als erste Symbolhandlung der Kirche im Leben eines Christen Bestandteil eines umfassenden Prozesses, der im engeren Sinn aus dem Beginn des christlichen Lebensweges, im weiteren Sinn aus diesem ganzen Leben besteht. Innerhalb dieses Prozesses *bedeutet* die Symbolhandlung in erster Linie die Absage an einen von der Unheilssituation der Menschheit geprägten Lebensweg. Der Prozeß als ganzer und somit auch die Taufe ist aber zunächst ein Wirken Gottes und nicht eine Initiative des Menschen. Es besagt im einzelnen: (1) Die Taufe *bezeichnet* – und bewirkt dadurch, daß sie bezeichnet – die Einbeziehung eines Menschen in den Leib Jesu Christi, nämlich in die erneuerte Menschheit der an Jesus Christus Glaubenden. Dieser Vorgang spielt sich in unlösbarer Einheit auf der innerlich-spirituellen und auf der äußerlich gesellschaftlichen Ebene ab und umfaßt sowohl Zugehörigkeit zu und Solidarität mit der Vielzahl unbekannter Glaubender in Vergangenheit, Gegenwart und Zukunft als auch die rechtliche Eingliede-

138 rung in die Kirche und die Zugehörigkeit zu einer bestimmten Gemeinde. – (2) Eben dadurch macht die Taufe anschaulich, daß das Heil Gottes in Jesus Christus durch den göttlichen Geist diesen Menschen ergriffen hat, so daß kraft der zuvorkommenden Gnade Gottes die Sünden (falls dieser Mensch ein Sünder ist) vergeben sind und ihm die Rechtfertigung geschenkt ist. – (3) Die Taufe stellt das ganze Leben dieses Menschen unter die Fürbitte der Kirche. Sie bezeichnet den Wunsch der Kirche, der Getaufte möge aus freier Entscheidung in den Glauben einstimmen, den Gottes Geist in der Kirche erweckt hat; er möge diesen Glauben in seinem Leben festigen und vertiefen. Die Taufe bezeichnet die bleibende Berufung des Getauften zum Zeugen („sakramentaler Charakter") dieses Glaubens nicht nur im Wort, sondern auch in der Praxis: in der Einheit von Gottes- und Menschenliebe, in der Nachfolge Jesu, im Dienst an der Gerechtigkeit. – Wo diese drei

Wirkungen der Taufe miteinander gegeben sind, kann die Taufe mit Recht als Beginn eines neuen Lebens aus dem Heiligen Geist und mit dem biblischen Begriff einer „Wiedergeburt" bezeichnet werden.

Günter Koch (geb. 1931)
Communio sanctorum als Grund und Ziel der Kindertaufe (1988)

294 Die Säuglingstaufe – Taufe in die Gemeinschaft der Heiligen

In: Communio sanctorum. Einheit der Christen – Einheit der Kirche, Festschrift für Bischof Paul-Werner Scheele, hrsg. von J. Schreiner und K. Wittstadt, Würzburg 1988, 398–411, hier 406 f.

Nachdem die Säuglingstaufe heute nicht mehr einfach mit ihrer Notwendigkeit für das individuelle Heil begründet werden kann, greift der Textautor zur Begründung ihrer Sinnhaftigkeit auf einen anderen Traditionsstrang zurück: Die Taufe gibt Anteil an dem durch die Gemeinde Jesu Christi vermittelten Heil, dessen eine wesentliche Dimension die Gemeinschaft ist.

4.1 Die Aufgabe, Sinn und Bedeutung der Kindertaufe zu begründen, liegt wohl, wenn man recht zusieht, durchaus im Rahmen der umfassenderen Aufgabe, Sinn und Notwendigkeit der Taufe überhaupt zu begründen. Nicht wenige fragen heute: Wozu braucht es überhaupt die Taufe, wenn ihre entscheidende Gabe, die Selbstmitteilung Gottes an den Menschen zu seinem Heil, auch ohne sie zu haben ist? Auch hier genügt keine heilsindividualistische Antwort. Man kann den Sinn des ntl. Taufgebotes nur erschließen, wenn man vor allem auch die ekklesial-kommunitäre Bedeutung der Taufe herausarbeitet, um von daher ihre Heilsbedeutung für den einzelnen zu erschließen. „Wie man zum Heile kommt, ist nämlich nicht gleichgültig. Ja, man kann sagen, die in der Taufe geschehene Eingliederung in die Kirche ist ein Stück, eine Dimension des christlichen Heiles selber: Gottes alles tragendes, heilschaffendes ‚Ja' zum Menschen soll ganz konkret auch durch die Mitglaubenden, die Gemeinde, weitergegeben werden; ihre Liebe soll und darf die Liebe Gottes vermitteln. So wird schon auf Erden etwas vom endgültigen Heil vorweg verwirklicht, zu dem wesentlich die ‚Gemeinschaft der Heiligen' gehört. Die entscheidende, von Gott in Jesus Christus eröffnete konkrete Form der Gnade (und der Überwindung der Sünde) ist die in der Taufe geschehende Hereinnahme in die sichtbare, leibhaftige Gemeinschaft der von Gott Angenommenen, die sich mit Christus gegenseitig annehmen. Auf dieser Grundlage ruht dann auch die Sendung der Kirche nach außen, an der der Getaufte Anteil gewinnt."[1] Genau diese Vorstellung von der Kirche und entsprechend der konkreten Gemeinde als Heiligungs- und Heilsgemeinschaft vermag auch die Bedeutung der Kindertaufe zu erschließen: Das Kind wird hineingenommen in die Gemeinschaft derer, die ihm das heilend-heilvolle Ja Gottes zur freien Annahme und Übernahme vermitteln, es wird hineingenommen in die Communio sanctorum, die Himmel und Erde umfaßt.

[1] G. Koch, Sakramente, die zum Christsein befähigen ..., 39.

Dialogtexte der Ökumene

*Kommission für Glauben und Kirchenverfassung
des ökumenischen Rates der Kirchen*
Taufe, Eucharistie und Amt. Konvergenzerklärungen, „Lima-Dokument" (1982)

295 Auf dem Weg zur gegenseitigen Anerkennung der Taufe

In: Dokumente wachsender Übereinstimmung. Sämtliche Berichte und Konsenstexte interkonfessioneller Gespräche auf Weltebene 1931 bis 1982; hrsg. von H. Meyer u. a., Paderborn/Frankfurt 1983, 549–552.

Das in langjährigem Bemühen erarbeitete Konvergenzdokument spiegelt gerade im Blick auf die Taufe ein hohes Maß an Übereinstimmung, das aber von der Praxis der verschiedenen Kirchen vielfach erst noch eingeholt bzw. in den Kirchen rezipiert werden muß.

549 I. Die Einsetzung der Taufe
1. Die christliche Taufe ist im Wirken Jesu von Nazaret, in seinem Tod und seiner Auferstehung verwurzelt. Sie ist Eingliederung in Christus, der der gekreuzigte und auferstandene Herr ist; sie ist Aufnahme in den Neuen Bund zwischen Gott und seinem Volk. Die Taufe ist eine Gabe Gottes und wird im Namen des Vaters, des

550 Sohnes und des Heiligen Geistes vollzogen. Matthäus berichtet, daß der auferstandene Herr, als er seine Jünger in die Welt sandte, ihnen auftrug zu taufen (Mt 28,18–20). Die universale Praxis der Taufe durch die apostolische Kirche wird von Anfang an in den Briefen des Neuen Testamentes, in der Apostelgeschichte und in den Schriften der Kirchenväter bezeugt. Die Kirchen führen heute diese Praxis weiter als einen Ritus der Hingabe an den Herrn, der seinem Volke seine Gnade verleiht.

296 II. Die Bedeutung der Taufe
2. Die Taufe ist das Zeichen neuen Lebens durch Jesus Christus. Sie vereint die Getauften mit Christus und mit seinem Volk. Die Schriften des Neuen Testamentes und die Liturgie der Kirche entfalten die Bedeutung der Taufe in verschiedenen Bildern, die den Reichtum Christi und die Gaben seines Heils zum Ausdruck bringen. Diese Bilder werden gelegentlich in Verbindung gebracht mit dem symbolischen Gebrauch von Wasser im Alten Testament. Taufe ist Teilhabe an Christi Tod und Auferstehung (Röm 6,3–5;

Kol 2,12); Reinwaschung von Sünde (1 Kor 6,11); eine neue Geburt (Joh 3,5); Erleuchtung durch Christus (Eph 5,14); Anziehen Christi (Gal 3,27); Erneuerung durch den Geist (Tit 3,5); die Erfahrung der Rettung aus dem Wasser (1 Petr 3,20—21); Exodus aus der Knechtschaft (1 Kor 10,1—2) und Befreiung zu einer neuen Menschheit, in der die trennenden Mauern der Geschlechter, der Rassen und des sozialen Standes überwunden werden (Gal 3, 27—28; 1 Kor 12,13). Der Bilder sind viele, aber die Wirklichkeit ist nur eine.

297 A. *Teilhabe an Tod und Auferstehung Christi*
3. Taufe bedeutet Teilhabe an Leben, Tod und Auferstehung Jesu Christi. Jesus stieg in den Jordan hinab und wurde in Solidarität mit den Sündern getauft, um alle Gerechtigkeit zu erfüllen (Mt 3,15). Diese Taufe führte Jesus auf den Weg des leidenden Gottesknechtes durch sein Leiden, seinen Tod und seine Auferstehung (Mk 10,38—40.45). Durch die Taufe werden Christen in den befreienden Tod Christi eingetaucht, wo ihre Sünden begraben werden, wo der „alte Adam" mit Christus gekreuzigt und die Macht der Sünde gebrochen wird. So sind die Getauften nicht länger Sklaven der Sünde, sondern Freie. Völlig einbezogen in den Tod Christi, werden sie mit ihm begraben und werden hier und jetzt zu einem neuen Leben in der Macht der Auferstehung Jesu Christi auferweckt in der Gewißheit, daß auch sie schließlich mit ihm eins sein werden in einer Auferstehung wie der seinen (Röm 6,3—11; Kol 2,13; 3,1; Eph 2,5—6).

298 B. *Bekehrung, Vergebung, Waschung*
4. Die Taufe, die Christen zu Teilhabern am Geheimnis von Christi Tod und Auferstehung macht, schließt Sündenbekenntnis und Bekehrung des Herzens in sich. Die von Johannes vollzogene Taufe war eine Taufe der Buße zur Vergebung der Sünden (Mk 1,4). Das Neue Testament unterstreicht die ethischen Implikationen der Taufe, indem es sie als eine Ablution (Waschung) darstellt, bei der der Leib mit reinem Wasser gewaschen wird, als eine Reinigung des Herzens von allen Sünden und als einen Akt der Rechtfertigung (Hebr 10,22; 1 Petr 3,21; Apg 22,16; 1 Kor 6,11). Die Getauften werden so von Christus freigesprochen, reingewaschen und geheiligt und empfangen als Teil ihrer Tauferfahrung eine neue ethische Orientierung unter der Führung des Heiligen Geistes.

299 C. *Die Gabe des Geistes*

5. Der Heilige Geist ist am Werk im Leben der Menschen vor, bei und nach ihrer Taufe. Es ist derselbe Geist, der Jesus als den Sohn offenbarte (Mk 1,10—11) und zu Pfingsten die Jünger mit Kraft ausrüstete und sie vereinte (Apg 2). Gott verleiht jedem Menschen die Salbung und Verheißung des Heiligen Geistes, kennzeichnet sie mit seinem Siegel und prägt in ihre Herzen das Angeld ihres Erbes als Söhne und Töchter Gottes ein. Der Heilige Geist stärkt das Leben des Glaubens in ihren Herzen bis zur endgültigen Erlösung, wenn ihnen diese vollkommen zuteil werden wird zum Lobe der Herrlichkeit Gottes (2 Kor 1,21—22; Eph 1,13—14).

300 D. *Eingliederung in den Leib Christi*

6. Vollzogen im Gehorsam gegenüber unserem Herrn, ist die Taufe ein Zeichen und Siegel unserer gemeinsamen Jüngerschaft. Durch ihre eigene Taufe werden Christen in die Gemeinschaft mit Christus, miteinander und mit der Kirche aller Zeiten und Orte geführt. Unsere gemeinsame Taufe, die uns mit Christus im Glauben vereint, ist so ein grundlegendes Band der Einheit (Eph 4, 3—6). Wir sind *ein* Volk und berufen, *einen* Herrn an jedem Ort und auf der ganzen Welt zu bekennen und ihm zu dienen. Die Einheit mit Christus, an der wir durch die Taufe teilhaben, hat wichtige Folgen für die Einheit der Christen. „... eine Taufe, ein Gott und Vater aller ..." (Eph 4,4—6). Wenn die Einheit der Taufe in einer, heiligen, katholischen und apostolischen Kirche realisiert wird, kann ein echtes christliches Zeugnis abgelegt werden für die heilende und versöhnende Liebe Gottes. Daher ist unsere eine Taufe in Christus ein Ruf an die Kirchen, ihre Trennungen zu überwinden und ihre Gemeinschaft sichtbar zu manifestieren.

301

552 E. *Das Zeichen des Gottesreiches*

7. Die Taufe führt die Wirklichkeit des neuen Lebens ein, das inmitten der heutigen Welt gegeben wird. Sie gewährt Teilhabe an der Gemeinschaft des Heiligen Geistes. Sie ist ein Zeichen des Reiches Gottes und des Lebens der zukünftigen Welt. Durch die Gaben von Glaube, Hoffnung und Liebe besitzt die Taufe eine Dynamik, die das gesamte Leben umfaßt, sich auf alle Völker erstreckt und den Tag vorwegnimmt, an dem jede Zunge bekennen wird, daß Jesus Christus der Herr ist zur Ehre Gottes, des Vaters.

302 III. Taufe und Glauben

8. Die Taufe ist zugleich Gottes Gabe und unsere menschliche Antwort auf diese Gabe. Sie ist ausgerichtet auf ein Wachsen in das Maß der Fülle Christi (Eph 4,13). Die Notwendigkeit des Glaubens für den Empfang des Heils, wie es in der Taufe verkörpert und dargestellt ist, wird von allen Kirchen anerkannt. Persönliche Verpflichtung ist notwendig für eine verantwortliche Gliedschaft am Leibe Christi.

303 9. Die Taufe ist nicht nur auf eine augenblickliche Erfahrung bezogen, sondern auf ein lebenslängliches Hineinwachsen in Christus. Die Getauften sind berufen, die Herrlichkeit des Herrn widerzuspiegeln, wenn sie durch die Kraft des Heiligen Geistes mit zunehmendem Glanz in sein Bild verwandelt werden (2 Kor 3,18). Das Leben der Christen ist unausweichlich ein Leben ständigen Ringens wie jedoch auch ständiger Erfahrung der Gnade. In dieser neuen Beziehung leben die Getauften um Christi willen, um seiner Kirche und um der Welt willen, die er liebt, während sie in Hoffnung warten auf die Offenbarung der neuen Schöpfung Gottes und auf die Zeit, wenn Gott alles in allem sein wird (Röm 8, 18–24; 1 Kor 15,22–28.49–57).

Gemischte Internationale Kommission für den theologischen Dialog zwischen der römisch-katholischen Kirche und der orthodoxen Kirche

Glaube, Sakramente und Einheit der Kirche II. (1987)

304 Die Taufe als erstes der Initiationssakramente

In: Una Sancta 42 (1987), 268 ff.

Der Text (vgl. Einl. in 193) betont die Einheit der christlichen Initiation: Die Erteilung der drei Sakramente Taufe, Firmung und Eucharistie in einer einzigen zusammengesetzten liturgischen Feier „bleibt das Ideal für beide Kirchen". Bezüglich der Taufe werden kleinere Meinungsverschiedenheiten bei weitreichender Übereinstimmung festgestellt.

Text: Nr. 196–200.

Die Firmung

Biblische Leittexte

305 **Auseinandertreten von Wassertaufe und Geistempfang**

Die direkte Begründung eines eigenständigen Firmsakramentes ist aus den angeführten Texten, die früher dafür herangezogen wurden, nicht möglich. Immerhin wird hier die Handauflegung als Zeichen der Herabkunft des Heiligen Geistes bezeugt, und es wird darauf aufmerksam gemacht, daß zumindest in Ausnahmefällen Wassertaufe und Geistempfang auseinandertreten können.

Apostelgeschichte 8,14−17

[14] Als die Apostel in Jerusalem hörten, daß Samarien das Wort Gottes angenommen hatte, schickten sie Petrus und Johannes dorthin. [15] Diese zogen hinab und beteten für sie, sie möchten den Heiligen Geist empfangen. [16] Denn er war noch auf keinen von ihnen herabgekommen; sie waren nur auf den Namen Jesu, des Herrn, getauft. [17] Dann legten sie ihnen die Hände auf, und sie empfingen den Heiligen Geist.

Apostelgeschichte 10,44−48

306 [44] Noch während Petrus dies sagte, kam der Heilige Geist auf alle herab, die das Wort hörten. [45] Die gläubig gewordenen Juden, die mit Petrus gekommen waren, konnten es nicht fassen, daß auch auf die Heiden die Gabe des Heiligen Geistes ausgegossen wurde. [46] Denn sie hörten sie in Zungen reden und Gott preisen. Petrus aber sagte: [47] Kann jemand denen das Wasser zur Taufe verweigern, die ebenso wie wir den Heiligen Geist empfangen haben? [48] Und er ordnete an, sie im Namen Jesu Christi zu taufen. Danach baten sie ihn, einige Tage zu bleiben.

Apostelgeschichte 19,1–7

307 Während Apollos sich in Korinth aufhielt, durchwanderte Paulus das Hochland und kam nach Ephesus hinab. ²Er traf einige Jünger und fragte sie: Habt ihr den Heiligen Geist empfangen, als ihr gläubig wurdet? Sie antworteten ihm: Wir haben noch nicht einmal gehört, daß es einen Heiligen Geist gibt. ³Da fragte er: Mit welcher Taufe seid ihr denn getauft worden? Sie antworteten: Mit der Taufe des Johannes. ⁴Paulus sagte: Johannes hat mit der Taufe der Umkehr getauft und das Volk gelehrt, sie sollten an den glauben, der nach ihm komme: an Jesus. ⁵Als sie das hörten, ließen sie sich auf den Namen Jesu, des Herrn, taufen. ⁶Paulus legte ihnen die Hände auf, und der Heilige Geist kam auf sie herab; sie redeten in Zungen und weissagten. ⁷Es waren im ganzen ungefähr zwölf Männer.

308 Geistverleihung als Indienstnahme für Gottes Auftrag

Die Theologie des Firmsakramentes hat die gesamte biblische Lehre vom Heiligen Geist als Hintergrund und Voraussetzung. Eine wichtige Rolle spielen die Texte, in denen Menschen für die Ausübung ihrer Berufung der Heilige Geist gegeben bzw. verheißen wird.

1 Samuel 16,12 f.

¹²Isai schickte also jemand hin und ließ ihn kommen. David war blond, hatte schöne Augen und eine schöne Gestalt. Da sagte der Herr: Auf, salbe ihn! Denn er ist es. ¹³Samuel nahm das Horn mit dem Öl und salbte David mitten unter seinen Brüdern. Und der Geist des Herrn war über David von diesem Tag an.

Jesaia 11,1–5

309 Doch aus dem Baumstumpf Isais wächst ein Reis hervor, ein junger Trieb aus seinen Wurzeln bringt Frucht. ²Der Geist des Herrn läßt sich nieder auf ihm: der Geist der Weisheit und der Einsicht, der Geist des Rates und der Stärke, der Geist der Erkenntnis und der Gottesfurcht. ³[Er erfüllt ihn mit dem Geist der Gottesfurcht.] Er richtet nicht nach dem Augenschein, und nicht nur nach dem Hörensagen entscheidet er, ⁴sondern er richtet die Hilflosen gerecht und entscheidet für die Armen des Landes, wie es recht ist. Er schlägt den Gewalttätigen mit dem Stock seines Wortes und tötet den Schuldigen mit dem Hauch seines Mundes. ⁵Gerechtigkeit ist der Gürtel um seine Hüften, Treue der Gürtel um seinen Leib.

Matthäus 3,13−17

310 ¹³ Zu dieser Zeit kam Jesus von Galiläa an den Jordan zu Johannes, um sich von ihm taufen zu lassen. ¹⁴ Johannes aber wollte es nicht zulassen und sagte zu ihm: Ich müßte von dir getauft werden, und du kommst zu mir? ¹⁵ Jesus antwortete ihm: Laß es nur zu! Denn nur so können wir die Gerechtigkeit (die Gott fordert) ganz erfüllen. Da gab Johannes nach. ¹⁶ Kaum war Jesus getauft und aus dem Wasser gestiegen, da öffnete sich der Himmel, und er sah den Geist Gottes wie eine Taube auf sich herabkommen. ¹⁷ Und eine Stimme aus dem Himmel sprach: *Das ist mein geliebter Sohn, an dem ich Gefallen gefunden habe.*

Lehramtliche Texte

Synode von Elvira (um 300)
Über Taufe und Firmung

311 Die Firmung als Vollendung der Taufe durch den Bischof

Lat.: DS 120f. = PL 84, 306 AB; 310 B.
Dt.: G. Koch.

In der lateinischen Kirche löste sich die postbaptismale (nach der Wassertaufe vollzogene) Salbung und die Handauflegung, die dem Bischof vorbehalten war, langsam vom Akt der Wassertaufe ab. Die so entstehende eigenständige Firmung wurde gleichwohl als bischöfliche Vollendung der Taufe verstanden. Ein erstes Zeugnis dafür stammt von der Synode von Elvira, dem heutigen Granada in Spanien.

Can. 38 Wenn man sich auf einer weiten Seefahrt befindet oder wenn eine Kirche nicht in erreichbarer Nähe ist, so kann ein Gläubiger, der seine Taufe unversehrt hält und kein Bigamist ist, einen in die Notsituation der Krankheit gestellten Katechumenen taufen, und zwar so, daß man ihn, wenn er überlebt, zum Bischof führt, damit er durch Handauflegung vollendet werden kann.[a]

[a] ut per manus impositionem perfici possit.

312 Can. 77 Wenn ein Diakon, der das Volk leitet, ohne Bischof oder Priester irgendwelche Menschen getauft hat, so wird der Bischof sie durch seinen Segen vollenden müssen ...

Clemens VI. (1342–1352)
Brief über die Wiedervereinigung der Armenier (1351)

313 Die Firmung – normalerweise dem Bischof vorbehalten

Lat.: DS 1068–1071.
Dt.: NR 548–551.

In einem Brief an den Katholikos der Armenier, in dem es um die Vorbedingungen einer Wiedervereinigung geht, reklamiert der Papst die Weihe des Chrisams (oder Chrismas, eine Mischung von Olivenöl und Balsam) sowie die Spendung des Firmsakraments als Vorrecht des Bischofs. Nur der Papst darf Ausnahmen von dieser normalen Ordnung machen, indem er einem einfachen Priester die Firmvollmacht überträgt.

371 548 1. Zur Weihe des Chrisma: Glaubst du, daß das Chrisma von keinem Priester richtig und in der schuldigen Weise geweiht werden kann, der nicht Bischof ist?

314

549 2. Glaubst du, daß das Firmsakrament von Amts wegen und ordentlich von keinem andern gespendet werden kann als vom Bischof?

315

550 3. Glaubst du, daß nur vom römischen Papst, der die Fülle der Vollmacht hat, die Spendung des Firmsakraments Priestern, die nicht Bischöfe sind, übertragen werden kann?

316

551 4. Glaubst du, daß Firmlinge, die von gewöhnlichen Priestern gefirmt wurden, die nicht Bischöfe sind und nicht vom römischen Papst Auftrag und Erlaubnis dazu erhalten hatten, noch einmal von einem Bischof [...] gefirmt werden müssen?

Die allgemeine Kirchenversammlung zu Florenz (1438–1445)

Lehrentscheid für die Armenier (1439)

317 Was die vom Bischof gespendete Firmung bezeichnet und wirkt

Lat.: DS 1317 ff. = Mansi 31 A 1055 D – 1056 C.
Dt.: NR 552–554.

Im Anschluß an die Theologie des Thomas von Aquin (vgl. 342 ff.) legt der Lehrentscheid für die Armenier (vgl. Einl. in 10) seine Lehre über das Sakrament der Firmung dar. Die Ausführungen über Materie und Form, über den Spender und die Wirkung des Sakramentes sind wichtige lehrgeschichtliche Zeugnisse, haben aber keinen unfehlbaren Charakter, wie auch spätere Änderungen (beim Zeichen, wie bei der Bestimmung des Spenders) beweisen (vgl. 329 und 326 ff.).

371 552 [...] Das zweite Sakrament ist die Firmung. Die *Materie* ist das Salböl *(Chrisma),* hergestellt aus Öl, das die Reinheit des Gewissens darstellt, und aus Balsam, das den Duft des guten Namens bezeichnet. Es ist vom Bischof geweiht. Die *Form* ist: Ich zeichne dich mit dem Zei-

372 chen des Kreuzes und stärke dich mit dem Salböl des Heils im Namen des Vaters und des Sohnes und des Heiligen Geistes.

318

553 Der *ordentliche Spender* ist der Bischof. Während die übrigen Salbungen[1] auch der einfache Priester vornehmen kann, darf diese niemand spenden als nur der Bischof allein. Denn von den Apo-

steln allein, an deren Stelle die Bischöfe stehen, lesen wir, daß sie durch die Auflegung der Hände den Heiligen Geist mitteilten. Das ergibt sich aus der Apostelgeschichte: „Als die Apostel in Jerusalem erfuhren, Samaria habe das Wort Gottes angenommen, sandten sie Petrus und Johannes dorthin. Sie zogen hinab und beteten für sie, daß sie den Heiligen Geist empfingen, denn er war noch auf keinen von ihnen herabgekommen, sie waren nur im Namen des Herrn Jesus getauft worden. Da legten sie ihnen die Hände auf, und sie empfingen den Heiligen Geist" (Apg 8,14—17). An Stelle dieser Handauflegung steht in der Kirche die Firmung. — Es gibt aber Berichte, wonach aus einem vernünftigen und sehr schwerwiegenden Grund auch ein einfacher Priester kraft der Erlaubnis durch den Apostolischen Stuhl dieses Sakrament der Firmung gespendet hat, mit Salböl, das von einem Bischof geweiht wurde.

1 Bei der Taufe, der Krankenölung.

319

554 Die *Wirkung* dieses Sakramentes besteht darin, daß in ihm der Heilige Geist zur Stärkung gegeben wird, wie er den Aposteln am Pfingstfest gegeben wurde, damit der Christ mit Mut Christi Namen bekenne. Deshalb wird der Firmling auf der Stirn, wo sich die Beschämung kundtut, gesalbt, auf daß er sich nicht schäme, Christi Namen zu bekennen und besonders sein Kreuz, das nach dem Apostel den Juden ein Anstoß und den Heiden eine Torheit ist. Deshalb wird er mit dem Zeichen des Kreuzes gezeichnet. [...]

Die allgemeine Kirchenversammlung zu Trient (1545—1563)
Lehrsätze über das Sakrament der Firmung (7. Sitzung 1547)

320 Die Firmung als wahres und eigenständiges Sakrament

Lat.: DS 1628 ff. = Mansi 33, 55A/B.
Dt.: NR 555—557.

In der Auseinandersetzung mit reformatorischen Positionen (vgl. 345) beschränkt sich das Konzil von Trient (vgl. Einl. in 14) darauf, die Sakramentalität dieser kirchlichen Zeichenhandlung zu unterstreichen und die Lehre vom Bischof als dem ordentlichen Firmspender — allerdings weniger exklusiv als beim Konzil von Florenz formuliert — zu wiederholen.

555 1. Wer sagt, die Firmung der Getauften sei eine leere Zeremonie und nicht ein wahres und eigentliches Sakrament oder sie sei ehedem nichts anderes gewesen als eine Art Katechese, in der die

Heranwachsenden vor der Kirche von ihrem Glauben Rechenschaft gaben, der sei ausgeschlossen.

321

556 2. Wer sagt, diejenigen täten ein Unrecht wider den Heiligen Geist, die dem heiligen Salböl der Firmung eine bestimmte Kraft zuschrieben, der sei ausgeschlossen.

322

557 3. Wer sagt, der ordentliche Spender der heiligen Firmung sei nicht nur der Bischof, sondern jeder einfache Priester, der sei ausgeschlossen.

384 1628 Can. 1. Si quis dixerit, confirmationem baptizatorum otiosam caeremoniam esse et non potius verum et proprium sacramentum, aut olim nihil aliud fuisse, quam catechesim quandam, qua adolescentiae proximi fidei suae rationem coram Ecclesia exponebant: an. s.

1629 Can. 2. Si quis dixerit, iniurios esse Spiritui Sancto eos, qui sacro confirmationis chrismati virtutem aliquam tribuunt: an. s.

1630 Can. 3. Si quis dixerit, sanctae confirmationis ordinarium ministrum non esse solum episcopum, sed quemvis simplicem sacerdotem: an. s.

Pius X. (1903–1914)
Dekret des Heiligen Offiziums „Lamentabili" (1907)
(Gegen die Irrtümer der Modernisten)

323 Taufe und Firmung – zwei Sakramente von Anfang an?

Lat.: DS 3444 = ASS 40 (1907) 475.
Dt.: NR 558.

Gegenüber den Auffassungen der sog. Modernisten (vgl. Einl. in 29) behauptet das Dekret – wenn auch in vorsichtiger Formulierung –, daß die Existenz der distinkten Sakramente Taufe und Firmung vom Anfang der Kirche an nachweisbar sei: eine Behauptung, die historisch-kritisch kaum zu halten ist. Der folgende Satz wird verurteilt.

374 [558] 44. Nichts beweist, daß der Ritus des Firmsakramentes von den Aposteln angewandt worden sei. Die klare Unterscheidung von zwei Sakramenten, Taufe und Firmung, ist in der Geschichte des Urchristentums unbekannt.

Die allgemeine II. Kirchenversammlung im Vatikan (1962–1965)
Konstitution über die heilige Liturgie (1963)
Dekret über das Apostolat der Laien (1965)

324 Die zur Taufe gehörige Firmung – in christologischem, pneumatologischem und ekklesiologischem Zusammenhang

Lat.: LThK E I 68 = AAS 56 (1964) 118 (SC 71). LThK E II 610; 612; 614 = AAS 58 (1966) 839f. (AA 3).
Dt.: LThK E I 69 (SC 71). LThK E II 611; 613; 615 (AA 3).

Die folgenden Texte, zu denen noch LG 11 (vgl. 39) hinzuzufügen ist, geben die Grundaussagen des Konzils wieder. Zu beachten sind die Akzentsetzungen: Taufe und Firmung gehören zusammen – sie vereinigen mit Christus – die Firmung verbindet vollkommener mit der Kirche – sie schenkt eine besondere Kraft des Heiligen Geistes – sie befähigt und verpflichtet nachdrücklicher zum Apostolat, zur Verwirklichung der christlichen Berufung.

SC 71

69 71. Der Firmritus soll überarbeitet werden, auch in dem Sinne, daß der innere Zusammenhang dieses Sakraments mit der gesamten christlichen Initiation besser aufleuchte; daher ist es passend, daß dem Empfang des Sakramentes eine Erneuerung der Taufversprechen voraufgeht.
Die Firmung kann, wo es angezeigt erscheint, innerhalb der Messe gespendet werden; für den Ritus außerhalb der Messe sollen Texte bereitgestellt werden, die als Einleitung zu verwenden sind.

325 AA 3

611 3. Pflicht und Recht zum Apostolat haben die Laien kraft ihrer Vereinigung mit Christus, dem Haupt. Denn durch die Taufe dem mystischen Leib Christi einge-
613 gliedert und durch die Firmung mit der Kraft des Heiligen Geistes gestärkt, werden sie vom Herrn selbst mit dem Apostolat betraut. Sie werden zu einer königlichen Priesterschaft und zu einem heiligen Volk (vgl. 1 Petr 2,4–10) geweiht, damit sie durch alle ihre Werke geistliche Opfergaben darbringen und überall auf Erden Zeugnis für Christus ablegen. Durch die Sakramente, vor allem die heilige Eucharistie, wird jene Liebe mitgeteilt und genährt, die sozusagen die Seele des gesamten Apostolates ist.
Das Apostolat verwirklicht sich in Glaube, Hoffnung und Liebe, die der Heilige Geist in den Herzen aller Glieder der Kirche ausgießt. Ja das Gebot der Liebe, das der große Auftrag des Herrn ist, drängt alle Christen, für die Ehre Gottes, die durch das Kommen seines Reiches offenbar wird, und für das ewige Leben aller Men-

schen zu wirken, damit sie den einzigen wahren Gott erkennen und den, den er gesandt hat, Jesus Christus (vgl. Jo 17,3).
Allen Christen ist also die ehrenvolle Last auferlegt, mitzuwirken, daß die göttliche Heilsbotschaft überall auf Erden von allen Menschen erkannt und angenommen wird.
Zum Vollzug dieses Apostolates schenkt der Heilige Geist, der ja durch den Dienst des Amtes und durch die Sakramente die Heiligung des Volkes Gottes wirkt, den Gläubigen auch noch besondere Gaben (vgl. 1 Kor 12,7); „einem jeden teilt er sie zu, wie er will" (1 Kor 12,11), damit „alle, wie ein jeder die Gnaden-
615 gabe empfangen hat, mit dieser einander helfen" und so auch selbst „wie gute Verwalter der mannigfachen Gnade Gottes" seien (1 Petr 4,10) zum Aufbau des ganzen Leibes in der Liebe (vgl. Eph 4,16). Aus dem Empfang dieser Charismen, auch der schlichteren, erwächst jedem Glaubenden das Recht und die Pflicht, sie in Kirche und Welt zum Wohl der Menschen und zum Aufbau der Kirche zu gebrauchen. Das soll gewiß mit der Freiheit des Heiligen Geistes geschehen, der „weht, wo er will" (Jo 3,8), aber auch in Gemeinschaft mit den Brüdern in Christus, besonders mit ihren Hirten.

Dogmatische Konstitution über die Kirche (1964)
Dekret über die katholischen Ostkirchen (1964)

326 Der Bischof als erstberufener Firmspender

Lat.: LThK E I 244 = AAS 57 (1965) 32 (LG 26). LThK E I 378 = AAS 57 (1965) 80 f. (OE 13 f.).
Dt.: LThK E I 245 (LG 26). LThK E I 379 (OE 13 f.).

Anders als im Armenierdekret, das den Bischof als ordentlichen Firmspender (minister ordinarius) bezeichnet (vgl. 318), nennt das 2. Vatikanische Konzil den Bischof „erstberufenen Firmspender" (minister originarius). Damit wird die ostkirchliche Tradition, die allen Priestern die Befähigung zur Firmspendung zuspricht, grundsätzlich anerkannt. Nur die Chrisamweihe ist dem Bischof vorbehalten.

LG 26
245 So spenden die Bischöfe durch Gebet und Arbeit für das Volk vielfältige und reiche Gaben von der Fülle der Heiligkeit Christi aus. Durch den Dienst des Wortes teilen sie die Kraft Gottes den Glaubenden zum Heil mit (vgl. Röm 1,16), und durch die Sakramente, deren geregelte und fruchtbare Verwaltung sie mit ihrer Autorität ordnen[1], heiligen sie die Gläubigen. Sie leiten die Taufspendung, die Anteil am königlichen Priestertum Christi gewährt.

2. Vaticanum

Sie sind die erstberufenen Firmspender, sie erteilen die heiligen Weihen und regeln die Bußdisziplin. Ferner ermahnen und unterweisen sie sorgsam ihr Volk, daß es in der Liturgie und vorzüglich im Meßopfer seinen Anteil gläubig und ehrfürchtig erfülle.

1 Traditio Apostolica des Hippolyt, 2–3: ed. Botte, 26–30.

327 OE 13 f.
379 13. Die seit den ältesten Zeiten bei den Ostchristen gültige Ordnung, die den Spender des Sakramentes des heiligen Chrisam betrifft, soll in vollem Umfang wiederhergestellt werden. Demgemäß können die Priester dieses Sakrament spenden unter Gebrauch von Chrisam, der vom Patriarchen oder Bischof geweiht ist.[1]

1 Vgl. Innozenz IV, Brief Sub catholicae (6. März 1254) § 3, Nr. 4; Lyon II (1274), Glaubensbekenntnis des Michael Paläologus vor Gregor X; Eugen IV auf dem Florent., Konst. Exsultate Deo (22. Nov. 1439) § 11; Klemens VIII, Instructio Sanctissimus (31. Aug. 1595); Benedikt XIV, Konst. Etsi pastoralis (26. Mai 1742) § II, Nr. 1, § III, Nr. 1 usw.; Synode v. Laodicea (347/381), can. 48; armenische Synode v. Sis (1342); maronitische Synode im Libanon v. 1736, Teil II, Kap. III, Nr. 2; und andere Partikularsynoden.

328 14. Alle ostkirchlichen Priester können dieses Sakrament in gültiger Weise allen Gläubigen eines jeden Ritus, den lateinischen inbegriffen, spenden, sei es in Verbindung mit der Taufe oder getrennt von ihr. Was die Erlaubtheit betrifft, sind die Bestimmungen des allgemeinen und des Partikularrechtes zu beachten.[1] Wenn lateinische Priester Vollmacht haben, dieses Sakrament zu spenden, so können sie es gültigerweise auch ostkirchlichen Gläubigen spenden, ohne dabei deren Ritus zu ändern. Zur Erlaubtheit der Spendung ist das allgemeine und das Partikularrecht einzuhalten.[2]

1 Vgl. Heiliges Offizium, Instructio an den Bischof v. Zips (1783); Prop. Fide für die Kopten (15. März 1790), Nr. XIII; Dekret v. 6. Okt. 1863, C, a; Kongr. f. d. Ostkirchen v. 1. Mai 1948; Heiliges Offizium, Antwort v. 22. Apr. 1896 mit Brief v. 19. Mai 1896.
2 CIC, can. 782 § 4; Kongr. f. d. Ostkirchen, Dekret „Über die Spendung der Firmung auch an ostkirchliche Gläubige durch Priester des lateinischen Ritus, die sich dieses Indultes für Gläubige ihres Ritus erfreuen" (1. Mai 1948).

Papst Paul VI. (1963–1978)

Apostolische Konstitution „Divinae consortium naturae" (1971)

329 Neufestlegung der sakramentalen Zeichenhandlung

Lat.: AAS 63 (1971) 657–664.
Dt.: Zit. bei J. Auer, Kleine Kath. Dogmatik VII, 96 f.; 372 – der Text findet sich auch in: P. Nordhues/H. Petri, Die Gabe Gottes, Paderborn 1974, 199–207.

Um dem Auftrag des 2. Vatikanischen Konzils nachzukommen (vgl. u. a. Nr. 324), verfügte Paul VI. eine Neuordnung des Firmritus: Das Sakrament soll besser verstanden werden können, es soll deutlicher bezeichnen, was es bewirkt; sein Zusammenhang mit der gesamten christlichen Initiation soll besser zum Ausdruck kommen.

96 Was die Worte, die bei der Chrisamsalbung gebraucht werden, betrifft, so halten wir zwar an der Würde der verehrungswürdigen Formel, die in der lateinischen Kirche verwendet wird, fest, glauben jedoch, daß die dem byzantinischen Ritus eigentümliche überaus alte Formel, durch die das Geschenk des Hl. Geistes selbst zum Ausdruck gebracht und

97 die Ausgießung des Geistes, die am Pfingsttag geschehen ist, ehrend genannt wird, den Vorzug verdiene. Diese Formel nehmen wir also fast Wort für Wort auf. – Darum verfügen und bestimmen wir kraft unserer Höchsten Apostolischen Autorität, daß in der Lateinischen Kirche das Folgende beachtet werde, damit der Ritus der Firmung, so wie er in Erscheinung tritt, sich in entsprechender Weise auf den Wesenssinn eben dieses sakramentalen Ritus beziehen lasse: „Das Sakrament der Firmung wird gespendet durch die Salbung mit Chrisam auf der Stirne, die unter Auflegung der Hand geschieht, und durch die Worte: Empfange die Besiegelung mit der Gabe des Heiligen Geistes"[1] (Sacramentum Confirmationis confertur per unctionem chrismatis in fronte, quae fit manus impositione, atque per verba: Accipe signaculum doni Spiritus Sancti).

---

[1] Die Deutsche Bischofskonferenz hat folgende deutsche Übersetzung akzeptiert: „N. N., sei besiegelt durch die Gabe Gottes, den Heiligen Geist."

Theologentexte

Tertullian (um 160 – nach 220)
Über die Taufe, 6–8 (zwischen 195 und 205)

330 Firmung als Phase des Taufgeschehens
Lat.: CSEL 20, 206, 15–16; 28–31; 207, 1–8.
Dt.: BKV 7, 282 f.

Tertullian (vgl. Einl. in 48) kennt wie die anderen Theologen der beiden ersten Jahrhunderte keine von der Taufe abgehobene Firmung. Wohl aber unterscheidet er im Taufgeschehen verschiedene Phasen, denen auch unterschiedliche Wirkungen zugeschrieben werden.

282 6. Nicht daß wir im Wasser den Hl. Geist erlangten, sondern wir werden im Wasser ... gereinigt, für den Hl. Geist vorbereitet. ...

331

283 7. Aus dem Taufbade herausgestiegen, werden wir gesalbt mit der gebenedeiten *Salbung*, welche aus der früheren Lehre[1] herrührt, wonach man mit Öl aus dem Horn zum Priestertum gesalbt zu werden pflegte. Von der Zeit an, wo Aaron von Moses gesalbt worden war[2], wonach er ein Gesalbter [ein Christus] genannt wurde, von Chrisma, welches Salbung bedeutet, ist sie, die Christus dem Herrn den Namen verlieh, geistig geworden. Denn er ist vom Vater mit dem Geiste gesalbt worden, wie es in der Apostelgeschichte heißt: „Wahrhaftig, sie haben sich in dieser Stadt versammelt wider Deinen heiligen Sohn, den Du gesalbt hast."[3] So läuft auch bei uns die Salbe zwar am Körper herunter, sie nützt aber in geistiger Weise. In derselben Weise ist auch der körperliche Akt der Taufe selbst, der darin besteht, daß wir im Wasser eingetaucht werden, geistig geworden[4], weil wir von den Sünden befreit werden.

[1] Dem Alten Testament.
[2] 2 Mos 29,7.21.35; 3 Mos 8,2.12; Eccl 45,18.
[3] Apg 4,27.
[4] Die Ausdrücke: spiritus, spiritalis braucht Tertullian sehr häufig für: Gnadenleben, die übernatürliche Gnade usw., daher vom Neuen Testament im Gegensatz zum Alten so auch hier.

332 8. Darnach folgt die *Handauflegung*, womit durch einen Segensspruch der Heilige Geist herbeigerufen und eingeladen wird.

Hippolyt von Rom (vor 170–235)
Die apostolische Überlieferung

333 Die postbaptismale „Versiegelung" durch den Bischof

Lat. und franz. Version: B. Botte, Hippolyte de Rome, La Tradition apostolique (SC), Paris 1946, 52 f.
Dt.: Texte der Kirchenväter. Nach Themen geordnet, hrsg. von A. Heilmann mit H. Kraft, Bd. 4, München 1964, 255 f.

Der Text schließt an die Darstellung der dreimaligen Tauchtaufe an, die mit einer ersten postbaptismalen (nach der Taufe geschehenden) Salbung durch einen Presbyter beendet wird (vgl. 263). Die folgende Herabrufung der Gnade Gottes über den Getauften, die unter Handauflegung und Salbung als „Versiegelung" geschieht, ist dem Bischof vorbehalten. Die Einheit der Initiation ist hier auch im Westen noch voll erhalten.

255 Sodann mögen die einzelnen sich abtrocknen und anziehen und darnach die Kirche betreten. Der Bischof jedoch lege ihnen die Hand auf und rufe also an: „Herr Gott, der du sie würdig gemacht hast, Vergebung der Sünden zu erlangen durch das Bad der Wiedergeburt des Heiligen Geistes: sende in sie deine Gnade, daß sie dir nach deinem Willen dienen! Denn Ruhm gebührt dir, dem Vater, und dem Sohne und dem Heiligen Geiste, in der heiligen Kirche jetzt und in alle Ewigkeit. Amen." Danach gieße er das geweihte Öl von der Hand auf, lege sie auf das Haupt [des Getauften] und spreche: „Ich salbe dich mit heiligem
256 Öl in dem Herrn, dem allmächtigen Vater, und Christus Jesus und dem Heiligen Geiste." Und unter Versiegelung [durch das Kreuzeszeichen] an der Stirne biete er ihm den Kuß und spreche: „Der Herr sei mit dir!" Und der, welcher versiegelt wurde, sage: „Und mit deinem Geiste!" So tue er allen einzelnen. Danach mögen sie nunmehr mit allem Volk beten, während sie zuvor nicht mit den Gläubigen beten durften, bevor sie nicht das alles erlangt hatten. Und wenn sie gebetet haben, mögen sie mit dem Munde den Friedenskuß darbieten.
Sodann wird von den Diakonen dem Bischof die Opfergabe zur Feier der Eucharistie gebracht.

Kyrill von Jerusalem (um 313–387)
Mystagogische Katechesen (348) 3. Katechese: Über die Salbung (Firmung)

334 Die Salbung des Getauften als wirksames Abbild der Geistsalbung Christi

Griech.: PG 33, 1088A – 1092A.
Dt.: BKV 41, 373–375.

In der Ostkirche ist der Mittelpunkt des postbaptismalen Ritus der Geistverleihung die Salbung. Kyrill von Jerusalem (vgl. Einl. in 53) deutet das Firmgeschehen mit Hilfe des platonischen Abbildgedankens, indem er das Leben des Christen vom Leben Christi her versteht. Die hier durchgehaltene Einheit des Initiationsgeschehens bleibt im Osten der Kirche, im Westen geht sie verloren.

Text: Nr. 56–58.

Ambrosius (wahrsch. 339–397)
Über die Sakramente III 2, 8

335 Firmung als Vollendung der Taufe in der Eingießung des Geistes

Lat.: PL 16, 453 AB.
Dt.: G. Koch.

In dem katechetischen Werk „De sacramentis", dessen Herkunft von Ambrosius (vgl. Einl. in 62) heute fast allgemein angenommen wird, wird die auf die Taufe folgende „geistliche Versiegelung" als Vollendung bezeichnet. In ihr werden dem Getauften die sieben Gaben des Heiligen Geistes eingegossen.

Es folgt die geistliche Versiegelung[a] . . .; denn nach der Taufe[b] muß noch die Vollendung[c] geschehen, wenn nämlich auf die Anrufung des Priesters hin der Heilige Geist eingegossen wird, der Geist der Weisheit und des Verstandes, der Geist des Rates und der Kraft, der Geist der Erkenntnis und der Frömmigkeit, der Geist heiliger Furcht; also gleichsam die sieben Kräfte[d] des Geistes (vgl. Jes 11,2).

[a] spiritale signaculum.
[b] post fontem.
[c] perfectio.
[d] virtutes.

Hieronymus (um 347–419/20)
Streitgespräch eines Luciferianers und eines Orthodoxen (Dialog gegen die Luciferianer) 8 f. (wahrsch. 382)

336 Die beginnende zeitliche Trennung von Taufe und Firmung
Lat.: PL 23, 163C – 164A; 164B; 164C – 165A.
Dt.: G. Koch.

In seiner Auseinandersetzung mit den Anhängern des Bischofs Lucifer von Calaris, die in überzogener Treue zum Konzil von Nikaia (325) u. a. auch die Gültigkeit der von Arianern gespendeten Taufe ablehnten, setzt sich Hieronymus, der größte Bibelgelehrte des Westens, für die Gültigkeit der Häretikertaufe ein. Er behandelt zugleich die Bedeutung von Priestertum und Bischofsamt. Dabei geht er auch auf die Firmung ein, die normalerweise dem Bischof vorbehalten ist. Die Erwähnung von „Firmreisen" des Bischofs weist auf die fortschreitende Trennung von Taufe und Firmung im Westen der Kirche hin.

8. ... Oder kennst du nicht auch diesen Brauch der Kirchen, daß den Getauften danach die Hände aufgelegt werden und daß so der Heilige Geist herbeigerufen wird? Du fragst, wo das geschrieben steht? In der Apostelgeschichte. Aber auch wenn die Autorität der Schrift nicht zugrunde läge, so erlangte die Übereinstimmung des ganzen Erdkreises auf diesem Gebiet den Charakter eines Gebotes.

337 9. Nicht leugne ich diesen Brauch der Kirchen, daß zu denen, die weit entfernt von größeren Städten durch Priester und Diakone getauft worden sind, der Bischof hinauseilt, um ihnen zur Anrufung des Heiligen Geistes die Hand aufzulegen.

338 ... Wenn du an dieser Stelle fragst, warum ein in der Kirche Getaufter nur durch die Hände des Bischofs den Heiligen Geist empfängt, der doch nach unserer Versicherung in einer wahrhaftigen Taufe mitgeteilt wird, so lerne: Diese Regel kommt von daher, daß nach der Himmelfahrt des Herrn der Heilige Geist auf die Apostel herabstieg. An vielen Orten finden wir dieselbe Übung, und zwar mehr zur Ehre des Priestertums als nach einem Gesetz der Notwendigkeit.[a] Denn sonst, wenn nur auf die Anrufung des Bischofs hin der Heilige Geist herabströmte, wären die zu bedauern, die in kleinen Dörfern und Flecken oder in entlegenen Orten durch Priester und Diakone getauft worden sind und entschliefen, bevor sie von Bischöfen besucht wurden. Das Heil der Kirche hängt an der Würde des Hohenpriesters:[b] Wenn diesem nicht eine außergewöhnliche und über alle herausragende Vollmacht gegeben wäre, dann würden in den Kirchen so viele Spaltungen entstehen, wie es Priester gibt.

[a] et multis in locis idem factitatum reperimus, ad honorem potius sacerdotii quam ad legem necessitatis.
[b] Ecclesiae salus in summi Sacerdotis dignitate pendet.

Hugo von St.-Victor (Ende 11. Jh.−1141)
Über die Sakramente des christlichen Glaubens l.II p.7

339 Die Firmung als eigenständiges Sakrament

Lat.: PL 176, 459−462.
Dt.: G. Koch.

Der Augustinerchorherr Hugo von St.-Victor, Philosoph, Theologe und Mystiker, vermittelte − neben Petrus Lombardus (vgl. Einl. in 78) − die westliche Vätertheologie in die mittelalterliche Scholastik. Die Firmung erscheint nun ganz als eigenständiges Sakrament, obwohl auch ihr enger innerer Zusammenhang mit der Taufe betont wird.

c. 2 Die Handauflegung wird im allgemeinen Sprachgebrauch Firmung[a] genannt. In ihr wird der Christ durch eine Chrisamsalbung mit Handauflegung auf der Stirn gezeichnet. Allein den Bischöfen als Stellvertretern der Apostel kommt es zu, den Christen zu besiegeln und den Heiligen Geist zu übergeben. So hatten ja auch, wie zu lesen ist, in der frühen Kirche allein die Apostel die Vollmacht, durch Handauflegung den Heiligen Geist zu geben.

[a] confirmatio.

340 c. 3 ... Wie in der Taufe die Vergebung der Sünden empfangen wird, so wird durch die Handauflegung der Heilige Geist gegeben; dort wird die Gnade mitgeteilt zur Vergebung der Sünden, hier wird die Gnade gegeben zur Stärkung.[a] Denn was nützt es, wenn du vom Fall aufgerichtet wirst, wenn du nicht zum Stehen gestärkt wirst.

[a] hic gratia datur ad confirmationem.

341 c. 4 Beim Sakrament der Firmung, d. h. der Handauflegung, wird auch gefragt, ob es ein größeres Sakrament als die Taufe sei. Aber wie die heiligen Kanones bestimmen, ist jedes von beiden ein großes Sakrament und mit höchster Verehrung einzuschätzen. Obgleich nämlich das eine, nämlich die Handauflegung, darum, daß sie allein von Bischöfen gefeiert wird, mit höherer Achtung zu verehren zu sein scheint, so sind doch diese beiden so sehr bei der

Erwirkung des Heiles verbunden, daß sie, außer wenn der Tod dazwischen kommt, überhaupt nicht getrennt werden können.[a]

[a] haec duo ita coniuncta sunt in operatione salutis, ut nisi morte interveniente omnino separari non possint.

Thomas von Aquin (wahrsch. 1225–1274)
Summa theologica III q. 72 a 1c; a 2c; a 5c

342 Die Firmung: Sakrament des Vollalters christlichen Lebens

Lat. und dt.: Die deutsche Thomas-Ausgabe, 29. Bd. (III, 60–72), Salzburg/Leipzig 1935, 333 ff.; 338 f.; 350 ff.

Thomas von Aquin (vgl. Einl. in 80) baut die überkommenen Ansätze zu einer Theologie der Firmung aus, die auch für die Folge maßgeblich wird. Die Eigenständigkeit der Firmung untermauert er mit anthropologischen Erwägungen. Entsprechend deutet er auch das sakramentale Zeichen, speziell die Materie der Firmung und den durch sie eingeprägten unauslöschlichen Firmcharakter.

III q. 72 a 1c
Ist die Firmung ein Sakrament?

335 Antwort: Die Sakramente des Neuen Gesetzes sind auf besondere Gnadenwirkungen hingeordnet. Wo deshalb eine besondere Gnadenwirkung auftritt, wird auch ein besonderes Sakrament angeordnet. Weil nun die sinnenfälligen und körperlichen Dinge eine Ähnlichkeit mit den geistigen und übersinnlichen Dingen haben, können wir aus dem, was im körperlichen Leben geschieht, entnehmen, was im geistigen Leben Besonderes besteht. Offenbar ist es aber im körperlichen Leben eine besondere Vollkommenheit, daß der Mensch zum Vollalter gelangt und vollkommene menschliche Handlungen setzen kann; 1 Kor 13,11: „Als ich aber ein Mann geworden, habe ich abgetan, was des Kindes war." Deshalb gibt es außer der Zeugung, durch die man das körperliche Leben empfängt, auch ein Wachstum, wodurch man zum Vollalter gelangt. So empfängt der Mensch auch das geistige Leben durch die Taufe, die eine geistige Wiedergeburt ist. In der Firmung aber empfängt der Mensch gleichsam das Vollalter des geistigen Lebens.

343 III q. 72 a 2c
338 *Ist Chrisam der diesem Sakrament entsprechende Stoff?*
339 Antwort: Chrisam ist der diesem Sakrament entsprechende Stoff. In diesem Sakrament wird nämlich die Fülle des Heiligen Geistes

gegeben zum geistigen Starksein, wie es dem Vollalter zukommt (Art. 1). Wenn aber der Mensch zum Vollalter gelangt ist, beginnt er alsbald, durch seine Tätigkeit mit anderen in Gemeinschaft zu treten; vorher lebte er gleichsam als Einzelner für sich selbst. Die Gnade des Heiligen Geistes aber wird durch das Öl dargestellt; daher heißt Christus „mit Freudenöl gesalbt" [Ps 44,8] wegen der Fülle des Heiligen Geistes, die Er besaß. Und darum paßt das Öl gut als Stoff dieses Sakramentes. Ihm wird aber Balsam beigemischt wegen der durchdringenden Kraft des Duftes, womit er auf andere überströmt.

344 III q. 72 a 5c
350 *Prägt das Sakrament der Firmung ein Mal ein?*
351 Antwort: Das sakramentale Mal ist eine geistige Gewalt, die auf bestimmte heilige Handlungen hingeordnet ist. ... Wie nun die Taufe eine Art geistiger Wiedergeburt zum christlichen Leben ist ...,
352 so ist die Firmung ein geistiges Wachstum, das den Menschen zum geistigen Vollalter emporführt. Es ist aber aus dem Gleichnis des leiblichen Lebens offenbar, daß das Verhalten eines Neugeborenen ein anderes ist als jenes, wie es einem Volljährigen zukommt. So wird dem Menschen durch die Firmung die geistige Gewalt gegeben zu anderen heiligen Handlungen über die hinaus, zu denen ihm schon in der Taufe die Gewalt gegeben wurde. Denn in der Taufe empfängt der Mensch die Gewalt, das zu wirken, was zum eigenen Heil gehört, wie er für sich lebt. In der Firmung jedoch empfängt der Mensch die Gewalt, das zu tun, was zum geistigen Kampf gegen die Feinde des Glaubens gehört.

351 Respondeo dicendum quod ... character est quaedam spiritualis potestas ad aliquas sacras actiones ordinata. ... sicut baptismus est quaedam spiritualis generatio in vitam Christianam, ita
352 etiam confirmatio est quoddam spirituale augmentum promovens hominem in spiritualem aetatem perfectam. Manifestum est autem ex similitudine corporalis vitae quod alia est actio hominis statim nati, et alia actio competit ei cum ad perfectam aetatem pervenerit. Et ideo per sacramentum confirmationis datur homini potestas spiritualis ad quasdam actiones alias sacras, praeter illas ad quas datur ei potestas in baptismo. Nam in baptismo accipit potestatem ad ea agenda quae ad propriam pertinent salutem, prout secundum seipsum vivit: sed in confirmatione accipit potestatem ad agendum ea quae pertinent ad pugnam spiritualem contra hostes fidei.

Martin Luther (1483–1546)
Von der babylonischen Gefangenschaft der Kirche
Ein Vorspiel Martin Luthers (1520)

345 Die Firmung: sinnvoller Brauch der Kirche, nicht Sakrament

Lat.: WA 6, 549 f.
Dt.: Luther deutsch, hrsg. von K. Aland, Bd. 2, Stuttgart/Göttingen 1962, 225 f.

Luther (vgl. Einl. in 93) muß von seinen Voraussetzungen her die Firmung als Sakrament ablehnen. Vor allem vermißt er bei ihr die göttliche Einsetzung und damit die einem Sakrament eigene Heilsverheißung.

225 Es ist verwunderlich, was ihnen in den Sinn gekommen ist, daß sie aus der Auflegung der Hände das Sakrament der Firmung gemacht haben. ... Ist das aber ein Sakrament, was immer die Apostel getan haben, warum haben sie dann nicht vielmehr die Predigt zu einem Sakrament gemacht?

226 Wir aber begehren statt dessen die von Gott eingesetzten Sakramente; daß wir aber die Firmung zu ihnen hinzurechnen sollen, dazu haben wir keine Veranlassung. Denn zur Einsetzung eines Sakramentes gehört vor allen Dingen das Wort der göttlichen Verheißung, durch das der Glaube geübt werden soll. Aber nirgendwo lesen wir, daß Christus irgend etwas von der Firmung verheißen habe, obwohl er vielen die Hände aufgelegt hat und Markus das im letzten Kapitel (16,18) unter die Zeichen setzt: „Auf Kranke werden sie die Hände legen, so wirds besser mit ihnen werden." Aber niemand hat das auf einen Sakramentscharakter (der Firmung) bezogen, was auch nicht gut möglich ist. Darum ist es genug, die Firmung für einen Brauch der Kirche oder für eine sakramentale Zeremonie zu halten, ähnlich den anderen Zeremonien: der Wasserweihe und anderen Dingen. Denn wenn jede andere Kreatur durch Wort und Gebet geheiligt wird, warum sollte dann nicht viel mehr der Mensch durch sie geheiligt werden? Dennoch können diese Dinge, weil sie nicht Gottes Verheißung haben, nicht Sakrament des Glaubens genannt werden. Sie wirken auch nicht das Heil, die Sakramente aber retten diejenigen, die der Verheißung Gottes glauben.

Karl Rahner (1904–1984)
Kirche und Sakramente (1960)

346 Die Firmung als Sakrament der Sendung in die Welt

K. Rahner, Kirche und Sakramente, Freiburg/Basel/Wien 1960, QD 10, 82.

Rahner (vgl. Einl. in 111) konkretisiert seinen sakramententheologischen Grundsatz (die Sakramente als qualifizierte Selbstvollzüge, als Verwirklichungen des Ursakramentes Kirche in bestimmte Situationen hinein) auch für die Firmung: Er sieht sie als Teilhabe am Auftrag der Kirche „zur verklärenden Heimholung der Welt in das Reich Gottes".

82 Wenn wir die Firmung das Sakrament der Glaubensstärke und der Glaubensbezeugung vor der Welt nennen, dann darf darunter nicht nur verstanden werden, daß der Christ in der Firmung die Gnade erhält, durch den Heiligen Geist seinen Glauben zu „bewahren" (kümmerlich durchzuretten) in einer glaubensfeindlichen Welt, sondern dann ist das in dem umfassenden Sinne gemeint, der eben angedeutet wurde. Von hier muß auch das Apostolat gesehen werden, zu dem der in der Firmung „mündig" gewordene Christ ausgesendet wird. Es ist nicht so sehr und in erster und letzter Linie ein Apostolat der Verteidigung und der Selbstbehauptung der Kirche, sondern eine Aussendung zu der Funktion, die der Kirche gegeben ist, nicht damit sie sich angstvoll selbst behaupte und rette, sondern damit die Welt durch sie gerettet werde. Die Firmbeauftragung des Christen ist daher die Beauftragung zu einer apostolischen Sendung in die Welt hinein als Stück des Amtes und des Auftrages der Kirche zur verklärenden Heimholung der Welt in das Reich Gottes, das am Kommen ist. Es ist nicht so sehr die Gnade einer individuellen Besorgung seines eigenen Seelenheiles, sondern die charismatische (= für andere segensreiche) Gabe, an der Sendung der Kirche mitzuarbeiten durch alle Gaben, die dem Heil aller dienen können.

Sigisbert Regli (geb. 1938)
Firmsakrament und christliche Entfaltung (1976)

347 Die Firmfeier als „besondere sakramentale Heilig-Geist-Feier der Kirche und des Christen"

In: MySal 5, Zürich/Einsiedeln/Köln 1976, 327 f.

Der Kapuziner Regli, Dogmatiker in Solothurn, sucht die aufgrund neuerer Forschungen (u. a. von J. Amougou-Atangana, Ein Sakrament des Geistempfangs? Zum Verhältnis von Taufe und Firmung, Freiburg 1974) wiederentdeckte innere Abhängigkeit des Firmsakramentes von der

Taufe bzw. die enge Zusammengehörigkeit beider für das Verständnis der Firmung fruchtbar zu machen: Die Firmung wäre danach Entfaltung und konzentrierte Feier eines Aspekts der Taufe bzw. im Falle der Kindertaufe zugleich deren feierliche Ratifizierung.

327 aa. Die Taufe ist nicht nur das grundlegende und im Vergleich zur Firmung wichtigere Sakrament. In ihr kommt das eine christliche Heil auch in einer größeren Sinn- und Bedeutungsfülle zum Ausdruck: In ihr werden die Sündenvergebung, die Rechtfertigung, das Hineingenommen-Sein in Tod und Auferstehung Christi, die Wiedergeburt zum Leben in Christus, die Teilhabe an der Sohnschaft Christi (Gotteskindschaft), die Gabe des Geistes und die Eingliederung in die Kirche gefeiert und vermittelt. Schwerpunkt dieser Sinnfülle ist das Leben in und mit Christus.

Die Firmfeier greift nun einen Aspekt dieses in der Tauffeier dargestellten und vollzogenen Heiles besonders heraus: das christliche Heil als Gabe

328 des Geistes, als der uns geschenkte Heilige Geist. Die Firmfeier ist so in ausdrücklicherer und in diesem Sinn auch konzentrierterer Weise das, was auch die Taufe ist: Sakrament der Gabe des Heiligen Geistes. Was in der Taufliturgie schon deutlich anklingt, wird – um einen musikalischen Vergleich zu wagen – in der Firmfeier aufgegriffen und als Thema entfaltet. In diesem Verständnis (das alle andern kirchlich-sakramentalen Vollzüge und besonders die Taufe als christozentrische und pneumatische Vollzüge unterstreicht und mit einbezieht und niemals exklusiv gemeint sein darf) ist die Firmfeier die besondere sakramentale Heilig-Geist-Feier der Kirche und des Christen. Das bedeutet nicht: Der Heilige Geist werde besonders hier oder nur hier gegeben. Es bedeutet aber: Der Heilige Geist, der als Gabe im ganzen kirchlich-christlichen Leben und darum auch hier (!) präsent wird, wird hier in der Firmung am ausdrücklichsten und konzentriertesten gefeiert und ins eigene Herz und Leben eingelassen. . . .

Günter Koch (geb. 1931)
Sakramente, die zum Christsein befähigen:
Taufe, Firmung, Eucharistie (1985)

348 Die Firmung: Indienstnahme für das Reich Gottes in dialogischem Geschehen

Würzburg 1985 (GK LB 20 von Theologie im Fernkurs) 52 f.; 54 f.

Im Versuch einer Synthese verschiedener neuerer theologischer Deutungen des Firmsakramentes versteht der Autor die Firmung als Sakrament der Indienstnahme für Gottes Reich in einem dialogischen sakramentalen Geschehen. Auf diesem Hintergrund wird auch die Frage nach dem rechten Firmalter problematisiert.

3.33 Die drei genannten Aspekte oder Deutungen der Firmung[a] können, ja müssen sich durchaus ergänzen.
Firmung als gottgegebene Chance zur Bejahung der eigenen Taufe
1. Wichtig ist dabei gerade heute der Aspekt der persönlichen Entscheidung zum Christsein als persönlicher Berufung.[1] In unserer Zeit, die ein christliches Milieu, in das man einfach hineinwächst, kaum mehr kennt, muß dem jungen Menschen die Chance geboten werden, sich das selber zu eigen zu machen, was ihm in Taufe und christlicher Erziehung schon vorgegeben oder angeboten wurde. Diese Chance zur Entscheidung wird in der Firmung aber nicht als rein menschliche Veranstaltung inszeniert, sie ist ein sakramentales, ein gnadenhaftes Geschehen: Gott wendet sich in Jesus Christus und seinem Heiligen Geist aufs neue dem Menschen zu und gibt ihm so diese Chance.

[1] Vgl. Wolfgang Nastainczyk, Firmvorbereitung im Lernprozeß des Glaubens und im Leben der Gemeinde, in: Mysterium der Gnade – Festschrift für Johann Auer, Regensburg 1975, S. 214.
[a] der christologische, der ekklesiologische und der individual-anthropologische Verstehensansatz.

349 Firmung als Anruf Gottes, der Antwort erwartet
2. So muß man auch die Firmung als dialogisches Geschehen verstehen, als neuen gnadenhaften Anruf Gottes, dem der Mensch, getragen, ja beflügelt vom Geist Gottes, antworten darf und soll. Gibt der Mensch seine Antwort nicht in voller Glaubenshingabe, so zieht Gott seinen Anruf doch nicht zurück, die neue Chance bestimmt den Menschen bleibend als „Firmcharakter" oder „Firmsiegel". Wenn jemand – was natürlich nicht sein sollte – die Firmung ohne die rechte innere Antwort und damit ohne Frucht empfangen hat, so kann er doch immer wieder in seinem Leben auf das Angebot Gottes, das gerade ihm gilt, zurückkommen.

350 Firmung als Indienstnahme für eine sinnvolle Lebensaufgabe
3. Und wie lautet das Angebot Gottes in der Firmung, was macht die Besonderheit dieses Anrufes aus? Es ist die Indienstnahme des Menschen für das Reich Gottes, die dem Menschen zugleich den ureigenen Sinn seines Lebens zuweisen und ihn diesen erkennen lassen kann: „Dafür lohnt es sich zu leben, das ist eine sinnvolle

Aufgabe, hier kann ich mich einbringen, hier kann ich in der Hingabe nicht nur an eine größere Sache, sondern an den mir begegnenden Größeren, den Herrn, mich selber finden, erkennen, wozu ich berufen bin." In diesem Dialog findet mithin der einzelne Orientierung und die große Sinnperspektive für sein Leben, indem er durch den Heiligen Geist enger mit Christus verbunden und intensiver der Kirche eingegliedert wird, also seinen Ort in der Gemeinschaft einnimmt (nebenbei bemerkt zugleich eine Aufgabe für die christliche Gemeinde: Sie muß dem Gefirmten „Raum" geben!).

351 Das rechte Firmalter
54   1. Eine wichtige Rolle spielt dabei die Frage nach dem rechten Firmalter.

– Diejenigen, die sich vor allem an der alten Reihenfolge der Initiationssakramente orientieren, möchten die Firmung vor der Erstkommunion ansetzen, etwa um das 7. Lebensjahr. Aber eine persönliche Entscheidung ist hier noch kaum möglich.

– Es gibt Stimmen, die besonders nachdrücklich den personalen Entscheidungscharakter der Firmung verfechten und entsprechend für die Firmung im Schulentlassungsalter (16. bis 18. Lebensjahr), zugleich die Zeit der Berufsentscheidung, plädieren. Diese an sich konsequente Lösung hat doch ihre Schwächen: Das Moment der von der christlichen Gemeinschaft mitgetragenen Eingliederung – der religiösen Sozialisation – wird zu gering veranschlagt. Wertvolle Jahre gehen dafür verloren. Viele finden den Weg dazu nicht mehr, eine Zwei-Klassen-Gemeinde aus Gefirmten und Ungefirmten wäre leicht die Folge.

– Eine „mittlere" Lösung stellt das hierzulande praktizierte Firmalter zwischen dem 11. und 13. Lebensjahr dar, in dem wohl schon erste wichtige Grundentscheidungen des Lebens fallen können. Daß dies nur begrenzt möglich ist, ist allerdings zuzugeben. Auf alle Fälle

55 sollte es dann die Chance zu einer erst später aus wirklicher Entschiedenheit zu empfangenden Firmung geben; dies könnte ein zusätzliches Angebot neben dem normalen Angebot der Firmung werden.

Dialogtexte der Ökumene

Kommission für Glauben und Kirchenverfassung des ökumenischen Rates der Kirchen
Taufe, Eucharistie und Amt. Konvergenzerklärungen
„Lima-Dokument" (1982)

352 **Die Konfirmation –**
mögliches Zeichen der Gabe des Heiligen Geistes
DWÜ 554f.

Das Konvergenzdokument (vgl. Einl. in 295) bekundet Übereinstimmung in der Überzeugung, daß die Taufe „ihrer vollen Bedeutung nach" sowohl Sündenvergebung als auch den Empfang des Heiligen Geistes „bezeichnet und bewirkt". Es erkennt aber auch die Möglichkeit eines besonderen Zeichens („Salbung mit Chrisma und/oder die Handauflegung") für den Empfang des Heiligen Geistes an.

(554) Taufe – Salbung – Konfirmation
14. In Gottes Heilswerk ist das Ostergeheimnis von Christi Tod und Auferstehung untrennbar verbunden mit der Pfingstgabe des Heiligen Geistes. In ähnlicher Weise ist auch die Teilhabe an Christi Tod und Auferstehung untrennbar verbunden mit
(555) dem Empfang des Heiligen Geistes. Ihrer vollen Bedeutung nach bezeichnet und bewirkt die Taufe beides.
Christen haben eine unterschiedliche Auffassung davon, worin das Zeichen der Gabe des Geistes sich ausdrückt. Verschiedene Handlungen sind mit dem Geben des Geistes in Verbindung gebracht worden. Für einige ist es der Wasserritus selbst. Für andere ist es die Salbung mit Chrisma und/oder die Handauflegung, die von vielen Kirchen Konfirmation genannt wird. Für wieder andere sind es alle drei, da sie in dem ganzen Ritus den Geist wirken sehen. Alle stimmen darin überein, daß die christliche Taufe mit Wasser und durch den Heiligen Geist geschieht.

Gemischte Internationale Kommission für den theologischen Dialog zwischen der römisch-katholischen Kirche und der orthodoxen Kirche

Glaube, Sakramente und Einheit der Kirche (1987)

353 **Die Firmung:**
besonderes Sakrament in der Einheit der Initiation

In: Una Sancta 42 (1987), 268 ff.

Das Dokument (vgl. Einl. in 193) hebt die Einheit und Ganzheit der christlichen Initiationssakramente hervor, „bestreitet aber nicht ihre jeweilige Besonderheit". Der Vollzug der Initiationssakramente „in einer einzigen zusammengesetzten liturgischen Feier" wird als „Ideal für beide Kirchen" erklärt.

Text: Nr. 196–200.

Schriften- und Autorenverzeichnis

	Nummer
Apostelgeschichte	201–203, 305–307
Daniel	2
Epheserbrief	6, 213–214, 216
Galaterbrief	219
Jesaia	309
Johannesevangelium	206, 218
Kolosserbrief	5, 215
1. Korintherbrief	4, 211
Markus	3, 205, 217
Matthäus	204, 310
1. Petrusbrief	219
Römerbrief	210
1. Samuelbuch	308
Titusbrief	212
Weisheit	1
Ambrosius	62–64, 270, 335
Augustinus	66–77, 271–273
Barth K.	286–287
Beinert W.	180–181
Boff L.	149–156
Calvin J.	96–99
Casel O.	107–109
Clemens VI.	329
Congar Y.	131–138
Cyprian	50–52
Ebeling G.	120–124
Ganoczy A.	166–171
Gregor von Nyssa	268–269
Hieronymus	336–338
Hippolyt von Rom	263–264, 333
Hotz R.	172–174
Hrabanus Maurus	275
Hugo von St. Victor	339–341
Hünermann P.	162–165

Nummer

Innozenz III.	7, 223–225
Irenäus	259
Jüngel E.	139–141
Justin	257–258
Kasper W.	128–130, 290–292
Koch G.	157–161, 294, 348
Kyrill von Jerusalem	53–61, 267, 334
Luther M.	93–95, 281–282, 345
Möhler J. A.	100, 283–285
Origenes	265–266
Paul VI.	329
Petrus Lombardus	78–79, 276–279
Pius X.	29–32, 246–247, 323
Rahner K.	111–115, 288–289, 346
Ratzinger J.	125–127
Regli S.	347
Scheeben J. M.	101–106
Scheele P.-W.	142–145
Schillebeckx E.	116–119
Schupp F.	146–148
Semmelroth O.	110
Silvester I.	221
Stefan I.	220
Taborda F.	182
Tertullian	48–49, 260–262, 330–332
Theodor von Mopsuestia	65
Theodoret von Kyros	274
Thomas von Aquin	80–92, 280, 342–344
Thomassen J.	175–179
Vorgrimler H.	293

Konzilien und Synoden:

Elvira	311–312
Florenz	10–13, 228–232, 317–319
15./16. Karthago	222
Konstanz	8–9
4. Lateran	227
Trient	14–28, 232–245, 320–322
2. Vaticanum	33–41, 248–255, 320–328
Würzburger Synode	43–47, 256

Ökumenische Konsenstexte: Nummer

Deutsche Bischofskonferenz/EKD	190–191
Evangel. und kath. Theologen	192
Kath. Kirche/Koptisch-orthodoxe Kirche	183
Kath. Kirche/Evangel.-Lutherische Kirche	185–189
Kath. Kirche/Orthodoxe Kirche	193–200, 304, 353
Lima-Dokument	295–303, 352
Reformierter Weltbund/Kath. Kirche	184

Sachregister

Die Zahlen geben die Nummern der Texte an (Bd. I: 1–353, Bd. II: 354–922). Es werden für die einzelnen Stichworte nur die wichtigsten Fundstellen aufgeführt. Auf einige zentrale Begriffe, wie Glaube, Gnade, Sakrament, die immer wieder begegnen, ist im allgemeinen nicht eigens verwiesen.

Abendmahl 139–141
Abendmahlsberichte 354
Abbild 334, 439–445
Ablaß 533–535, 590f., 595–597, 652–654
Absolution (siehe Lossprechung)
Amtsnachfolge 764
Allgemeine Sakramentenlehre 1–200

Begegnung 110, 478–480
Begierdetaufe 270
Beichte (siehe Bußsakrament und Sündenbekenntnis)
Bischofsamt 744–748, 793–795, 816–824
Bußgottesdienst 648
Bußsakrament 505–659, 542, 559–591, 649f.

Charakter indelebilis 13, 23, 83f., 749, 774
Christus als primärer Sakramentenspender 71–74

Ehesakrament 825–922
Einheit 484f.
Einsetzung der Sakramente 15, 75–77, 115, 171, 280
Erbsünde 271–273
Eucharistie 50, 354–504, 422–424
Ex opere operato 22, 100

Fahneneid 48f., 260–262
Fest und Feier 125, 182, 698
Firmung 305–353

Gedächtnismahl 467
Gemeinschaft 193–200, 210, 487–491, 502–504
Genugtuung 542, 572–575, 621
Gesellschaftsveränderung 146–148, 182

Gnade 20f., 82, 96, 368, 878, 889
Gottesdienstliche Gemeinschaft 42
Gültige Sakramentenspendung 8f., 220, 221

Heilkraft der Sakramente 180f., 684f.
Heilserwartungen 160f., 484f.
Heilsnotwendigkeit der Sakramente 18, 217
Hierarchische Ordnung der Sakramente 17, 131–138

Initiationssakramente 62–64, 304, 353
Interkommunion (siehe gottesdienstliche Gemeinschaft)

Kindertaufe 222, 226, 244f., 246f., 259, 265f., 286, 290–292, 294
Kommunikation 162–165, 166–171
Krankensalbung 660–701
Kultmysterium 107–109

Letzte Ölung (siehe Krankensalbung)
Liturgie und Sakramente 36–38, 283–285, 402–406
Lossprechung 542, 564, 570f., 630

Messe 481–483
Modernismus 29–31, 32
Mysterientheologie 107–109
Mysterium 1–6, 101–106, 172–174

Opfer 388–401, 402–406, 438
Ordination 766f., 805–807, 815
Ostkirchliches Sakramentenverständnis 172–174, 649f., 699, 907, 908f.

Pascha-Mysterium 33, 248–250, 271

Realpräsenz 359, 360f., 362, 363–365, 369–387, 416f., 425–428, 447–453, 454–456, 457–461, 471–473, 474–477

Sachregister

Rekonziliation 621 (siehe auch Versöhnung)
Reue 524–532, 542, 543–558, 567f., 640–644

Säuglingstaufe (siehe Kindertaufe)
Sakramentenspender 7, 8, 25f., 166–169, 220, 221, 230, 235, 313–316, 326–328, 570f., 672
Sakramentenempfänger 20, 223, 600, 888
Sakramentalien 34
Salbung 334, 660, 661, 662, 681f., 683, 684f.
Schlüsselgewalt 589, 657 (siehe auch Sündenvergebungsgewalt der Kirche)
Siebenzahl der Sakramente 10, 15, 78, 87, 183
Sonntagsgottesdienst 429–431, 609
Sündenbekenntnis 536–541, 542, 543–558, 569, 580–582, 606f., 608f.
Sündenvergebungsgewalt der Kirche 536–541, 583f., 657f.
Symbol 43, 65, 112f., 125, 446, 872

Taufe 139–141, 201–304

Teilhabe 53–61, 267, 434, 801f., 832

Umkehr 149–156, 524–532 (siehe auch Reue)
Unauslöschliches Siegel (siehe Charakter indelebilis)
Ursächlichkeit 78f., 80–92
Ursakrament 115

Vergebung 603–605, 622f., 624
Vergegenwärtigung 107–109, 407–409, 904–906
Versöhnung 594, 598–602
Vollmacht der Kirche 28

Weihesakrament 418–421, 702–824
Weihestufen 728–741, 744–748, 777–784, 785–789
Wesensverwandlung (siehe Realpräsenz)
Wiederverheiratete Geschiedene 874f., 901–903
Wort und Sakrament 114, 120–124, 157–159, 175–179, 184, 190f.

Zeichen 66–70, 80–92, 486

Quellenangaben (Bde. I und II)

Wir danken den genannten Verlagen für die erteilte Abdruckerlaubnis.

Verlag Kösel, München
Bibliothek der Kirchenväter 21,100; 7,218 f.; 34,328 f.; 41,370 f., 373 f., 378; 22,284; 19,119 f.; 8,92 f.; 1,161; 7,275; 56,73; 7,282 f.; 32,300; 17,192 f.; 24,378 f.; 60,54 f.; 24,351; 7,295 f.
Texte der Kirchenväter, 1964, I, 252 f.; II, 348–351; IV, 255 f., 276–278.
Handbuch Theologischer Grundbegriffe I, 1970, 388 f.
Geist und Leben (1968), 352 f.; (1970) 379.
A. Gerken, Theologie der Eucharistie. 1973, 200, 212.

Neukirchner Verlag, Neukirchen-Vluyn
Johannes Calvin, Unterricht in der christlichen Religion. Hg. von O. Weber, 1963, 877, 882 f., 940, 943, 1017.

Wissenschaftliche Buchgesellschaft, Darmstadt
J. A. Möhler, Symbolik. 1958, 305–307, 326–329.
A. Ganoczy, Einführung in die katholische Sakramentenlehre. 1979, 36 f., 46 f., 108 f.
J. Fischer (Hg.), Die Apostolischen Väter. 1970, 78, 173.
K. Wengst (Hg.), Didache. 1984, 81.

Verlag Herder, Freiburg
K. Richter (Hg.), Eheschließung. Quaestiones disputatae 120, 1989, 133.
M. J. Scheeben, Die Mysterien des Christentums. 1941, 466 f., 469–471, 495.
E. Jüngel und K. Rahner, Was ist ein Sakrament? 1971, 35–37, 79 f.
G. Koch, Gegenwärtig in Wort und Sakrament. 1976, 82 f.
P. Hünermann, Ankunft Gottes und Handeln des Menschen. 1977, 55, 64, 77.
K. Rahner, Grundkurs des Glaubens. 1976, 400 f.
K. Rahner, Kirche und Sakramente. 1960, 37 f., 74, 77, 82, 86 f., 99, 102.
G. Greshake, Priestersein. 1982, 92 f.
E. Walter, Quellen lebendigen Wassers. 1953, 90 f.

Verlag Friedrich Pustet, Regensburg
J. Neuner und H. Roos, Der Glaube der Kirche in den Urkunden der Lehrverkündigung. 1986, 12. Aufl., 498, 499, 500, 501–504, 505–519, 520–522, 523, 526, 528–546, 548–551, 552–557, 562, 564, 568, 573, 580, 582, 596 f., 602, 616, 620, 677, 630–640, 812, 647, 650, 652 f., 657 f., 663, 669, 688, 690–692, 695–698, 700, 706–721, 731–745, 747–760.
G. Krems (Hg.), Theologie der Ehe. 1972, 92 f., 120 f.
O. Casel (Hg.), Christliches Kultmysterium. 1948, 3. Aufl., 60 f., 102, 268.

Verlag Patmos, Düsseldorf
F. Schupp, Die Sakramente. 1974, 7 f.
L. Boff, Kleine Sakramentenlehre. 1979, 114, 117 f.
L. Lies (Hg.), Praesentia Christi. 1984, 316 f., 319 f.
W. Beinert, Hilft Glaube heilen? 1985, 78 f.
F. Taborda, Sakramente, Praxis und Fest. 1988, 170 f.

J. Barbel (Hg.), Augustinus, Enchiridion de fide. 1960, 99, 101, 103, 107.
H. Vorgrimler, Sakramententheologie. 1987, 137 f., 253.
E. Schillebeeckx, Eucharistische Gegenwart. 1967, 59, 65, 91, 97.

Verlag Josef Knecht, Frankfurt
O. Semmelroth, Gott und Mensch in Begegnung. 1958, 2. Aufl., 286 f.

Verlag Benziger, Zürich
K. Rahner, Schriften zur Theologie IV. 1967, 278, 285, 299 f.
J. Ratzinger, Das Fest des Glaubens. 1981, 34 f.
Mysterium Salutis (1976), 327 f.

Verlag Matthias Grünewald, Mainz
E. Schillebeeckx, Christus, Sakrament der Gottbegegnung. 1960, 73, 89–91.
W. Kasper, Glaube und Geschichte. 1970, 299, 302.
Y. Congar, in: Concilium 4 (1968), 10–13.
P. Anciaux, Sakrament der Buße. 1961, 153, 185.
J. Werbick, Das Bußsakrament. 1985, 164.
Th. Schneider, Zeichen der Nähe Gottes. 1979, 73 f., 232.
K. Lehmann, Gegenwart des Glaubens. 1976, 296 f.
W. Kasper, Zur Theologie der christlichen Ehe. 1977, 45, 81.
W. Kasper (Hg.), Christsein ohne Entscheidung. 1970, 157 f.

Verlag Vandenhoeck und Ruprecht, Göttingen
G. Ebeling, Wort Gottes und Tradition. 1964, 217 f., 225 f.
K. Aland (Hg.), Luther deutsch II. 1962, 201, 203, 225, 175, 181, 186, 189.
E. Schlink, Ökumenische Dogmatik. 1983, 469.
K. Lehmann und W. Pannenberg (Hg.), Ökumenischer Arbeitskreis evangelischer und katholischer Theologen. 1986, 87 f., 149–151.

Domschule Würzburg
P.-W. Scheele, Theologie im Fernkurs, GK, LB 19 (1971), 18–20.
G. Koch, Theologie im Fernkurs, GK, LB 20 (1985), 14 f., 52 f., 54 f.
G. Finkenzeller, Theologie im Fernkurs, AK, LB 18 (1973), 38 f.

Gütersloher Verlagshaus Gerd Mohn, Gütersloh
R. Hotz, Sakramente im Wechselspiel zwischen Ost und West. 1979, 176–178, 196, 198, 249, 254.

Bonifatius-Verlag, Paderborn
Wege zur Gemeinschaft. Römisch-katholische und evangelisch-lutherische Dialogtexte. 1980, 7.
H. Meyer (Hg.), Lima-Dokumente. 1983, 549–552.

Verlag Christian Kaiser, München
K. Barth, Die Lehre von der Taufe (Theologische Existenz heute). 1943, 28.

Verlag Ferdinand Schöningh, Paderborn
C. J. Perl (Hg.), Augustinus, Der Gottesstaat. 1979, 470 f.
Das Herrenmahl. 1980, 16, 18.
Dokumente wachsender Übereinstimmung. 1983, 537, 508, 300 f., 549–552, 558 f., 570, 573, 209, 366, 368, 470.

Theologischer Verlag, Zürich
K. Barth, Kirchliche Dogmatik, III, 1, 366–370.

Kyrios-Verlag, Meitingen

Una Sancta 42 (1987), 264–270.

Echter-Verlag, Würzburg

J. Schreiner und K. Wittstadt (Hg.), Communio Sanctorum. Festschrift für Bischof P.-W. Scheele. 1988, 406 f.

Schwaben-Verlag, Stuttgart

Y. Congar, Heilige Kirche. 1966, 214.

Ehrenfried Klotz, Stuttgart, und Vandenhoeck und Ruprecht, Göttingen

K. Aland (Hg.), Luther deutsch. Die Werke Martin Luthers in einer Auswahl für die Gegenwart. Bd. 2, 1962, 201, 203, 211 f., 225 f., 175, 181 f., 183, 186 f., 189, 216–221, 234 f., 227–230.

Johannes-Verlag, Einsiedeln

J. Ratzinger, Das Fest des Glaubens. 1981, 34 f., 46.